교육과정을 뒤집다

백워드로 통합단원 설계하기

 인천초등교육과정연구소

박영story

교육과정을 뒤집다

백워드로 통합단원 설계하기

교육과정에게 '왜'를 묻다.

우리가 백워드 교육과정에 관심을 갖기 시작한 것이 벌써 4년 전이다. 인천의 혁신학교인 행복배움학교가 생기고 교사 전문적 학습공동체가 형성되던 그 때, 우리는 기존에 학교상담을 공부하던 모임에서 교육과정 연구회로 바꾸었다. 학교에서 상담과 생활교육은 중요하고 의미 있는 일이었지만 그것만으로는 한계가 있다고 느꼈다. 아무리 열심히 아이들을 돌보고 상담해도 아이들은 배움을 즐기지 못했고 행복해하지 않는 아이들의 모습을 지켜보는 우리들은 답답했다. 아이들과 교사가 행복할 수 있는 방법은 무엇일까? 수업시간이 행복하고 의미 있어야 한다. 그래서 함께 모여 교육과정 재구성에 도전해봐야겠다고 생각했다.

그런데 2009 개정 교육과정이 2015 개정 교육과정으로 바뀐다는 소식을 듣게 되었다. 왜 갑자기! 또 바뀌는 것일까? 변화는 두려움과 설렘을 가져다주지만 교육과정에 이제 막 관심을 갖기 시작한 우리에게는 또 다른 것을 해야 한다며 재촉하는 느낌이었다. 두려움, 설렘, 재촉에 대한 분노는 2015 개정 교육과정에 대한 궁금증이 되었다. 궁금증은 우리를 공부하게 했다.

공부를 시작했을 때 2015 개정 교육과정에서 중시한다는 역량, 이해중심 교육과정, 핵심개념, 빅아이디어, 백워드 설계 등 처음 듣는 용어가 낯설고 어려웠다. 이해를 중시한다더니 그 어떤 교육과정보다 이해가 안가는 교육과정이었다. 우리는 이해하기 위해 가장 잘 이해할 수 있는 방법인 '직접 해보는 방법'을 선택했다. 말로 설명하는 것은 누구나 할 수 있지만 살아가는 것은 아무나 할 수 없다.

이해중심 교육과정을 이해하기 위해 이해중심 교육과정을 실천해 본지 4년이 되었다. 처음 만나는 용어가 정확히 어떤 의도를 갖고 있는지 몰라 번역서를 다시 번역해야 했다. 우리가 하고 있는 것이 맞는 것인지 확인도 필요했다. 이것이 어떤 의도와 의미를 갖고 있는지, 어떻게 하는 게 맞는 것인지를 하나씩 이해해갔다. 그렇게 우리의 말로 바꾸고 실천하면서 원래의 것과는 많은 부분 달라지게 되었다.

실천은 현장에서 다른 이론을 만들어 내는 힘이 된다. 현장에서 실천하다 보니 과목별로 이루어지는 설계가 지루하게 느껴졌다. 행복배움학교에서 실천할 수 있으려면 교과 간 통합이 필요했고, 학년과 학교 단위로 실천하기 위해서는 동료들과 함께 교육과정을 설계할 수 있는 방법이 필요했다.

본 책의 본문은 통합 단원 설계와 교육과정 설계를 위한 워크숍을 개발하고 함께 실천했던 사례가 담겨있다. 우리는 '우리 학교의 학생들이 6년 후의 모습은 어떠하길 기대하는가? 그리고 우리는 왜 가르치는가?' 등 이 단원을 왜 설계하는가를 먼저 묻는다. 왜를 묻는 것은 우리에게 익숙치 않다. '이걸 왜 해요?'라는 질문은 우리 문화에서 버릇없는 질문, 쓸데없는 질문이다. 그러나 왜는 본질을 묻는 것이다. 프롬은 "모든 것을 의심하라"(de omnibus dubitandum)고 했다. 특히 모든 사람이 다 받아들이다 보니 결과적으로 누구도 의심할 수 없는 상식이 되어버린 이념을 의심해야 한다고 했다. 그것을 '근본적 의심'이라고 한다. 근본적 의심은 불편함을 낳고 불편함은 회피를 유발한다. 결국 우리는 교육과정을 설계하면서 교사로서 해왔던 교육과정, 수업, 평가에 대해 근본적 의심을 시작했다. 이 과정에서 우리는 불편했고 그만두고 싶었고 우리가 하는 실천에 자신이 없었던 것도 사실이다.

그러나 우리에게 용기를 준 것은 우리가 가르친 아이들이었다. "수업시간에 배우는 것은 일상과 관련이 없다고 생각했는데 그것을 수업과 연결한 것이 신기했다.", "뭔가 수업 시간에 내가 더 나아진 것 같다." 라는 이야기를 해주는 제자들의 피드백이 우리의 실천에 확신을 주었다.

백워드 설계는 긴 시간 촘촘한 과정을 거쳐 교육과정을 설계해야한다. 그래야 우리가 목표로 삼았던 방향을 잃지 않고 교육과정을 운영할 수 있기 때문이다. 그렇다고 한 번 정해진 대로 끝까지 가는 것은 아니다. 설계는 어디까지나 설계이다. 공사 현장의 목소리와 상황을 반영하지 못한 설계는 부실공사를 낳는다. 교육과정도 마찬가지이다. 전문가인 교사가 최선을 다해 설계하지만 교실 속 상황을 반영하고 아이들의 필요와 상태에 언제나 민감하게 반응하지 못하면 수업이 제대로 이루어지지 않는다. 백워드 설계는 교사들의 교육과정 설계를 돕는 한 가지 방안이기에 설계대로 진행되지 않을 때도 많다. 그것은 실패가 아니라 교사가 전문가로서 적절한 대처를 하는 것이다. 즉 백워드 설계는 학생들의 이해를 돕기 위해 교사가 교육과정 설계와 교육과정 운영에 전문가가 될 수 있어야 완성된다. 이때 방향을 잃지 않기 위해 늘 '왜?'를 염두에 두고 운영하는 것이다.

교육과정에서 왜를 묻기 시작한 후 우리의 가르침에 의미가 부여되었고 학생들을 배움의 질적 세계로 초대할 수 있었다. 학생들은 교실에서 자신의 수행과제를 수행했고 교사들은 끊임없이 관찰하고 피드백 했다. 이 과정에서 학생과 교사 모두에게 배움이 일어난다. 배움은 변화의 과정이고 변화는 오로지 살아감으로써 실현할 수 있다. 우리는 익숙하게 해왔던 것을 근본적으로 의심하면서 변화되었고 그 변화가 즐거웠다.

4년 동안 함께한 인천초등교육과정연구소 선생님들과 우리와 함께 배움을 같이한 학생들에게 감사한 마음을 전한다. 그리고 교육과정과 함께 살아가는 많은 교실 속 교사의 삶이 의미 있고 행복했으면 한다. 우리의 실천이 씨앗이 되어 변화하는 교육과정과 세상, 그리고 우리가 만나는 학생들의 내일에 대해 고민하는 선생님들께 조그마한 도움이 되길 기원한다.

미래교육의 씨앗을 뿌리는 선생님들을 위하여

- 도성훈 인천광역시 교육감

　　교육감실을 두드린 선생님들의 모습은 너무나 당당하고 자신 있어 보였습니다. 저 당당함은 어디에서 나오는 걸까? 그 의문에 대한 답은 책을 펼쳐본 후에 찾을 수 있었습니다. 말 그대로 교육에 대한 열정으로 모인 선생님들의 도전과 노력이 그대로 느껴지는 책이었습니다. 이 작은 모임에서 시작된 학교교육에 대한 변화의 움직임이 이 책을 통해 교육의 희망을 꿈꾸는 선생님들에게 전해질 수 있기를 바랍니다.

　　교육은 사람을 사람답게 하는 것입니다. 하지만 사회는 사람답지 못한 많은 일들로 넘쳐나고 있습니다. 사람들은 '교육'이 문제라고 말을 합니다. 교육에 몸을 담고 있는 학생, 학부모, 교사들도 입시의 탓을 하지만 받아들일 수밖에 없는 현실이라고 말합니다. 모두가 교육의 문제를 알지만 그 문제를 어떻게 해결해야 할지 자신 있게 말하지 못합니다.

　　그런데 이 한 권의 책 속에서 미래교육의 씨앗을 보았습니다.

　　정신없이 돌아가는 학교현장에서도 함께 공부하고 성찰하며 하루하루 뜨겁게 살아가는 선생님들을 만났습니다. 하루에도 숱하게 '왜?'와 '어떻게?'라는 질문을 던지며 익숙한 교육을 낯설게 보기 위해 노력하는 선생님들은, 교육의 본질을 찾고 있었습니다. 학급의 아이들에 대해 이야기하고 수업에 사용했던 자료들을 나누는 선생님들은, 교육에 대한 사랑을 실천하고 있었습니다. 사람답게 하는 교육을 교육과정에 녹여내고자 쉼 없이 고민하고 도전하는 선생님들은, 보다 나은 우리의 미래를 설계하고 있었습니다. 그리고 그 노력의 결과를 이 한 권의 책에 담았습니다. 학교 현장에서 묵묵히 교육과정 전문가의 역할을 충실하게 해내고 있는 선생님들입니다. 미래의 교육을 꿈꾸며 오늘도 현장에서 흘리고 있을 선생님들의 땀과 노력을 생각하니 이 책에 저절로 눈이 갑니다.

　　우리는 '삶의 힘이 자라는 인천교육'이라는 비전을 그리고 있습니다. 삶의 힘은 '스스로 배우고 익히는 힘'을 뜻합니다. 교육은 우리 아이들이 삶의 힘을 지닌 시민으로 자라나도록 그 역할을 다해야 합니다. 우리 아이들은 현실에 살지 않습니다. 흔히들 말하는 4차 산업혁명시대에서 미래를 누릴 아이들입니다. 이 아이들에게 삶의 힘은 지식이 아니라 지혜로부터 나옵니다. 이 책에는 2015 개정 교육과정을 통해 아이들의 삶에 필요한 지혜들을 비전으로 삼아 삶을 이해할 수 있게 해주고 그것을 통해 삶의 힘을 길러낼 수 있도록 돕는 교사들의 이야기가 있습니다. 학습자의 진정한 이해를 강조하는 이해중심 교육과정과 교육과정-수업-평가의 일관성을 유지시켜주는 백워드 설계에 대한 깊은 통찰이 담겨 있습니다. 현장에서 매일 아이들과 함께하는 교사들의 눈으로 바라본 교육과정에 대한 고민뿐만 아니라 고민을 성장으로 바꾸어 가는 과정 또한 쉽고 재미있게 풀어나가고 있습니다. 그 과정이 진심으로 다가오기에 이 책에서 특별함을 느낄 수 있었습니다.

교육의 변화는 학교와 교실의 변화에서 비롯됩니다. 더 이상 위에서 아래로 내려지는 강제된 힘으로는 학교를 변화시킬 수 없습니다. 교육생태계의 기반이 되고 있는 학교의 변화는 실제 교육이 이루어지는 교실 속 교사들과 학생들의 힘에서 시작되어야 합니다. 책을 쓰신 선생님들은 변화되는 교육과정의 의미를 고민하고 이것이 왜 우리 교육에 적절한지를 숙의와 실천을 통해 보여주고 있습니다. 저명한 외국의 학자나 대학 교수의 말을 그대로 따라 하지 않았습니다. 이론을 위한 공부가 아니라 실제 교실에서 어떻게 활용되고 적용될 수 있을지를 고민하고 연구했습니다. 그리고 그들이 이해한 그대로, 실천한 그대로, 그들의 고민과 더불어 그들의 언어로 책을 썼습니다. 하루하루 치열하게 교육을 담당하고 아이들과 함께 살아가고 있는 교육의 모습 그대로가 담겨있다는 점이 이 책의 가장 큰 힘입니다.

아이들이 존재하는 만큼 그들의 우주도 존재합니다. 우주가 한없이 넓은 만큼 아이들의 우주도 한없이 다양하고 넓습니다. 아이들이 각자의 우주를 만들어 나갈 수 있는 힘을 길러줄 수 있는 교육. 그것이 이 책을 쓴 선생님들과 제가 함께 꾸는 미래 교육의 모습입니다. 그리고 이 책에서 그 미래교육의 씨앗들을 발견하고 있습니다. 지금도 많은 교실에서 전국의 교사들이 미래교육의 소중한 씨앗들을 뿌리고 있습니다. 우리와 같은 꿈을 꾸고 있는 많은 교사들에게 이 책을 권해주고 싶습니다.

2018년 8월 삶의 힘이 자라는 우리 교육을 꿈꾸며

통합교육과정 혹은 교육과정 재구성은 더는 교사들에게 낯선 용어가 아니다. 다양한 교육과정 운영사례가 제시되고 있지만, 우리가 제대로 하고 있는 것인지 의구심이 들 때가 많다. 이 책에서 말하는 백워드 설계는 학생들의 삶을 수업과 유의미하게 연결하는 동시에 교육과정 운영의 나침반이 될 수 있음을 명확히 증명하고 있다. 특히 고마운 것은 백워드 교육과정 운영사례가 특유의 어려운 절차와 내용을 넘어 교육과정을 바라보는 시선을 바꾸고 일상에서 교사와 학생은 어떻게 변화하는지 그 고민이 잘 드러나 있다는 것이다.

– 이태섭(인천도림초 교사)

교육과정에 돌직구를 던지고 나서 교사로서의 내 삶은 확실히 달라졌다. '이게 나라냐?'라는 사회적 물음에 대답하기 위해서라도 내 삶터에서 '이게 교육이냐?'를 끝없이 물었으니 말이다. 이 물음에 대한 대답은 학교에서 각종 교육이라는 이름으로 관행적으로 해오던 것들을 돌아보며 교사와 학생의 성장에 도움이 되지 않는 것들을 빼내는 것이었다. 야금야금 빼낸 그 빈자리에 나와 아이들과 학부모들이 하고 싶어 하던 것들을 채우며 열심히 살았다. 그러나 돌아보면 늘 허전했다. 이 책을 읽고서야 비로서 그 이유를 알았다. 내게 부족한 것이 무엇이고, 앞으로 무엇을 어떻게 해야 하는지를. 내게 그랬듯이 교육과정을 뒤집어서 설계하고 실행한 선생님들의 실천적인 삶의 기록은 많은 이들에게 용기를 불어넣을 것이다.

– 정성식(실천교육교사모임 회장)

필자가 초등교사로서 지향해 온 교육과정은 '세상을 담는 교육과정'이다. 세상 속의 일들이 교실 안으로 들어와 교육과정의 원천이 되고, 교실에서의 앎이 학교 담장을 넘어 세상과 연결되어야 한다는 생각을 갖고 교육과정을 만들어 왔다. 이는 가깝게는 아이들이 행동하는 꼬마시민이 되고, 멀게는 진정한 시민성을 가진 어른으로 자라기를 바라는 마음에서 비롯한 실천이었다. 이 책을 읽는 내내 이해중심 교육과정이 필자가 만들어 온 교육과정과 매우 닮아있다는 생각을 했다. 필자의 생각을 이론적인 언어로 잘 정리해 놓았다는 생각이 들었다. 진정한 이해는 삶과 분리될 수 없는 것이기에 이해중심 교육과정과 세상을 담는 교육과정은 일맥상통할 수밖에 없을 것이다. 아이들의 삶과 앎을 일치시키려는 노력 속에서 탄생한 교사교육과정은 다양한 모습을 하고 있지만 결국 같은 방향을 바라본다는 것을 깨달았다. 교육과정을 공부할수록 교사들의 실천과 이론은 결국 서로 맞닿게 되고, 궁극적으로 하나라는 것을 느낀다.

필자는 평소 '교과서 재구성'에서 벗어난 진정한 '교육과정 재구성' 즉, '교사교육과정 개발'을 하자고 주장해왔기에 이 책이 무척 반갑고 감사했다. 교육과정 개발과 실행이 따로 이루어지고 있는 것이 현실이기에 교사가 탄탄하고 체계적인 설계자로 자리매김하는데 도움이 되는 귀중한 길잡이가 나왔다는 것이 참으로 고마웠다. 이 책은 교육과정 속에 아이들의 실제 삶이 살아 숨 쉬게 하는데 필요한 철학적 기반과 관점을 제공해주고 있다. 따라서 많은 교사들이 이 책을 함께 읽고 생각을 나눴으면 좋겠다.

학교 현장에서 교육과정을 개발하여 실행함과 동시에 이를 연구하고 기록까지 한다는 것은 결코 쉬운 일이 아니다. 이 어려운 일을 꾸준히 해오고 있는 저자들에게 경의를 표한다. 힘드시겠지만 저자들이 부디 지치지 마시고 이론과 실천의 세계를 연결해주는 튼튼한 다리 역할을 계속해 주시기를 바라는 마음으로 추천사를 맺는다. 끝으로 이렇게 값진 책의 추천사를 쓰게 해주신 저자들에게 무한한 감사의 뜻을 전한다.

— 이윤미(이리동산초 교사)

교육과정은 명사가 아니라 동사다. 완성된 체계가 아니라 끊임없이 변하는 과정이다. 교사가 가르쳐야 할 지식과 기능의 총체가 아니라 학생이 배우고 익히는 경험의 총체다.

교육과정을 편성한다는 것은 교사가 가르칠 내용을 정하고 순서대로 배열하는 것이 아니라, 학생이 배우고 익힐 경험과 성장의 기회를 '설계'하는 것이다. 배움, 경험, 성장은 지식이 아닌 지혜의 영역으로, 말과 글로 결코 그 모두를 담아낼 수 없다. 말과 글은 사유의 틀이자 집이다. 말과 글로 모두 담아내지 못한다는 것은 결국 완전하게 사유할 수 없다는 뜻이다. 그 빈 곳을 메우는 것은 결국 교사의 교육적 상상이다.

교육과정을 공부하고 실행하는 건 시시포스(Sysipos)의 운명을 긍정하는 것일 수도 있겠다. 끊임없이 바위를 굴려야 하는 운명을 긍정하고 행하기란 결코 쉬운 일이 아니다. 그런데도 그 길을 즐겁게 걷는 교사들이 있다. 열정과 소명 없이는 불가능한 일이다.

교육과정이란 화두를 붙들고 고군분투했던 인천초등교육과정연구소 회원들이 자신들의 심지(心志)를 세상에 내보였다. 4년 간의 집단적 고민과 실천, 지혜를 모두 담을 수는 없겠지만, 교사 자신의 실천을 도구로 이 책에 담긴 원석들을 캐고 다듬어 빛나는 보석으로 재창조할 수 있을 것이다. 그런 의미에서 이 책은 하나의 광산이다.

— 송민철(인천광역시교육연수원 교육연구사)

차 례

PART 1
우리는 지금까지
이해했던 걸까?

> "혹시 나는 갈 곳이 없는 것은 아닐까?"
> 그러자 벽이 말했다.
> "지도만 보면 뭘 해? 남이 만들어 놓은 지도에 내가 가고 싶은 곳이 있을 것 같니?"
> "그럼 내가 가고 싶은 곳은 어디에 나와 있는데?"
> "너만의 지도를 만들어야지."
>
> 루이스 캐롤 - 이상한 나라의 앨리스 중에서 -

교실에서 교사는 수많은 역할을 한다. 학생을 관찰하고, 가르치고, 평가하고, 학급을 관리한다. 이러한 것들이 바로 교사가 교육과정을 사용하는 모습이며, 이와 관련하여 교사는 교육과정 자율성을 발휘한다(Ben-Peretz, 2014). 그러나 교사에게 교육과정의 자율성이 있었던가 묻는다면 자신 있게 대답하기 어려운 것이 현실이다.

많은 교사들은 교육과정 책무성을 지키면서 자율성을 갖기를 원한다. 현장에서 책무성은 있지만 자율성을 갖기는 어려웠다. 따라서 교사들은 주어진 내용은 잘 전달하되 전달 방법은 자유롭게 하는 것으로 교육과정의 자율성을 인식하였다. 이러한 인식은 교육과정의 사용 주체인 교사가 교육과정에 대한 관심과 관여를 하지 않아도 되는 존재로서, 주어진 것을 받아들여야 하는 역할을 하도록 하였다.

이해는 일방적으로 주어지는 것이 아니라 앎의 주체와 대상 사이의 상호작용에서 비롯된다. 교육과정을 이해하는 것도 교육과정에 대한 체험을 통해서 교사 자신의 의미를 구성할 때 가능하다. 따라서 우리가 일상적이고 관습적으로 행해왔던 교육과정에 대한 이해를 당연하게 받아들이지 않도록 해야 한다. 앎은 의미를 찾는 과정이며 그 의미는 저절로 주어지는 것이 아니라 그것을 발견하고 창조하려는 인간 스스로의 노력을 통해 생성되기 때문이다(이근호, 2011).

우리가 어떠한 현상을 이해하거나 그것을 개선하기 위해서는 우리는 먼저 '이해하거나 개선하려는 현상'이 어떠한 종류의 현상이며 어떠한 본질을 지니고 있는지 다소나마 이해하고 있어야 한다(엄태동, 2002). 우리는 교육과정을 이해하기 위해 그동안 실행해왔던 것이 무엇이며 어떠한 본질을 지니고 있는지 파악해야한다. 이는 교사들이 교육과정을 어떻게 이해해왔는지 아는 것이고 교육과정의 본질에 대해 고민하는 것이다. 결국 교사로서의 삶을 들여다보는 것이기도 하다. 익숙한 것을 낯설게 볼때 우리는 진정으로 알 수 있다.

사토 마나부(2003)는 공부와 배움의 차이를 '만남과 대화'의 유무에 있다고 했다. 배움과 달리 '공부'는 그 무엇과도 만나지 않고 아무런 대화도 없이 수행된다. 반면에 '배움'은 타인의 사고나 감정과 만나고 대화하는 행위이자, 자기 자신과 만나고 대화하는 행위이며, 더 나아가 사물, 일과 만나고 대화하는 행위라고 하였다.

지금까지 교육과정을 공부했으나 만나지 않고 배우지 못했던 것은 아닐까? 남이 만든 지도로는 내가 원하는 곳에 갈 수 없다. 내가 지도를 만들기 위해서는 나 자신과 만나고 대화하며 우리가 하는 일인 교육과정과 만나고 대화해야 한다. 이 진솔한 대화를 통해 우리는 우리가 가고 싶은 곳을 찾아갈 수 있는 지도를 만들 수 있다.

교육과정에 대한 우리들의 이야기

"두려움이란 우리가 어떤 결과에 대하여 어느 정도 불안해하는 미래 또는 과거 일을 떠올릴 때 느끼는 감정이다. 그리고 그 일에 대해서 생기는 불규칙한(갑자기 떠오르는) 슬픔이다."

- 에티카 -

　　교실은 위기에 빠졌고 더 이상 옛날 방식이 통하지 않는다고들 한다. 그래서 교육은 변해야 한다고 말한다. 이러한 사회의 변화와 시대적 요구에 의해 교육은 변하고 있고 이에 따라 교육과정도 끊임없이 변하고 있다. 교육과정의 변화는 교사에게 두려움의 대상이다. 교사들은 교육과정에 대한 과거의 나쁜 경험과 미래의 불확실성에 대한 두려움을 갖고 있다. 많은 사람들은 두려움이 밀려올 때 빨리 벗어나고 싶은 조급한 마음인 불안을 느낀다(정철희, 2016).

　　이러한 불안에서 벗어날 수 있는 가장 빠른 방법은 불안하게 하는 대상을 자기 것으로 만드는 것이다. 그리고 불안한 대상을 자기 것으로 만들기 위한 가장 효과적인 방법은 실제 삶에 적용하여 실천하는 것이다. 이는 곧 대상에 대한 '내 목소리'를 갖는 것이다. 고병권(2014)은 "누군가에게 좋은 말을 들었다면 최소한 한 번은 내 목소리로 그것을 다시 들어야 한다. 그때만이 그것은 내 피가 된다."라고 하였다.

　　교육과정에 내 목소리를 담는다는 것은 교사로서의 삶을 그대로 드러내는 것이다. 자신의 삶을 그대로 드러내고 들여다보는 것을 '직면'이라고 한다. 직면은 불편하고 어려운 과정이지만 무조건적인 긍정, 비관, 반박, 옹호 혹은 좀 더 치밀한 계획 등을 통한 회피는 두려움을 가중시킬 뿐 변화를 일으키지 못한다. 왜냐하면 교사 자신의 교육과정 변화를 위해서는 교육과정 학자의 눈을 통한 객관적 현상에 대한 분석이 아니라 교사로서 우리가 살아왔던 삶에 대한 주관적 해석이 필요하기 때문이다. 이를 위해 우리는 과거와 현재의 교육과정에 대한 인식과 실천을 드러내고 우리가 꿈꾸는 교육과정에 대한 희망을 이야기하고자 한다.

우선 우리가 실천하고 생각해왔던 교육과정은 어떤 모습이었을까? 그동안 교사들에게 교육과정은 '교과서와 같은 것' 또는 '캐비닛 속에 잠들어 있는 문서'로서 존재했다. 따라서 교사들은 교과서와 교사용 지도서의 내용을 충실히 전달하는 것이 중요했고 교육과정 문서는 제출용에 지나지 않았다.

따라서 교과서와 지도서의 내용을 전달하기에도 시간이 부족한 교사들에게 학교·학년 교육과정은 단지 교육청과 학교에서 요구하는 문서로서 실제 운영될 내용인 교육의 내용과 방법보다 교육과정 문서 자체에 신경을 써야 했다. 각 학교의 부장들은 교육과정 문서를 좀 더 화려하고 꼼꼼하게 만들기 위해, 새 학년을 준비해야 하는 2, 3월의 시간을 온전히 바쳐야만 했다. 이렇게 부장 교사들이 정성스레 만들어낸 교육과정 문서를 3월에 제출하고 나면, 그 문서는 학기말에 시수를 맞추기 위해 들여다볼까말까 하는 것으로 전락해버렸다. 이러한 관행으로 인해 교사들의 삶과 교사들이 작성한 문서 사이에는 괴리가 생기게 되었다. 교사들은 교육과정을 운영하며 '앎과 삶이 일치하지 않는 일상'을 보내는 것이다.

이제 우리는 교육과정의 목적, 방침, 시행에 관한 문서가 아닌 교육과정을 운영하는 교사들의 일상이 어떻게 변화되었는지 살펴보아야 한다. 교육과정 문서에 나타난 수많은 미사여구가 교사들에게 어떤 의미였고, 교사들이 교육과정을 어떻게 실행했는지 살펴보아야 한다.

이해와 받아들임은 별개이다. 교사들이 교육과정의 변화를 받아들였다 해서 이해할 수 있었다고 볼 수는 없다. Sartre는 실존적 인간은 스스로 자신의 결핍과 부족을 생성하고 그것들의 채움을 추구한다고 하였다. 우리가 경험했던 과거를 살펴봄으로써 우리 자신의 결핍과 부족을 통해 채움을 추구하고자 한다.

교사들에게 교육과정은 일상이다. 그러나 일상의 삶에 관심을 갖지 못하고 의미를 찾지 못한 삶을 살아왔다. 영어로 관심은 'interest'로 '사이'를 뜻하는 'inter'와 '존재'를 뜻하는 'est'의 합성어이다. 즉 관심은 '존재와 존재의 사이'라고 할 수 있다. 관심이 생겨야 관계가 생기는 것이다. 말하자면 관심은 존재와 존재 사이의 관계 맺기라고 할 수 있다(조용환, 2013). 교사들에게 교육과정이 관심의 대상이 아니었다는 것은 교사들이 교육과정과 관계없는 삶을 살아왔다는 것이다. 결국 교사와 교육과정의 관계 즉 관심은 어느 정도였는지를 살펴보는 것은 교사로서 자신의 일상에 대한 관심을 갖고 그 의미를 부여하는 과정이다. 현장에서 교육과정을 짜고 운영했던 교사에게 교육과정은 어떻게 이해되어 왔을까? 우리는 교사로서 경험했던 6차 교육과정부터 살펴보고자 한다.

I 6차 교육과정

교사들에게 '교과서와 동일시된 교육과정'과 '캐비닛 속에 잠들어있는 문서로서의 교육과정'의 의미가 변화하기 시작한 것은 6차 교육과정 시기부터였다. 그 이전에는 교육과정이 바뀌어도 교과서가 크게 바뀌지 않았고 학교·학년 교육과정을 작성하는데 있어서도 큰 변화를 체감하지 못하였다. 그러나 6차 교육과정부터 국가 수준에서 논의하던 것이 이후 지역화와 학교교육과정 논의로 확대되면서 학교 재량 시간 도입, 영어 교과 등이 신설되었다.

< 6차 교육과정, 그 땐 그랬지 >

[Episode 1] 영어 교과 신설

    A교사: 소문 들었어? 이번 교육과정부터 '영어' 교과서 생긴다더라. 이거 어떻게 가르치지?

    L교감: Hello, everyone. 오늘의 애국 조회는…

    1992년 고시된 6차 교육과정이 1995년 수정 고시되면서 초등학교 3학년부터 영어 교과를 순차적으로 가르치게 되었다. 새로운 교과가 교육과정에 들어왔으니 교사들의 입장에서 이렇게 큰 교육과정의 변화는 없었을 것이다. 교육과정은 주기적으로 개정되어 왔고 학교 현장에 새로운 교과서를 보급했기 때문에 교사들은 교육과정과 교과서를 동일시하고 있었다.

[Episode 2] 학교 재량 시간 도입

    5학년 학년부장: 이번 책가방 없는 날에는 오봉산에 다녀올 거예요.

    6차 교육과정은 3~6학년에 학교 재량 시간이 34시간 배정되었다. 학교는 시·도의 교육과정 편성·운영 지침에 따라 교과 및 특별 활동의 보충·심화를 하거나 또는 학교의 교육적 필요, 학생의 요구 등에 따라 창의적인 교육 활동 시간으로 운영할 수 있었다. 연간 배정된 시간을 채우기 위해 행사가 만들어진 것인지, 학교의 필요에 의해 그 시간들을 제대로 활용했다고 봐야 하는지 고개가 갸우뚱해지는 부분이다.

[Episode 3] 교육과정인가, 진도표인가?

    J교사: 우리 학년 교육과정은 제가 짤게요.

    교육과정을 짠다는 것은 교과서 진도를 순서대로 주별로 배열한다는 의미였다. 무엇을 보고 교과서 진도를 배열하여 교육과정을 짰을까? 『교육 자료』나 『새 교실』이라는 월간 자료를 보면 3월호에 교육과정 진도표가 부록으로 제공되었다. 교육과정 문서는 고사하고 교과서나 교사용 지도서도 교육과정을 짜는 것에 참고가 되지 않았던 시절이다.

"교육과정 = 교과서"이고 "교육과정을 짠다 = 교과서 가르칠 순서를 차례대로 적는다"는 의미였다.

6차 교육과정 시기 교사들은 교육과정 문서를 작성하기 위해 밤새 끙끙댔던 모습을 기억하고 있을 것이다. 몇몇 부장 교사들은 학교교육과정을 그럴싸하게 만들기 위해 몇 날 며칠을 문서작업에 매달려야만 했다. 그러나 이 교육과정은 교실에서 실현되지 못했고 실제 수업과 차이가 생기기 시작했다.

학교 재량 시간은 학교 차원의 교육적 필요에 따른 시간운영을 강조한 것으로 교사 자신과 학생의 요구와 필요에 따라 계획하고 운영하는 수준까지는 미치지 못했다. 이와 같이 6차 교육과정은 '국가수준의 교육과정 및 지역화와 학교교육과정의 논의'라는 큰 방향의 제시에 그쳤고 본격적인 변화를 이끌어 내지는 못했다는 한계가 있다.

Ⅱ 7차 교육과정

본격적인 변화가 시작된 것은 7차 교육과정이라고 볼 수 있다. 7차 교육과정은 수준별 교육과정 체제를 도입하고 학생 개인의 성장과 발달에 관심을 갖는 것이 큰 특징이었다. 즉 6차와 7차에서 교육과정이 국가가 아닌 지역과 학교, 각 학생의 특징에 따라 달라질 수 있음을 반영한 것이다. 이때 나타난 교실의 가장 큰 변화는 '3가지 상중하 수준별 학습지의 등장'과 '교육과정을 학교별, 학급별로 다르게 작성해야 한다는 것'이었다.

< 7차 교육과정, 그 땐 그랬지 >

[Episode 1] A4 클리어 파일 속 학급 교육과정
  H교사: 나도 이제 5년차, 7차 교육과정 연수도 들었으니 부장님을 위해 교육과정을 짠다고 해야지.
여기서 교육과정을 짠다는 말은, 선배 교사들이 해 온 것처럼 3월 몇 주에 국어, 수학, 사회,

과학 등의 교과와 재량 수업 시간 수를 배정하는 단순한 진도 나열 수준이었다. 학년 부장에게도 시간 배정이 가장 큰 일거리였기에 일 잘하는 젊은 교사가 배치되어 부장교사를 지원하기도 했다. 물론 학년 부장들은 시수 외에 다른 내용까지 포함해서 교육과정을 계획했겠지만 일반 교사들과 그런 내용이 공유되지 못했다. 교육과정은 계획된 시간 수에 따라 교과서 진도를 충실히 나가는 것, 그 이상도 이하도 아니었다.

학교마다 차이는 있었겠지만 그 당시 시도교육청 평가 때문에 학급 교육과정을 요구하는 학교들이 있었다. 교사들은 교육과정을 A4 클리어 파일에 보기 좋게 잘 정리해서 보관해야 하는 것쯤으로 인식하고 있었다.

[Episode 2] 수학: 단계형

4학년 학년 부장: 자, 7차 교육과정에서 수학은 단계형이니까 1학기 꺼 빠뜨리지 말고 생활 기록부에 꼭 기록해야 해요.

수학의 경우, 수학 4-가/수학 4-나 이렇게 단계형으로 제시되었다. 수학 4-가 단계를 이수하여 통과해야 4-나 단계를 학습할 수 있다는 의도였다. 한 교실에서 두 개의 단계를 구분하여 학생을 지도한다는 것은 사실상 거의 불가능했기에 특별보충 과정이란 게 생겼다. 수준별 교육과정이란 것을 도입해 교육의 수월성을 추구한다는 미명 하에 공식적인 부진아 낙인찍기가 시작되기도 했다.

[Episode 3] 국어: 심화보충형

K교사: 이번에 국어 둘째 마당 심화 보충 어떻게 했어? 난 다음 공개수업에서 '더 나아가기'를 할까 봐.

국어는 심화 보충형 교과라서 각 단원(마당) 마무리에 되돌아보기, 더 나아가기 식으로 교과서가 구성되어 있었다.

7차 교육과정은 6차 교육과정과 비교할 때 교과서의 내용이나 구성이 많이 달라졌기 때문에 "교육과정이 바뀌었다."라는 것을 확실히 체감하는 교사들이 많은 편이었다. 하지만 여전히 교육과정을 교과서와 동일시하였다.

7차 교육과정 이후 2007 개정 교육과정부터는 교육과정에 융통성을 확보하여 시대의 변화에 민감하게 대응하는 체제를 구축하려 했고, 그 결과 수시·부분 개정체제로 변화했다(박승열, 2016). 2007 개정 교육과정도 교과서가 더 자주 바뀌고 있을 뿐 내용이 크게 달라지지 않았기 때문에 현장에서는 그 변화를 체감하기 어려웠다. 단지 5학년에 있던 내용이 4학년으로 혹은 6학년으로 이동한 것이 교사들에게 큰 의미를 주지는 못했다. 그럼에도 불구하고 교육과정은 이후 꾸준히 개정되어오며 학교 현장은 교육과정에 대한 자율성을 부여받았다.

< 2007 개정 교육과정, 그땐 그랬지 >

[Episode 1] 불안과 무관심 사이

　　A교사: 2007 개정 교육과정이 되면서 바뀌는 게 뭔가요? 수업에서 뭐가 변하는 거죠?

　　J교사: 응? 별거 없어. 3학년 내용이 4학년으로 올라가거나 반대거나... 바뀌어봤자 어차피 내용은 거기서 거기니까 지도서만 보면서 잘 가르치면 돼.

　　교사라면 누구에게나 있는 임용고시 준비 시절, 7차까지 개정된 우리나라 교육과정의 변천사를 의미 없이 외우면서 "우리가 3차 정도에만 시험을 봤더라도 외울 게 적었을 텐데... 그래도 아직 7차인 게 어디야?"라는 우스갯소리를 하기도 했다. 추구하는 인간상부터 교육목표까지 말 그대로 달달 외웠지만 지식의 저장기간은 딱 임용되는 순간까지. 교사 생활을 하면서 그 때 배웠던 교육과정의 내용을 이해해서 실제로 연결시켜 수업에 적용해 본 적이 없다.

　　그런데 이제부터는 수시 개정이란다. 시대 사회적 변화와 다양한 요구를 교육 내용에 반영하기 위해서라는데, 신규 3년차인 A교사는 교육과정 개정이 어떻게 현장에 적용되는지 도통 모르겠다. 교사가 되고 나서 처음 맞이하는 변화가 불안하다. 개정 교육과정 선도 연수에 다녀온 선배 교사에게 조언을 구했다. 걱정을 안고 물어본 게 오히려 머쓱해질 정도로 지도서대로만 가르쳐도 훌륭한 교사라고 대답하는 선배 교사. 그땐 정말 그런 줄 알았다.

[Episode 2] 골라 보는 재미?

　　H교사: 어차피 내용은 비슷하니까 형식적인 부분에서 좀 더 나은 것을 선택하는 게 좋지 않을까요?

　　B교사: 이 출판사 그림이 예뻐요. 책 모서리 디자인이 둥근 게 세련되고 좋은데요!

2007 개정 교육과정의 내용 중 초등에서 느낄 수 있었던 가장 큰 변화는 '음미체실영'의 검정교과서 도입이다. 교재교구선정위원회 위원으로 배정된 6학년 음악전담 B교사는 눈앞에 놓인 5종의 음악 교과서를 보고 기대감에 부풀었다. 선택의 폭이 넓어진 것이다. 우리 학교의 실정에 맞게 창의적으로 교육과정을 운영하는 데 도움을 주는 교과서를 이것저것 꼼꼼히 따져보고 선택하리라.

하지만 현실은 국정교과서 체제와 비교해도 오십보백보. 이전 교과서와 대동소이한 내용으로 선정기준은 엉뚱한 방향으로 흘러갔다.

2007 개정 교육과정은 자율성이 확대되었다는 긍정적 측면이 있기도 했지만 교육과정과 교과서를 동일시하는 것이 여전했던 상황에서는 허울뿐인 구호에 지나지 않았다.

Ⅳ 2009 개정 교육과정

2009 개정 교육과정의 큰 특징은 학교의 여건과 교과의 특성에 따라 교과별 시수 증감, 학년, 학기별 집중이수제 등을 편성·운영할 수 있게 하여 교육과정의 자율성과 융통성을 강화한 것이다. 그러나 학교현장에 가장 큰 영향을 미친 것은 창의적 체험활동이 도입된 것과 국어교과서가 국어와 국어활동으로 변화한 것, 수학이 스토리텔링 형식으로 바뀐 것이었다. 교과가 아닌 창체와 교과서 체제의 변화로는 교육과정 변화가 학교현장에 큰 영향을 미치지는 못했다.

< 2009 개정 교육과정, 그 끝자락에서... >

[Episode 1] 들어는 봤나? 자동봉진
  H교사: 선생님, 자동봉진 아세요?

학년 초 이지에듀와 씨름하던 그 때, 6학년은 아직 2009 개정 교육과정이 적용되기 전 4학년 교육과정을 짜고 있던 동기 선생님이 '자동봉진'을 아느냐고 묻는다. 특별활동과 재량활동이 '창의적 체험활동'으로 바뀌면서 그 하위 내용이 자율, 동아리, 봉사, 진로라는 이름을 갖게 되었다. 이는 학교마다 획일적으로 교육하는 방식을 탈피하고, 각 학교만의 특성화된 교육과정을 운영하자는 방향에서 나왔다. 하지만 학교에서 하는 필수적인 행사는 자율 활동에 포함되어야 하니 창의적이라는 이름이 무색하기만 했다. 또 정보통신 활용, 보건, 한자 교육과 같은 내용을 창의적 체험활동 시간에 배당해야만 했기에 과연 창의적 체험활동 도입으로 배려와 창의적 인재를 육성하고자 하는 개정의 의도는 효과를 거두었을까?

[Episode 2] 듣말쓰와 읽기는 추억 속으로...

H교사: 시간표 다시 만들어야 하는데 예쁜 파일 가지고 있는 분?

학년 초 교실 환경을 구성할 때 학년을 연임하게 되면 '시간표' 만들 걱정은 없었다. 하지만 '듣말쓰'와 '읽기' 대신 '국어'와 '국어활동'을 만들어야 했던 2009 개정 교육과정의 변화. 하나로 통합된 국어는 기존의 읽기와 듣말쓰의 내용이 각각 한 단원으로 구성되어 단원의 수가 다른 과목에 비해 많았다.

[Episode 3] 스토리텔링으로 수학이 즐거워진다면...

K학생: 선생님, 근데 수학 시간에 왜 마법학교에서 연필의 길이를 길게 하는 마법이 나와요? 그거 말고 수학 시간을 순식간에 지나게 하는 마법이 나오면 안 돼요?

소수의 나눗셈 단원을 공부하는 6학년 교실. 해리포터의 열렬한 팬인 학생이 애교 섞인 불만을 터뜨린다. 결국 문제 해결의 방법은 소수의 나눗셈이다. 아이들은 다양한 반응을 보인다. 아무리 이야기로 시작해도 수학은 수학이라는 반응도 있고, 글씨만 많은 것보다 그림과 함께 스토리가 있는 것이 나쁘지 않다는 반응도 있었다. 스토리텔링이 적용된 2009 개정 교육과정에서 수학 시간은 각 단원에 맞게 구성된 이야기로 시작된다. 교과서의 이야기가 성에 차지 않는 선생님들은 아이들이 좋아하는 애니메이션을 활용하여 이야기 속에 수학을 초대하기도 한다. 과연 수학 학습 능력은 뛰어나지만 흥미도는 떨어지는 우리 아이들에게 이 방법이 효과적이었을까?

2009 개정 교육과정까지 국가교육과정은 "전국의 초·중등학교에서 어떤 내용과 방법으로 교육을 해야 할 것인지를 제시한 설계도이며 기본적인 틀"이라고 명시하였다. 이러한 정의에 따라 국가 수준에서 하는 교육과정 설계는 '인간상과 목표'를 결정하는 데 집중하고, 교과별 각론 개발에서는 '교과 내용 체계의 제시'와 '활동 수립'에 집중하였다(김경자, 온정덕, 이경진, 2017). 이렇게 개발된 국가교육과정에 따라 교사들은 국가에서 개발해준 교과서와 교사용 지도서를 사용하여 진도를 나가기만 하면 좋은 학습결과로 이어질 것이라는 공식을 그대로 적용하는 것이다.

따라서 교육의 내용과 방법이 획기적으로 달라지지 않는 한 교과서와 교사용 지도서의 내용은 별반 다르지 않았으므로 현장의 교사들에게 교육과정의 변화는 큰 고려대상이 되지 못했다.

2009 개정 교육과정에서는 학년군과 교과군을 고려한 최소 '필수학습내용'을 선정해 중복되는 내용은 합치고 불필요한 부분을 빼는 형태로 전체 교과 내용 중 약 20%를 감축할 수 있었다. 또한 학교 자율에 따라 예체능 과목을 제외한 교육과정을 20% 범위 내에서 증감 운영할 수 있었다. 2009 개정 교육과정에서 강화된 융통성과 자율성, 적정성은 혁신학교의 등장과 함께 교육의 변화를 이끄는 토대가 됐다. '혁신학교'라는 이름으로 등장한 교육과정 중심의 학교 모델은 현장에 큰 영향을 주었다. 혁신학교는 국가교육과정의 범주 안에서 최대한 자율성을 발휘하여 학교의 특성을 살리도록 시스템이 구성되었다. 또한 각 교과의 학습내용을 분절적으로 가르치는 것이 아니라, 교과 내용과 주제를 통합하여 하나의 일관된 흐름을 만들어 내었다. 주제 통합 수업, 블록 수업, 협동 학습, 체험 학습 등을 결합시켜 상호 연관, 상승작용이 일어나도록 일관되게 추구한 것이다(한국교육연구네트워크, 2014).

교육과정의 변화는 교사들의 수업의 변화를 의미하기도 하고 교실 속의 삶의 변화를 의미하기도 한다. 교육과정이 바뀔 때마다 교사들은 불안감을 느낀다. 그러다 정작 교과서의 내용을 보면 이전 교육과정과 별반 다르지 않은 변화에 '안도감을 느끼는 상황'을 반복하게 된다.

교사에게 교육과정은 법적인 의무이기도 하지만 교사로서의 정체성과 삶을 의미하기도 한다. 교사들의 교육과정에 대한 고민은 교육적 이상을 실현시키고자 하는 치열함이자 삶의 본질을 바꿔보려는 꿈틀거림, 아울러 교직 생활의 고단함 속에서 느끼는 회의감에 대한 깊은 사유이다.

이 시기부터 교사들은 교육과정 재구성이라는 개념에 관심을 갖기 시작함과 동시에 그것에 대한 부담을 가지게 되었다. 혁신학교의 사례로 일반학교에게는 자율적인 교육과정 운영이 가능함을 알게 해준 계기가 되었고, 그동안 교육과정 재구성을 시도하고 있던 교사들에게는 힘을 실어주는 계기가 되었다.

V 2015 개정 교육과정

이제 현재 우리의 교육과정을 이야기해 보자. 2015 개정 교육과정에서는 국가 교육과정의 역할을 "모든 학생에게 교육적 결과를 의도하여 교육목표, 교육내용, 교수·학습 방법, 평가를 일련의 교육활동으로 계획한 설계도"로 제시하였다. 즉 교육과정은 모든 학생에게 의미 있는 교육적 결과를 도출하기 위한 일련의 교육활동 설계도인 것이다. 여기서 말하는 교육적 결과는 학생의 수행 능력을 의미한다.

이러한 국가 수준 교육과정의 실행주체는 학교와 학급이며 이에 따라 2015 개정 교육과정에서는 학교에서 이루어지는 교육과정을 다음과 같이 정의하고 있다.

> 교육과정(教育課程)이라는 말은 관점이나 맥락에 따라 다양하게 이해될 수 있다. 예컨대 교육을 지식의 전달로 보면 교육과정은 전달하려는 지식 또는 그 한 단위로서 교과들의 체계로 파악할 수 있고 그와는 달리 교육을 인격의 함양 또는 바람직한 능력·특성들의 형성으로 보면 교육과정도 그러한 인격 또는 능력·특성 형성에 적합한 학생들의 경험들을 지칭하기도 한다. 한편으로 그것은 교과 또는 경험들의 계획에 초점을 두기도 하지만 다른 한편에서는 그 계획의 시행을 통해 기대되는 학습 결과에 주목하기도 한다.
>
> 오늘날 학교에서 이루어지는 교육과정은 학생이 경험하는 총체 또는 학교가 제공하는 경험의 총체라는 광의의 의미로 정의해 볼 수 있다. 그렇지만 학교에서 계획하고 실천하는 교육과정은 의도적이고 계획적인 행위라고 할 수 있다. 이러한 의도적이고 계획적인 행위는 달성하고자 하는 교육 목적 및 목표를 포함한다. 즉, 학교에서 계획하고 실천하는 교육과정은 학교의 교육 목적 및 목표를 달성하기 위해 교육 내용 또는 학습경험을 선정하고 조직하고 실천하고 평가하는 제 행위를 가리키는 것이라고 할 수 있다. 따라서 의도적이고 계획적인 학교교육에 적용하고자 하는 교육과정은 '교육 목표와 경험 혹은 내용, 방법, 평가를 체계적으로 조직한 교육 계획'으로 정의할 수 있다.

이상의 정의에서 알 수 있듯이 교육과정은 국가 수준을 벗어나 학교교육 목적 및 목표를 달성하기 위한 의도적이고 체계적인 교육 계획을 의미한다. 즉 학교와 학급 수준에서 교육 계획을 수립하고 실행할 수 있어야 한다는 것이다. 따라서 학교의 특성을 살리는 교육과정이 운영되어야 함을 의미한다.

이러한 변화와 요구에 따라 교육청은 전입 교사 인사발령을 2월에 실시하고 학교는 11월 혹은 12월에 교육과정 반성회를 연다. 그리고 주요 보직과 업무가 2월에 결정되어 기존 학교에서 근무했던 교사들과 전입 교사들이 함께 모여 3월 교육과정 계획을 준비하고 있다.

이러한 '2월' 교육과정 논의는 최근의 모습이다. 교사들의 입장에서 2월에 학교, 학년, 학급의 교육과정에 대한 논의가 시작되는 것은 여전히 낯설다. 그러나 Hargreaves와 Shirley(2009)의 말처럼 교육개혁은 희망이나 가능성의 문제가 아니라 자연의 이치이다. 자연의 이치에 따른 시대의 변화가 '2월 말이라는 늦은 교사 전입'과 '교육과정은 학년부장의 고유 업무로서 부장이 알아서 다 짠다.'는 관행을 어렵게 만들었다고 볼 수 있다.

2015 개정 교육과정 총론에서는 **교육과정의 성격**을 다음과 같이 다섯 가지로 구분하여 학교교육의 질적 수준을 개선하기 위한 방향을 제시하였다.

가. 국가 수준의 공통성과 지역, 학교, 개인 수준의 다양성을 동시에 추구하는 교육과정이다.
나. 학습자의 자율성과 창의성을 신장하기 위한 학생 중심의 교육과정이다.
다. 학교와 교육청, 지역사회, 교원·학생·학부모가 함께 실현해 가는 교육과정이다.
라. 학교 교육체제를 교육과정 중심으로 구현하기 위한 교육과정이다.
마. 학교교육의 질적 수준을 관리하고 개선하기 위한 교육과정이다.

2015 개정 교육과정은 국가 수준의 공통성을 추구함과 동시에 학교 수준의 다양성을 확대하기 위해 자율성을 부여하고 있다. 또한 학교의 중심에 교육과정이 있어야 함을 강조하여 학교교육의 질적 수준을 개선해야 한다는 책무성을 함께 강조하고 있다. '수업 만들기' 단원을 신설하여 교육과정 재구성을 할 수 있도록 자율성을 보장하고 한글 책임 교육 강화 등의 책무성을 부여했다.

이러한 교육과정의 변화로 교사들은 변화를 크게 체감하고 있다. 교과서 자체에 수업 만들기 단원을 제시한 것은 교사 자신이 무엇인가를 해야 한다는 생각을 하게 함으로써 더 이상 교과서만 따라가며 수업을 할 수는 없다는 작은 틈새를 만들었다. 이런 이유로 교사들은 2015 개정 교육과정을 예전의 교육과정 개정보다 부담스러워 함과 동시에 제대로 알아야 변화할 수 있다는 생각을 가지게 되었다.

교사들이 '무엇을 가르치고 배울 것인가? 어떻게 가르치고 배워야 할 것인가? 왜 가르쳐야 하고 배워야 하는가?'를 고민해야 할 때가 온 것이다. 교육과정 최종 실행자와 개발자로서 교사의 역량이 중요한 이슈로 떠오르게 되었다. 결국 어떤 학교가 좋은 학교인가? 어떤 교사가 좋은 교사인가에 대한 인식의 패러다임이 서류, 실적, 행사에 관한 역량이 아니라 배움으로 이끄는 교육과정 설계와 운영 능력으로 변화하고 있는 것이다.

현재 우리는 교육과정에 대한 인식 변화의 중심에 서 있다. 그렇다면 미래의 교육과정은 어떻게 변하게 될까? 미래에는 더 이상 나열된 '사실' 위주의 지식을 가지고 살아갈 수 없다. 과장을 조금 보태자면 그것은 오로지 객관식 시험문제를 푸는 데에만 필요하다. 따라서 시험이 끝나면 잊어버리는 지식 습득은 학교교육의 목적이 될 수 없다. 이제 학교는 가르침과 배움을 고정된 것으로 보는 것이 아니라, '교사와 학생이 서로 배우며 가르칠 수 있는 곳'으로 변화해야 한다. 학생들은 이를 통해 자신의 삶에서 맥락을 이해하고 그 안에서 끊임없이 배우고 변화하는 삶을 살 수 있어야 한다. 그리고 이를 돕는 공간이 학교가 되어야 한다.

미래의 학생들은 지식의 습득을 목표로 하는 것이 아니라 이해를 학습의 목표로 삼아야 한다. 이때 이해는 지식을 융합하고 구조화시키는 것을 의미한다. 지식과 정보가 넘쳐나는 시대에 공부는 지식 쌓기가 아니라 기존의 환경에 동조하며 살아온 자신의 사고방식에서 벗어나 새로운 환경으로 이동하는 것이며 어제와는 다른 나를 발견하고 변화시키는 것이다(지바 마사야, 2018). 다시 말해 미래의 교육은 변화하는 세계에 맞춰 자신을 변화시키고 발전할 수 있도록 도와야 한다. 이를 통해 변화하는 세계 속에서 타자와 나, 세상과 나의 관계 속에서 삶의 지혜를 깨닫고 지혜롭게 살아가는 것이 되어야 한다. 교육은 형식학습과 비형식 학습이 연결되고 실생활 속의 맥락과 학습이 연결되는 학교와 세상의 연결이며 학습을 통해 자신의 이야기를 만들어내고 펼치는 장으로서 기능할 것이다.

이때 필요한 것이 교사의 교육적 상상이다. 이는 인간과 세상을 이해하고 이를 교육 장면에 펼쳐내기 위한 교육과정을 설계하고 운영하기 위한 상상력이다. 교육적 상상은 '늘 그래왔고 앞으로도 그럴 것이라고 믿는' 관습에서 벗어날 때 가능하다. 교사는 세상과 인간다움에 대해 '왜?'를 생각해야 한다. 그리하여 교사는 기계적인 중립성을 가진 지식을 위한 교육과정이 아닌 지식에 대한 가치를 판단하고 자신의 입장을 갖고 생각하는 인간이 될 수 있는 교육과정을 설계하고 운영할 수 있다.

이제 우리는 인간으로서 인간답게 살아가는 것을 가르치고 배워야 한다. 교육은 분절적으로 존재하지 않고 융합된 지식이다. 따라서 융합적인 사고를 할 수 있도록 교육과정은 변화할 것이다.

교육과정을 뜻하는 커리큘럼(curriculum)이라는 말은 라틴어인 currere(쿠레레)에 기원을 두고 있다. 'currere'란 말은 명사로 쓰일 때는 '경마장에서 어느 말이든 마땅히 따라 달려야만 하는 길'을 뜻한다. 이때에는 고정적이고 획일적인 커리큘럼을 의미한다. 그러나 동사로서의 'currere'의 의미는 달려가야만 하는 고정된 길이 아니라 '주어진 코스를 따라 달리는 일'을 뜻한다. 즉 달려가야만 하는 고정적인 길이 아니라 말들이 달리는 행위, 그 과정 자체를 뜻하는 것이다. 이는 커리큘럼이란 결코 고정되어 있거나 모든 사람에게 획일적으로 적용되는 것이 아니라 현장에서 살아 움직이는 것이며, 외부로부터 주어지는 것이 아니라 내부로부터 스스로의 의미를 창출해 내는 일이라는 의미이다(Pinar & Grumet, 1976; Pinar, 1995).

의미를 창출하는 커리큘럼은 어떠한 학문적 내용이나 목표가 고정되어있는 것이 아니라 학습자의 변화와 성장에 따른 내용과 목표에 관심을 갖고 이에 따라 변화된다. 인간에게 '의미'는 '비타민'과 같다. 비타민 없이 생명을 유지할 수 있지만 건강한 삶을 살아갈 수 없다. 마찬가지로 의미 없이 살아갈 수 있지만 의미 없는 삶은 인간으로서 더 좋은 삶을 살아갈 수 없게 한다.

삶의 의미는 각자 다르고 시시각각 변화한다. 따라서 미래의 교육과정은 학생 각자가 자신의 삶의 의미가 무엇인지 발견하고 더 나은 삶의 의미를 선택하는 진지한 고민의 행위와 과정 그 자체가 되는 것이다. 이는 앞서 언급했던 교육과정의 본래의 의미인 '코스를 달리는 일' 그 자체 즉 '경험하다'로서의 'currere'인 것이다. 참으로 아이러니하게 미래의 교육과정은 교육과정의 시작 즉 교육과정의 본질로 돌아가는 것이며 학생들과 함께 의미를 구성해 나가는 '연구자로서의 교사'의 역할이 부각될 것이다.

02

무엇이 이해중심 교육과정인가?

그 이해는 오직 커리큘럼 내용과 교육학적 스타일에 반영될 수 있는 어떤 문화에 의해서만 진작될 수 있다. 그 안에서라면 사랑과 공감의 능력이란 아이를 가르치려는 노력, 그 전 지평에 스미는 무엇이라 말해도 결코 과언이 되지 않는 어떤 문화 말이다.

마사 누스바움 - 공부를 넘어 교육으로 -

I 이해란 무엇일까?

이해중심 교육과정에서 말하는 '이해'는 우리가 보통 사용하는 '이해'나 Bloom의 교육목표분류의 인지적 영역에서 말하는 '이해'와 그 의미가 다르다. '아는 것(knowing)' 과 '이해하는 것(understanding)'은 어떻게 다를까? 이해(understanding)라는 단어는 상당히 복잡하고 혼란스럽다. 이해라는 단어를 명료화하고 정교화하려는 노력은 학생의 이해를 목표로 삼고 가르치는 교사들에게 필연적으로 요구되는 일이다. 이해가 무엇인지 분명해져야만 이해를 위해 어떻게 가르치며, 어떤 자료와 활동을 사용해야 하는지 말할 수 있게 되기 때문이다.

이해한다는 것은 우리가 이해한 것을 맥락 속에서 효과적이고 현명하게 사용하는 것, 즉 전이할 수 있다는 것을 말한다. 또한 이해한다는 것은 사실적인 과제를 가지고 특정 상황에서 관련된 지식과 기능을 효과적으로 활용한다는 것이다. 따라서 이해하였다는 것은 우리가 알고 있는 것을 전이할 능력이 있다는 증거를 보여 주는 것이다.

그러나 이해를 직접적으로 관찰하거나 측정하기에는 어렵다. 시험지 답안에 정답을 체크하는 것으로 학생의 이해가 측정되었다고 할 수 없다는 것이다. 즉 이해라는 말은 다양한 의미를 지니고 있고 이해의 사용은 한 가지가 아닌 여러 가지 성취를 가리키며 동시에 여러 종류의 증거를 통해 이해의 사용 여부가 드러난다(강현석, 이지은, 2016).

Wiggins와 McTighe(2005)는 이러한 이해를 6가지 측면으로 제시하였다.

첫째, **설명하기**는 사건, 행위, 아이디어에 대한 정당한 근거를 말할 수 있는 능력이고 그러한 근거에 기반하여 정교하고 적절한 이론과 증명을 이해하는 능력이다.

둘째, **해석하기**는 단순한 설명이 아니라 의미를 담은 이야기 구성이다. 해석은 개인, 사회, 문화, 그것들이 일어나는 맥락에 따라 영향을 받는다. 따라서 해석할 줄 아는 학생은 사건과 자신의 생각에 대한 중요성을 드러내어 주장하거나 타인을 감동시킬 수 있는 통찰을 보여준다.

셋째, **적용하기**는 지식을 새로운 상황과 다양한 맥락 속에서 효율적으로 활용하는 능력이다. 즉 자신이 배운 개념, 원리나 기능을 충분히 파악하고 새로운 문제와 상황에 관련지어 문제를 해결할 수 있는 것을 의미한다. 이는 단순히 시험 문제의 응용을 의미하는 것이 아니라 실세계를 반영한 적용이다.

넷째, **관점 가지기**는 비판적이고 통찰이 있는 견해를 갖는 것이다. 관점을 가진 학생은 자신이 배운 이론이나 아이디어들의 특성을 있는 그대로 바라보지 않고 다른 관점으로 바라보고 자신의 관점을 주장하거나 전환할 수 있다.

다섯째, **공감하기**는 다른 사람의 감정과 세계관을 그 사람처럼 느끼는 능력이다. 공감은 단순한 연민이 아니고 비판적인 거리에서 보고 좀 더 객관적으로 보는 관점 갖기와도 차이가 있다. 공감은 자신과 다른 사람에 대한 존중이 필요하며 타인이 나와 다를 때 신중하게 타인의 관점을 고려할 수 있는 것이다.

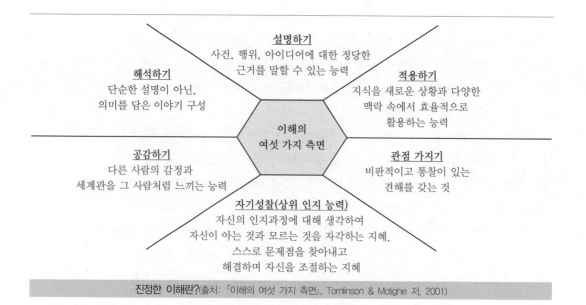

진정한 이해란?(출처: 「이해의 여섯 가지 측면」, Tomlinson & Mctighe 저, 2001)

여섯째, **자기성찰**(상위 인지 능력)은 자신의 인지과정에 대해 생각하여 자신이 아는 것과 모르는 것을 자각하는 지혜. 그리고 스스로 문제점을 찾아내고 해결하며 자신을 조절하는 지혜이다. 자기성찰은 이해의 핵심 측면이다. 우리가 우리 자신을 더 잘 이해하려면 우리 스스로 자신이 어떻게 사고하는지 왜 사고하는지에 주의를 기울일 수 있어야 한다. 즉 내가 알고 있는 것과 모르고 있는 것, 알고 있는 것과 안다고 착각하는 것을 구별할 수 있어야 한다. 그리고 그것은 자신에 대한 반성과 성찰을 통해 가능해진다.

Ⅱ 왜 이해를 바탕으로 한 교육과정이어야 할까?

이해를 위한 교육과정은 '학생들의 깊은 이해를 돕고 그들의 배움에 관해 관심을 갖는 것'에 맞게 교육과정을 설계하는 것이다. 학생들은 세상의 수많은 지식과 경험을 학습하고 탐구하며 익힌다. 그들이 경험하는 탐구와 익힘, 즉 공부와 학습은 지루하고 힘들다. 학생들의 경험은 자신이 흥미로운 것만을 찾아 탐색하는 것만이 아니라 흥미와 관심이 덜 했던 혹은 몰랐던 것에 관한 것도 포함되기 때문이다. Dewey(1989)는 인간의 경험은 능동적인 것과 수동적인 것으로 이루어졌으며 우리의 배움은 능동적인 '함'이 아니라 수동적인 '겪음'으로부터 오는 것이라고 말했다. 배움은 인간이 생각을 해야 가능한 일이며 인간의 생각은 바지런히 무언가를 하는 동안에는 일어나지 않는다. 즉 내가 대상에 힘을 가하는 것이 아니라 대상이 나에게 힘을 돌려줄 때, 그 반발력을 느끼는 것이 바로 '겪음'이고 이 겪음을 통해 인간은 '이게 왜 이러지?' 하고 생각하기 시작하는 것이다(엄기호, 2017). 이러한 생각이 지속되고 집중될 때 우리는 배우게 되는 것이다.

교사는 교육과정을 통해 어떠한 겪음을 계획할 것이며 어떻게 집중할 수 있도록 조건을 형성할 것인가를 고민해야 한다. 이는 당연히 교실의 상황과 맥락, 학습자의 요구와 수준, 교사의 신념과 가치 등의 다양성과 복잡성을 고려해야 한다. 학교와 교실에서 교육과정이 실행되는 양상은 저마다 다른 모습을 취할 수밖에 없기 때문이다(Fullan, 2007). 따라서 교육과정을 통해 경험되는 내용과 그 경험의 결과는 다를 수 있고 이는 교사의 세심한 관심과 전문성을 요구한다.

이해중심 교육과정은 학습자의 진정한 이해를 강조하고 있으며 이 이해를 증명하는 것이 바로 전이다. 학습자들은 자신이 알고 있는 지식과 기능을 새로운 상황에 유창하고 유연하게 적용하는 과정을 거쳐야 하며 이를 '전이'라고 한다(Wiggins & McTighe,

2005). 지식의 기본적인 구조를 안다는 것은 곧 지식을 써 먹는 것, 다시 말해 교실 밖 실제 상황에서 사용할 수 있는 것이다. 즉 지식의 구조를 학습하게 되면 기본적인 사항을 이해하게 되고 교과를 훨씬 쉽게 파악할 수 있다. 인간의 기억력에는 한계가 있어 세세한 사항을 기억하지 못한다. 하지만 지식을 구조화하면 오랫동안 기억할 수 있다. 특수한 상황을 일반적 상황으로 이해할 수 있는 전이의 사고가 가능하다. 지식의 구조를 이해하여 기초 지식과 고등 지식의 간극을 좁힐 수 있는 것이다(Bruner, 1973).

III 교육과정 재구성의 한계와 목표 설정의 중요성

지식은 우리에게 쓸모가 있어야 의미를 갖는다. 교사가 낱낱의 지식을 전달한다고 해서 학생이 의미를 구성할 수 있는 것은 아니다. 의미 있는 지식은 배운 내용이 일반적인 상황에 활용할 수 있도록 전이될 때 구성된다. 전이는 전후 학습 사이를 연결시켜 주는 학습의 연속성을 보장한다. 따라서 교사는 교육과정 실행자로서 주어진 교육과정을 있는 그대로 전달하는 것이 아니라, 실천 맥락에 적합하도록 이를 변경하거나 수정하게 된다. 이러한 교육과정의 변경과 수정이 곧 교육과정 재구성이다. 교육과정 재구성이라는 말은 교육과정이라는 용어가 다양하고 넓은 층위에서 사용되고 있는 것만큼이나 다양하고 폭넓게 사용되고 있다.

흔히 교육과정 재구성이라 하면 교사가 교육과정 및 교과서에 제시된 교육내용을 추가, 대체, 축약, 생략, 타 교과 및 단원과 통합하는 등의 행위를 하는 것과 학생들이 교과 교육과정에 제시된 성취 기준을 달성할 수 있도록 교사가 교육내용과 교육활동을 창의적으로 구안하는 것을 의미한다.

교육과정 재구성이라는 용어가 국가 교육과정 문서에 처음으로 등장한 것은 2차 교육과정 시기다. 1963년에 고시된 교육과정의 총론은 '교육과정의 지역성'을 강조하며 학교가 국가에 의해 개발된 교육과정을 지역 사회의 실정에 맞게 재구성해야 하고, 이것이 가능하도록 교육과정 운영의 융통성과 신축성을 부여하였다고 명시하고 있다. 2차 교육과정을 시작으로 이후 수차례의 개정을 거치는 동안 국가 교육과정은 교사의 자율권 확대 측면에서 교육과정 재구성을 지속적으로 강조해 왔다(서경혜, 2009). 그러나 이러한 교육과정 재구성은 top-down 방식의 한계를 가졌고 '왜'와 '어떻게' '무엇을'에 대한 논의는 제대로 이루어지지 않았다. 따라서 학교 현장이나 학계에서도 이미 교육과정 재구성이라는 말은 낯선 것이 아니지만 막상 교사들에게 교육과정 재구성이 무엇이냐고 물었을 때, 그 대답을 시원스레 내어놓는 사람을 찾기는 생각보다 쉽지 않다.

왜 이런 현상이 일어났을까? 이는 교사들에게 교과서는 곧 교육과정이었던 것과 관련이 깊다. 교사들은 교과서를 분석하여 가르쳐야 할 내용을 확인하였고 교과서의 내용을 효과적으로 가르치기 위한 방법을 강구하였다. 즉 무엇을 가르칠 것인가는 이미 정해진 것으로 받아들였고, 어떻게 가르칠 것인가에 중점을 두었다. 내용과 방법은 완전히 분리되었고, 내용은 교사가 손댈 수 없는 영역으로, 방법은 교사가 알아서 할 수 있는 영역으로 구분되었다. 결국 교과서 내용의 전달자로서 교사의 역할이 고착화되었다(서경혜, 2009).

재구성을 위해서는 교사가 국가교육과정의 목적과 내용을 분석하여 학생의 삶과 절충하는 작업을 해야 하며 학생과 국가 교육과정 사이를 오가며 가르칠 것과 교육환경을 적절하게 절충하는 작업을 지속적으로 이어가야 한다(박세원, 2011). 이런 전제에 따라 교사는 주어진 교육과정을 그대로 시행하는 수동적인 역할에서는 벗어났으나 운영의 자율성이라는 측면에서만 반성적인 의사결정자로서의 역할을 할 수 있었다.

그간 국가 교육과정 개발자들은 교과서의 내용을 모두 가르치려하기보다 교과목표에 맞게 교과서의 내용을 재구성하여 학생들을 지도할 것을 강조하였다. 그러나 교과서에 있는 내용을 가르치지 않을 경우 학생들은 불안해하고 그런 학생들을 보는 교사의 마음도 불편했다. 때문에 교과서의 내용을 재구성하더라도 일단 교과서의 내용은 모두 가르치고 보충 또는 심화를 추가하는 방식으로 이루어지는 경우가 많았다. 그러나 이러한 방식은 교과서 내용을 효과적으로 전달하기 위한 또 다른 방편이었다. 이는 교육과정 재구성이 갖고 있는 본질적인 한계라고 할 수 있다.

[사례 1]

B학교는 매년 10월, 6학년을 대상으로 진로 탐색 프로젝트를 실시한다. 학생들은 자신이 관심 있는 분야를 다양한 방식으로 탐색하고 경험한다. 특히 인기가 많은 활동은 단연 음식을 만들어 파는 '창업하기'이다. 이때 온 학교가 마치 축제와 같이 들썩인다. 학생들은 계획을 세우고 필요한 물품을 구입하며 음식을 만드는 것까지 다양한 활동을 한다.

설레는 학생들 사이에서 담임인 B교사는 걱정스러운 마음이 크다. 진로 탐색 활동을 마치고 나면 그동안 다루지 못했던 교과서 진도를 급하게 나가야 하기 때문이다. 아이들이 직접 체험하면서 배우는 것도 중요하지만 그것 때문에 교과서의 내용을 가르치지 않아도 되는 것은 아니라고 생각하기 때문이다. 행사가 끝나고 나면 간단하게라도 학습지를 풀거나 교과서를 읽혀야 할 것 같다.

일반적으로 교육과정 재구성을 할 때 교육활동을 먼저 선정한 후 목적을 활동에 맞게 수립하는 경우가 많다. 따라서 재구성의 내용들은 '학생들이 좋아하거나 교사들의 관심 사항을 반영하지만, 맥락에서 벗어난 체험의 묶음'으로 구성되기도 한다. 교사들은 이러한 체험들이 학생들에게 자극을 줄 것이라 확신하고 이것이 모여 배움이 일어나기를 희망한다. 하지만 맥락에서 벗어난 체험들은 단지 '재미있었다.' 정도에서 그치는 경우가 많다.

더 큰 오류는 프로젝트 수업을 행사로 인식하는 것이다. 분절된 체험들과 그 체험들이 끝날 때 한 번 치르는 행사 형태의 프로젝트가 학생들의 배움으로 연결되는가에 대한 질문에 '그렇다'의 적극적인 답변을 기대하기는 어렵다.

위 사례는 진로 탐색 프로젝트로 학생들이 다양한 직업체험활동을 하는 것으로 구성되어있다. 진로 탐색 프로젝트는 학생들에게 의미 있는 활동으로 충분히 가치 있고 꼭 필요한 활동으로 인식되고 있다. 그러나 직업 체험활동의 목표는 무엇일까? 목표에 대한 고려가 부족한 활동은 학생들을 배움으로 이끌 수 없다.

Dewey는 경험을 일차적 경험(primary experience)과 이차적 경험(secondary experience)으로 구분하였다. 일차적 경험은 '원시적인' 혹은 '기초적인' 것이어서 거칠고 거시적이며 가공되지 않는다. 여기에는 사고와 반성이 들어가 있지 않기 때문에 체계적인 지식도 정립되어 있지 않다. 그래서 다른 말로 '외적인 경험(external experience)'이나 '전 반성적 경험(prior reflective experience)'이라고 부른다. 이와 달리 이차적 경험은 '정제되고 추론된 반성의 대상', 즉 '계속적으로 조정된 반성적 탐구의 결과로서 경험되는 것'이다. 일차적 경험의 내용을 소재로 삼아 반성과 성찰을 통해 관념이나 판단 등이 이루어지므로 '내적인 경험(internal experience)'이나 반성적 경험(reflective experience)'이라고 부른다. 일차적 경험과 이차적 경험은 연속성 상에서 연결되어 있어야 의미를 갖는다(서용선, 2015).

따라서 경험이 배움이 되려면 경험에서 사고와 반성이 충분히 이루어져야 한다. 여러 가지 체험을 나열하고 그것을 마무리하는 행사는 경험을 통한 사고와 반성이 포함되지 못한다. 반면 잘 설계된 과제는 학습경험을 조직하는 데 맥락을 제공한다. 학습 목표를 이루기 위해 치밀하게 과제를 선정한다면, 학습목표와 과제의 선정은 그 과제를 이루기 위해 필요한 학습경험들을 고르는 데 있어서 길잡이 역할을 해준다.

잘 설계된 과제는 새로운 상황을 제시하고, 그 안에서 과제를 수행함으로써 그동안 배운 내용을 활용할 수 있도록 의도적으로 다듬어진 단계를 거치게 한다.

한편 교육과정 재구성 초기에 나타나는 어려움 중 하나는 '활동은 하되 교과서의 진도 역시 나가야 할 것 같은' 불안감이다. 이로 인해 활동은 활동대로, 진도는 진도대로 나가는 두 배의 어려움을 겪는다. 교사들의 불안감은 두 가지 원인에서 기인한다. 첫째는 확실한 목표를 고려하지 않은 채 이루어지는 활동 중심 프로젝트에 대한 공허함이다. 둘째는 교과서가 교육과정 목표에 도달하기 위한 가장 바람직한 자료라는 교과서에 대한 신화에서 기인한다.

교육과정 재구성을 단지 기술적으로만 접근하지 않기 위해서는 교육의 목표가 가지는 비중을 높여야 한다. 교육목표에 초점을 맞추어 학교·급별, 학년별 목표의 위계와 수준을 체계화하고 먼저 목표를 재구성하는 방법으로 한다면 교육과정 재구성에 대한 기술적 접근을 넘어서서 성찰적 접근으로 나아갈 수 있을 것이다.

[사례 2]

주제: 고전 읽기 – 어린이 사자소학

성취 기준

　〔4도02-02〕글의 유형을 고려하여 대강의 내용을 간추린다.

　〔4국01-06〕예의를 지키며 듣고 말하는 태도를 지닌다.

　〔4도03-03〕남북 분단 과정과 민족의 아픔을 통해 통일의 필요성을 알고, 통일에 대한 관심
　　　　　　　과 통일 의지를 기른다.

　〔4음01-06〕바른 자세로 노래 부르거나 바른 자세와 주법으로 악기를 연주한다.

활동

- 바른 자세로 정독하기
- 작품 내용 간추리기
- 어려운 낱말의 뜻을 찾아 분류하기
- 북한 친구에게 언어 예절을 갖추어 편지쓰기
- 전통 악기 연주하기

평가

- 교사에게 알맞은 높임법을 사용하여 대화하기
- 어려운 낱말 뜻 알기

위의 사례는 교과서를 바이블로 여기는 관점에서 벗어나 단원 전체를 교사가 선택한 소재로 설계하였다는 점에서 긍정적인 측면이 있다. 그러나 이 사례는 목표와 방향 없이 교과서를 대체할 수 있는 새로운 교육 방법의 시도자체가 목적이 되었다. 결국 교육 트렌드인 온작품 읽기와 고전 읽기를 시도하기 위해 성취기준을 억지로 꿰어 맞추었다는 한계가 있다.

방향성 없는 교육과정 재구성은 교육에서 맥락을 제시하지 못하고 온책 읽기를 통해 도달할 수 있는 중요한 목적을 잊은 채 온책 읽기의 기술적인 측면만을 강조하여 설계되었다. 학생들에게 어떤 방법과 내용으로 가르칠 것인가는 매우 중요한 문제이다. 적절한 수준과 학생들의 흥미와 관심을 끌 수 있는 학습 내용, 교사의 의도를 담고 있는 도구는 중요하다. 하지만 그것만으로는 교육목표를 달성할 수 없다. 또한 이 사례를 보면 그것만으로는 충분하지 않다.

교육방법을 중심에 두고 교육과정을 재구성하게 되면 그것을 둘러싸고 있는 모든 것들이 도구화된다. 또한 위 사례는 내용과 방법이라는 두 개의 바퀴를 가진 자전거가 어디를 향해 가는지에 대한 고려가 필요함을 여실히 보여준다. 하지만 지금까지는 이러한 방향성에 대한 고려가 여러 이유로 간과되어 왔다. 내용과 방법이라는 두 개의 바퀴가 한 방향으로 나아갈 수 있도록 연결시켜주는 체인, 이것이 바로 이해중심 교육과정이다.

Ⅳ 이해중심 교육과정의 등장 배경

다음은 이해중심 교육과정을 적용해 본 교사들의 '이해중심 교육과정'에 대한 생각이다.

- 이해의 여섯 가지 측면이 삶 속에서 나타나는 것이다.
- 아는 것이 삶으로 연결되는 것이다. 진짜 이해했다면 실제 삶에서 실천하거나, 행동으로 나타나야 한다.
- 이해중심 교육과정은 배운 것을 써먹는 것이다. 또는 써먹게 할 수 있도록 하는 것이다.
- 살아가는 힘을 키워주는 것이다.
- 이해중심 교육과정은 꿰뚫어 보는 것이다. 깊은 이해를 통해 현상과 현상을 연결하고, 사건과 사건의 맥락을 파악하기 때문이다.
- 이해중심 교육과정은 '맥락, 전이, 실제 삶'을 중요하게 생각한다. 이해를 했다는 것 자체가 그 지식이 어떤 맥락 속에 있는 것인지 파악할 수 있다는 뜻이다. 또한 무언가를 알게 되면 비슷한 상황 속에서 응용할 수 있다는 뜻이고, 그것이 삶 속에서 어떻게 녹아 있는지 찾는 것이기 때문이다.
- 통찰의 힘을 갖게 한다. 낱낱의 지식을 아는 것이 아니라 이것을 하나로 조망하는 힘을 갖게

하는 것이라고 생각한다.
- 철학적 고민과 공유, 실행, 다시 철학적 고민과 공유로 이어지는 선순환이라고 생각한다.
- 생각하는 힘도 기르고, 말하는 힘도 기르고, 행동하는 힘도 기르는 것이라고 생각한다.
- 이해중심 교육과정은 목적지가 어디인지를 알고 여행을 떠나는 것이다. 단순 체험으로만 끝나는 것이 아니라, 목표를 통해 교육활동을 의미 있게 조직시켜준다.

오늘날 교육은 실패하고 있다고 한다. 이 실패의 원인에 대해 많은 사람들은 우리나라 교육이 그동안 '지식교육을 해 왔다'는 데서 찾는다. 그들은 오늘날 교육의 문제점은 그동안 지식교육을 '하지 않았다'는 데에 있는 것이 아니라 바로 지식 교육을 '너무 해왔다'라고 말한다. 즉 '지식 위주의 교육'이 우리나라 교육의 문제라는 것이다(이홍우, 2017). 따라서 지식교육에서 벗어나 인간교육, 경험교육, 태도교육 등이 이루어져야하고 이해를 위한 교육은 또 다른 지식교육이라 주장한다.

즉 지식교육에 실패했으므로 지식이 아닌 교육과정을 운영해야 한다는 것이다. 그러나 오늘날 교육과정의 문제는 지식교육 '대신에' 무슨 교육을 해야 하는가가 아니라, 지식교육을 어떻게 하면 올바른 관점과 태도를 갖춘 인간이 길러지는가 하는 것으로 규정되어야 한다(이홍우, 2017). 이해중심 교육과정은 객관식 시험문제에 나오는 '사실' 위주를 가르치는 교육에 대한 반성으로부터 시작되었다. 지식 위주의 교육 즉 '사실'을 암기하는 교육이 오히려 학력을 저하시키고 학교 현장의 왜곡을 가져온 것에 대한 반성이 일어났고, 이해의 의미를 재규정한 것이다. 지식 교육을 포기하는 것이 답이 아니라 '사실'만 '기억'하면 되었던 교육에서 심층적인 지식의 구조에 대한 앎과 적용을 위한 이해의 교육으로 전환한 것이다(김경자, 온정덕, 2014).

이러한 교육은 Brunner, 그리고 이전의 Dewey가 제안했듯이 절대로 단번에 숙달할 수 없는 핵심 아이디어와 도전으로 부단한 재탐색을 통해 가능하다(Wiggins & McTighe, 2005). 오늘날 지식교육의 병폐를 지적하고 그 대안으로 '다른 종류의 교육'들을 제안하는 사람들은 혹시 스스로 '경험을 통한 교육', '행함에 의한 학습' 등, Dewey의 교육이론을 따르고 있다고 생각할지 모른다. 그러나 Dewey가 교육은 '경험'을 통하여 '행함'에 의하여 이루어진다고 말했을 때, 그가 말한 것은 모든 종류의 경험이나 행함이 교육적 효과를 가져온다는 것이 아니다. 지적 작용에 의하여 해석되지 않은 경험이나 행함은 아무런 의미가 없는 맹목적인 경험이나 행함에 불과하다(이홍우, 2017). 우리는 분명 우리 교육의 실패와 어려움에 대해 반성해야 한다.

'앎과 삶이 일치하는 교육'은 앎을 포기하는 것이 아니라 진정한 앎이 무엇이었고 그 앎을 실현할 수 있는가에 대해 반성함으로써 그동안 가르쳐온 잘못된 지식 위주의 교육을 수정함으로써 가능하다. 이해중심 교육과정은 교사들에 의한 학교교육 과정 개발과 단원 설계를 통해서 학습자들의 깊은 이해에 도달하고자 하는 노력이다. 이해는 앎의 방식이고 변화의 시작이다. 변화가 시작되면 진정한 삶을 살게 된다. 교육이 더 이상 한 귀로 들어와서 시험이 끝난 후 다른 귀로 빠져나가는 지식 전달이 아닌 자신의 삶의 변화를 이끄는 원동력이 되어야 한다.

Ⅴ 백워드 설계의 3단계

이해중심 교육과정은 '깊은 이해, 전이' 등을 강조하고 이를 위한 설계 방식으로 백워드 설계를 제시했다.

여기서 말하는 설계는 우리가 생각하는 설계 이상의 설계를 말한다. 활동이라는 활을 쏘고 그 중 몇 개는 교육목표라는 과녁에 꽂히길 기대하는 교육이 아니다. 백워드 방식은 철저한 설계에 의한 교육과정이다. 그렇다고 해서 설계가 목적은 아니다. 혹자는 백워드 설계 템플릿에만 집중한 나머지, 템플릿 채우기가 목적이 되기도 하는 오류를 벌이기도 한다. 틀을 다 채우는 것이 중요한 것이 아니라, '설계를 하면 깊은 이해를 할 수 있는 기반을 만들 수 있다'라는 생각에서 출발해야 한다. 그만큼 치열한 설계가 중요함을 말하는 것이다. 이해중심 교육과정을 실현하는 데 있어 백워드 설계를 제시한 것이지만, 백워드 설계의 의도는 '숙의'이다. 교사들이 치열하게 교육과정을 고민하고 설계하기 위해 도움을 주는 틀이 백워드 설계 템플릿이다.

다시 말해 이해중심 교육과정이 잘 실현될 수 있는 설계방식이 백워드 설계다. 이 말에는 두 가지 의미가 담겨있다. 첫째, 전이를 목적으로 하는 진정한 이해는 백워드 설계가 효과적이다. 그러나 모든 내용을 다 백워드 설계로 할 필요는 없다. 백워드 설계로 할 것인지 아닌지는 교육할 내용이 어떤 종류의 것이냐에 따라 다를 수 있다. 예를 들어 체육은 기능으로 이루어진 교과라 생각할 수 있지만 이해가 필요한 부분이 있다. 사회 과목도 마찬가지다. 이해가 필요한 부분, 통찰이 필요한 부분 등이 있는데, 이해가 필요한 부분에 있어서는 백워드 설계를 할 수 있다. 이렇듯 모든 교과의 이해가 필요한 부분에 있어서는 적합한 설계방식이다. 그렇다고 모든 교과의 모든 내용을 백워드 설계로 설계해야 한다는 강박을 가질 필요는 없다.

둘째, 백워드 설계는 지식의 구조를 실현할 수 있는 구체적 방안을 제시하고 있다. 이해중심 교육과정과 학문중심 교육과정은 둘 다 지식의 구조라는 개념을 중요시한다. Brunner의 『교육의 과정』에서는 지식의 구조가 과연 무엇인가에 대해서는 하나의 정확한 개념 정의를 내리지 않고 있다. 지식의 구조라는 개념은 학교에서 무엇을 가르쳐야 할 것인가에 대한 Brunner의 생각을 함축적으로 나타낸 것으로, 어떤 하나의 정확한 진술 용어로 그 의미를 나타내기에는 애초부터 한계가 있었다. 다만 이 책에서 제시된 설명을 볼 때, '구조'란 사실이나 현상을 엮어주는 핵심적인 개념과 원리를 뜻하므로 지식(학문)의 구조란 학문의 기저를 이루고 있는 핵심적인 개념과 원리를 뜻한다고 볼 수 있다. 말하자면 지식의 구조란 단순한 사실들이나 잡다한 현상에 대한 정보가 아니라 이러한 사실이나 현상을 서로 관련짓고 체계화하는 주요 개념이나 원리인 것이다(소경희, 2017). 결국 Brunner의 지식의 구조와 이해중심 교육과정에서 말하는 핵심개념과 원리는 같은 맥락으로 그 뜻을 사용하고 있다.

그러나 이해중심 교육과정에서 백워드 설계 방법을 제시함으로써 학문중심 교육과정에서 구현할 수 없었던 학문에 대한 철학의 실현 방안이 마련되었다. 이해중심 교육과정은 교사가 명백하고 뚜렷한 우선순위에 초점을 두고 그것이 학습경험을 형성하도록 안내하는 방법까지도 고려한 것이다. 백워드 설계의 3단계를 제시하면 다음과 같다.

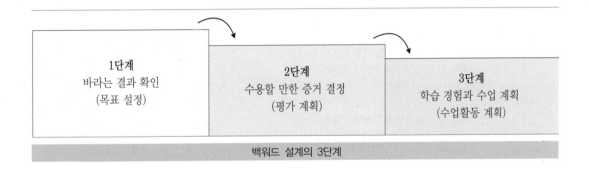

백워드 설계의 3단계

5-1. 1단계: 바라는 결과 확인(목표 설정)

바라는 결과(desired results)란 의도된 결과(intended outcome), 성취 목표(achievement target) 혹은 수행 기준(performance standard)으로 불린다. 교육에서 바라는 결과는 일반적으로 다섯 가지가 있다.

첫째, 사실적이고 규칙에 기초한 서술적인 지식이다. 둘째, 기능과 과정이다. 셋째는 아이디어, 사람, 상황 그리고 과정 속에서의 추론으로부터 도출된 통찰과 이해이다. 넷째는 성질에 관한 것이며, 다섯째는 태도에 대한 것이다.

비록 위의 다섯 가지가 복잡한 학습을 포함하고 있지만, 바라는 결과는 측정 가능한 용어로서의 역할을 하고 있다.

학생들이 무엇을 알아야 하고, 이해해야 하며, 할 수 있어야 하는가? 이해를 위해 어떤 내용이 가치가 있는가? 어떠한 영속적인 이해가 바람직한가? 1단계에서 교사는 목표를 고려하고, 설정된 내용 기준을 설명하며, 교육과정의 기대를 검토한다. 현실적으로 주어진 시간 안에 많은 내용을 다뤄야 하는 경우가 많으므로 설계 과정의 첫 단계에서 우선순위를 분명하게 할 필요가 있다.

만약 교사가 달성하고자 하는 목표에 도달하기 어렵다는 피드백 결과를 접한다면 우리는 설계와 수행을 조절해야만 한다.

1단계 – 바라는 결과 확인(Desired Results)

목표 설정
- 설계에서 초점을 두는 목표는 무엇인가? 그것을 주제로 나타낸다면?

예) 따로 또 같이(다양성과 조화)

이해(Understandings)	핵심질문(Essential Qustions)
학생들은 다음을 이해할 것이다.	• 탐구와 이해, 학습의 전이를 유발시키는 질문은 무엇인가?
• 주요 아이디어는 무엇인가?	
• 예상되는 오개념은 무엇인가?	예)
• 주요 아이디어에 대해 바라는 구체적인 이해는 무엇인가?	− 다양성이란 무엇인가?
	− 조화란 무엇인가?
예)	− 다양성을 왜 보존해야 할까?
− 다양한 식물의 생김새와 생활방식을 설명한다. (설명하기)	− 서로 다른 존재끼리 어떻게 함께 살아갈 수 있는가?
− 생물의 다양성을 보존해야 하는 이유를 설득력 있게 이야기하고 자신이 실천할 수 있는 방법을 찾는다. (관점 갖기)	
− 여러 가지 모양의 사각형의 성질을 알고 분류한다. (해석하기)	
− 소수자, 장애인 등 우리 사회에서 편견이나 차별받는 사람들의 입장을 이해하고 그들의 편에서 해결 방법을 찾아 토론한다. (공감하기)	
− 우리 반 친구들도 모두 다르며 다양한 특성과 성격을 갖고 있음을 이해하고 다름을 인정하고 다툼이나 갈등이 생겼을 시 해결방법을 찾는다. (적용)	

지식(학생들은 알게 될 것이다.)   **기능(학생들은 할 수 있게 될 것이다.)**
- 이 단원의 결과로 학생들이 획득하게 될 핵심지식과 기능은 무엇인가?
- 학생들은 지식과 기능을 습득하여 무엇을 할 수 있어야 하는가?

지식의 예)
1. 이 세상은 다양한 존재로 구성되어 있으며 이 다양성은 존중되고 보존되어야 한다.
2. 다양한 존재들의 차이점을 인정하고 조화를 이루며 살아간다.

기능의 예)
1. 식물, 사각형, 언어, 문화 분류하기
2. 다양한 존재(식물, 사각형, 언어, 문화)들의 특성, 성질 조사하기
3. 식물, 사각형, 언어, 문화 등의 특성에 따라 이름붙이기 또는 구별하기
4. 다양한 존재들을 이용하여 조화로운 모양(사회)만들기
5. 다양한 존재들의 보존성에 대한 공감하기

> 가. 바라는 결과 확인: 학습자는 지식과 기능을 습득하고 지식의 추론 과정을 거쳐 이해에 도달하며 이해한 것을 전이할 수 있어야 한다.
>
> 나. 목표 설정: 성취기준을 근거로 정한 주제를 적는 곳.
>
> 다. 전이: 학습한 내용을 단순한 대응관계로 해결할 수 있는 유사한 상황을 제시하는 것을 넘어서 학습자가 실제 상황 맥락 속에서 학습한 것을 자율적이고 효과적으로 수행할 수 있도록 하는 것.
>
> 라. 이해: 학습자들이 도달해야 하는 목표이며 내용에 대해서 지적활동을 동반하는 탐구를 통해 의미를 형성할 수 있도록 일반화된 문장으로 진술하는 것이 좋다.
>
> 마. 핵심 질문: 학습자가 새로운 도전에 직면했을 때 비슷한 유형을 찾고 아이디어를 연관시키고 유용한 전략을 고려해 볼 수 있도록 하는 질문. 단순한 정답을 요구하는 질문이 아니며 학습자의 탐구와 사고를 촉진시킬 수 있는 질문.
>
> 마. 지식: 단원에서 학습자가 반드시 알아야 하는 사실, 정의와 기본 개념을 의미
>
> 바. 기능: 학습자가 반드시 할 수 있어야 하는 행동으로 과정을 능숙하게 수행하는 능력을 의미

5-2. 2단계: 수용할 만한 증거 결정(평가계획)

학생들이 바람직한 결과를 성취했다는 사실을 교사는 어떻게 알 수 있는가? 이때 학습자의 활동이 그 목표에 도달하는지에 대한 정도를 측정하기 위해서 평가를 계획한다. 교사는 특정한 단원이나 단시수업을 설계하기 전에 '평가자'가 되어 사고하는 것이 필요하다.

2단계는 학습자의 이해여부를 판단할 수 있도록 수행과제를 개발하는 단계이다. 이것은 기존의 목표설정－내용선정 및 조직－평가계획이라는 패러다임을 바꾼 것이다. 두 번째 단계인 내용선정 및 조직과 세 번째 단계인 평가계획의 순서를 바꿔 목표설정－평가계획－내용선정 및 조직으로 했다고 해서 백워드 설계라고도 불린다.

평가계획은 1단계에서 설정한 이해의 성취 정도를 학생이 얼마나 도달했는지 판단할 수 있도록 수행에 기초한 과제를 개발하는 것이다. 수행과제는 문제해결과제의 형식으로 제시되며, 학습자가 과제를 해결하는 과정에서 이해를 성취한 정도를 보여주기 때문에 평가의 성격을 가진다. 수행과제는 학생들이 실생활에 적용할 수 있는 상황(Situation)에서 어떤 목표(Goal)를 가지고 구체적인 청중(Audience)을 고려하면서 특정한 역할(Role)과 기준(Standards)에 따라 수행(Performance)하고 결과물을 만들어내는 형태로 개발된다.

수행과제는 하나의 정답이나 해결과정을 가지고 있는 것이 아니므로 학습자의 이해 정도를 판단하기 위해 평가 준거를 결정해야 한다.

2단계 – 수용 가능한 증거 결정하기(Assessment Evidence)

수행과제(Performance Tasks)	수행과제 이외의 평가(Other Evidence)
• 어떤 수행과제를 통해 바라는 이해를 증명할 것인가? • 이해의 수행을 어떤 준거로 평가할 것인가?	• 바라는 결과의 성취를 증명하기 위한 다른 증거(퀴즈, 시험, 관찰, 숙제, 연극, 노트정리 등)는 무엇인가? • 학생들은 어떻게 자신의 학습을 스스로 평가하고 반성할 것인가?

수행과제	예 시
목표(Goal)	다음 달 모둠을 구성하고 보고서를 작성하는 것
역할(Role)	모둠 구성 기획자
청중(Audience)	우리 반 전체
상황(Situation)	10월 달 새로운 모둠구성을 구성하는 상황
수행(Performance)	우리 반 친구들의 다양한 특성(잘하는 것과 못하는 것, 친구 관계, 성격, 공부 흥미도 등)을 파악하고 기술하여 모둠 구성하기
기준(Standards)	4인씩 1모둠, 총 6개의 모둠으로 서로 조화를 이뤄야 함

다른 증거

• 식물 이름 알아맞히기 게임하기

• 실험관찰 책, 배움 공책에 주어진 질문에 답하기

• 표준어, 방언 게임하기

• 도형 분류하기

• 소수자 인권보호에 대한 자신의 생각 글쓰기

• 모둠활동 후 자기활동 평가(학습지)

• 수행과제 해결과정 모둠 활동(토론과 관찰)

• 모둠별 상호 평가(포트폴리오 평가)

• 지필(서술) 평가

[용어 사전]

가. GRASPs – 수행과제 요소의 두문자어를 활용하여 개발한 도구이며 각 두문자는 목표(Goal), 역할(Role), 청중(Audience), 상황(Situation), 수행(Performance), 기준(standards)을 뜻한다.

5-3. 3단계: 학습경험과 수업 계획

이번 단계는 단원목표와 평가 계획을 염두에 두고 가장 적절한 수업 활동에 대해 충분히 생각해 보는 단계이다. 학생들이 필요로 하는 지식과 기능에 어떠한 활동이 적합한가? 무엇을 가르치고 어떻게 가르칠 것인가? 어떤 안내를 해야 효과적인가라는 질문을 고려해야 한다. 다음은 3단계에서 고려되어야 할 주요사항이다.

1) 바라는 결과를 성취할 수 있도록, 적절한 학습 활동을 계획하여 제시한다.
2) 목표와 학습활동이 일치해야 한다.
3) 학습 계획 이전에 단원 학습과 관련한 학습자의 사전 능력을 평가할 수 있도록 계획하고 아울러 학습 과정 모니터링도 예측하여 계획해야 한다.

3단계 - 학습경험 계획하기(Learning Plan)

학습 활동(Learning Activities)
학생들이 바라는 결과를 성취할 수 있도록 하는 학습경험과 수업은 무엇인가? 어떻게 설계할 것인가?
• W = 단원이 어디로 향하며 무엇을 기대하는가? 학생의 사전 지식과 흥미를 교사가 이해하도록 돕는가?
• H = 모든 학생의 동기를 유발하고 흥미를 유지하는가?
• E = 학생들을 준비시키고 학생들이 주요 아이디어를 경험하고 주제를 탐구하도록 돕는가?
• R = 학생들의 이해와 학습을 재고하고 수정하기 위한 기회를 제공하는가?
• E = 학생들에게 자신의 학습과 학습의 의미를 평가하도록 하는가?
• T = 학습자의 서로 다른 요구와 흥미, 능력에 맞추도록 하는가?
• O = 효과적인 학습뿐만 아니라 처음부터 일관된 학습 참여를 최대화하도록 조직하는가?

W(Where and why), H(Hook and hold), E(Explore and equip), R(Reflect, rethink, revise), E(Evaluate), T(Tailor), O(Organize)

백워드 설계의 3단계는 Wiggins와 McTighe가 2004년에 제안한 템플릿이다. 이는 단원 수준에서 교육과정을 개발하고 실행하는 틀로 제시된 교육과정 설계 모형이다. 교육과정 단원 개발은 한 교과의 단원을 개발할 수도 있고 통합교육과정으로 개발 가능하기도 하다. 통합교육과정은 교과통합, 주제중심 통합과 같이 종종 함께 사용되지만 그와 동의어는 아니다. 오히려 학생들이 통합적으로 사고할 수 있도록 교육과정을 어떠한 방식으로 설계하고 그것을 어떻게 수업을 통해 실현할 것인가에 관심을 가지는 교육과정 영역으로 바라보아야 한다(온정덕, 2013). 통합교육과정과 관련된 논의는 학습자들이 여러 교과의 지식과 기능을 서로 관련지어 습득하고 이를 적용할 수 있도록 하는 데 초점이 있다(김경자 외, 2017).

'이해'는 학습자가 지식의 상호관련성을 파악하고 이렇게 습득한 지식을 새로운 상황에 적용하여 새로운 방식으로 결과물을 산출하는 것이다. 사람은 끊임없이 외부

환경과 개인의 인지·정서적 요인들을 통합시키며 상호작용하면서 살아간다. 이러한 인간의 경험은 분절적으로 일어나지 않는다. 이는 교육이 다루어야 할 내용과 방식이 분절적이어서는 안 된다는 말과 같다. 따라서 삶을 위한 교육과정이라면 교육과정의 설계와 운영도 통합적이어야 한다.

이러한 맥락에서 Drake는 백워드 설계를 통합교육과정 개발의 틀로 가져와서 어떻게 각 교과의 기준을 기반으로 하여 교육과정 통합이 될 수 있는지 설명했다(온정덕, 2013). Drake(2006)는 교육과정 통합의 범주를 퓨전(Fusion), 다학문적 통합, 간학문적 통합, 탈학문적 통합으로 구분하였으며 제시한 통합 접근 방식 모두 교과가 기반하고 있는 학문의 개념과 기능에 대한 분석을 기초로 중요한 교육내용을 맵핑한 백워드 설계 전략을 적용해야 한다고 보았다. 그가 제시한 통합의 범주를 자세히 살펴보면 첫째, 퓨전(Fusion)은 각 교과의 틀은 유지되고 특정 주제가 모든 학교생활과 교과에 녹아들게 하는 방식이다. 예를 들어 평화라는 주제로 국어, 사회, 도덕 등 교과 내의 내용 범위를 유지하되 관련된 내용을 추가하거나 강조하는 방식으로 운영되는 것이다.

둘째, 다학문적 통합은 여러 교과를 관련이 있는 주제나 이슈를 중심으로 연결하는 방법이다. 하나의 주제를 중심으로 조직하지만 각 교과영역의 내용이 출발점이자 주요 요소가 되어 그대로 존재한다. 지식과 기능은 각 교과의 구조를 통하여 가장 잘 학습할 수 있다고 본다.

셋째, 간학문적 통합은 교과 간의 공통된 주제나 이슈, 문제 등이 통합의 중심이 된다는 점에서 다학문적 접근과 유사하나 주제를 추출하는 방식과 교과의 존재 형태가 다르다. 여러 교과에 걸친 개념과 본질적 이해 요소를 추출하고 그것을 포괄하는 것을 주제로 삼고, 내용도 공통적으로 나타나는 개념이나 방법을 경계 없이 다룬다. 각 교과의 성취기준, 내용 요소, 핵심개념과 관련된 것들을 통합적으로 다루고, 그것들을 포괄하는 빅아이디어를 중요한 내용으로 삼는다. 여러 교과 내용을 유기적으로 연결하고 이러한 과정을 통해 영속적 이해에 도달하는 것이다.

넷째, 탈학문적 통합은 학생들의 실생활 상황을 통합의 출발점으로 하며 교과가 명시적으로 드러나지 않는다.

다학문적, 간학문적 접근을 구분하는 가장 큰 차이는 통합하는 교과 고유 영역의 정체성 유지 정도에 있다. 다학문적 통합을 혼합물에 비유한다면 간학문적 통합은 화합물에 가깝다고 할 수 있다. 말 그대로 융합하는 것으로 특정 영역에 초점을 맞추거나 제한하지 않고 경계를 넘나들며 교육과정을 설계하는 것이다. 이와 같은 다학문적 통합은 전이 가능한 깊은 이해라는 교육의 목표를 달성하기 위한 필수불가결한 조건이 될 수 있다.

강현석, 이지은(2016). 이해중심 교육과정을 위한 백워드 설계의 이론과 실천: 교실혁명. 서울: 학지사.

고병권(2014). 살아가겠다. 서울: 삶창.

김경자, 온정덕, 이경진(2017). 역량함양을 위한 교육과정 설계: 이해를 위한 수업. 서울: 교육아카데미.

김경자, 온정덕(2014). 이해중심 교육과정: 백워드 설계. 서울: 학지사.

박세원(2011). 비판적 사고 교육을 위한 도덕수업 재구성: 비판적 교육을 중심으로, 한국초등교육, 22(1), 119－139.

박승열(2016). 교사를 세우는 교육과정. 서울: 살림터, 21－27.

박일수(2013). 교육과정 재구성의 학습효과에 관한 메타분석. 교육과정연구, 31(4), 141－164.

사토 마나부(2003). 배움으로부터 도주하는 아이들. 서울: 북코리아.

서경혜(2009). 교사들의 교육과정 재구성 실천 경험에 대한 사례연구. 교육과정연구, 27(3), 159－189.

서명석(2011). 교육과정 재구성의 개념적 애매성과 모호성 비판. 교육과정연구, 29(3), 75－91.

서용선(2015. 3. 24). 존 듀이: 경험의 재구성이 진정한 배움이다. 평생학습웹진 와.

소경희(2017). 교육과정의 이해. 서울: 교육과학사.

엄기호(2017). 공부공부: 자기를 돌보는 방법을 어떻게 배울 것인가?. 서울: 따비.

엄태동(2003). 초등교육의 재개념화. 서울: 학지사.

온정덕(2013). 2009 개정 초등통합교과 교육과정에 대한 비판적 고찰. 교육과정연구. 31(2), 101－121.

이근호(2011). 질적 연구 방법론으로서의 현상학. 한국홀리스틱융합교육학회 학술발표대회논문집, 29－48.

이홍우(2017). 교육과정 탐구. 서울: 박영사.

정철희(2016). 인성의 기초가 되는 초등 인문학 수업. 맘에드림.

조용환(2013). 질적 연구의 원리와 방법. 이화여자대학교 사회복지연구소 질적 연구 워크숍.

지바 마사야(千葉雅也)(2018). 공부의 철학. 〔勉强の哲學: 來たるべきバカのために〕. 박제이(역)(2017). 서울: 바다출판사.

한국교육연구네트워크(2014). 혁신학교에 대한 교육학적 성찰. 서울: 살림터.

Dewey(1989). Experience and education. 강윤중(2004). 경험과 교육. 배영사.

Michael Fullan(1996). What's Worth Fighting for in Your School?. 최의창(2006). 학교를 개선하는 교사. 서울: 무지개사.

Hargreaves, A. & Shirley, D.(2009). The forth way. 이찬승, 김은영(공역)(2015). 학교교육 제4의 길. 서울: 21세기 교육연구소, 42－43.

Jerome S. Bruner(1973). (The) process of education, 이홍우(2010). 배영사.

Miriam Ben-Peretz(1990). The teacher-curriculum encounter. 정광순, 김세영(공역)(2014). 교사 교육과정을 만나다. 서울: 강현출판사.

Palmer, P. J.(2007). The courage to teach: Exploring the inner landscape of teacher's life; 이종인, 이은정(공역) (2013). 가르칠 수 있는 용기. 서울: 한문화.

William F. Pinar(1994). Autobiography, Politics, and Sexuality. 정정훈, 김영천(공역)(2013). 윌리엄 파이너와 교육과정이론. 서울: 아카데미프레스.

Wiggins, G. & McTighe, J. (2005). Understanding by design: Expanded 2nd Edition; 강현석, 이원희, 허영식, 이자현, 유제순, 최윤경(공역)(2008). 거꾸로 생각하는 교육과정 개발: 교과에 대한 진정한 이해를 목적으로. 서울: 학지사.

Wiggins, G. & McTighe, J. (2007). Schooling by Design: Mission, Action, and Achievement; 강현석, 허영식, 유제순, 온정덕, 이지은, 정수경(공역)(2015). 백워드로 시작하는 창의적인 학교교육과정 설계. 서울: 학지사.

PART 2
설계를 뒤집다

대부분의 사람들은 교육과정이라는 용어를 무엇을 어떻게 가르칠 것인가로 정의한다. 즉 가르쳐야 할 내용의 목록과 방법을 교육과정으로 생각하는 것이다. 따라서 전통적 교육과정은 학습해야 할 특정 코스이고 목표 성취를 위해 사용될 활동 목록과 활동에 대한 평가를 의미하는 것이었다. 그러나 교육과정이 가르쳐야 할 내용과 활동의 나열로 이루어질 때 교사는 분절된 지식을 전달하는 역할을 수행하게 되며 학생들의 배움의 폭은 매우 넓지만 깊이는 너무 얕아지게 된다.

이러한 맥락에서 이제 교육과정을 보는 방식이 내용의 목록에 그쳐서는 안 된다. 교육과정은 바라는 결과(의도된 결과, 성취목표, 수행기준)와 그것을 성취하는 데 필요한 수단을 상세히 제시해야 한다(강현석, 이지은, 2016). 교육과정에서 바라는 결과를 제시한다는 것은 우리가 가르치는 목적이 무엇인지 생각하는 것이다. 즉 내용을 가르친 학생들이 할 수 있는 것을 확인하는 것이 아니라 학생들이 할 수 있는 것이 무엇인지를 생각한 후 교육 내용과 방법을 설계하는 것이다. 바라는 결과를 인식하는 교육과정에서는 교사가 내용을 단순히 다루는 것(cover) 역할을 하는 것이 아니라 내용의 우선순위를 정하고 내용의 의미를 밝혀내는(uncover) 역할을 수행하게 된다.

이와 같이 교육과정을 뒤집어 설계하는 것은 기존의 교육과정 설계 방식과 몇 가지 차이점이 있다.

첫째, 교육과정에 대한 청사진이 달라진다. 기존 교육과정 설계 방식은 목표-학습경험의 선정과 조직-평가로 생각하던 것에서 목표-평가-학습경험 및 수업계획으로 생각하는 것이다. 목표-학습경험의 선정과 조직-평가의 설계는 목표를 이루기 위한 다양한 내용과 기능을 선정하고 그 내용과 기능을 잘 알고 있는지를 평가하였다. 이와 같은 방식은 목표를 이루기 위한 학습경험의 선정에 있어서 우선순위를 고려하지 못했다. 따라서 지나치게 학습의 양이 많아졌으며 학생에게 피상적인 학습을 유도하는 결과를 초래하였다. 이는 다양한 활동이 목표를 달성하게 해줄 것이라는 믿음에 기인한다.

목표-평가-학습경험 및 수업계획으로 생각하는 방식은 학습경험의 선정과 조

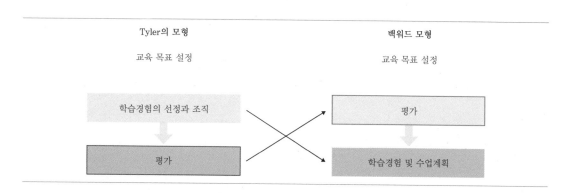

Tyler의 모형	백워드 모형
교육 목표 설정	교육 목표 설정
학습경험의 선정과 조직	평가
평가	학습경험 및 수업계획

직 전에 평가를 계획함으로써 목표달성을 위한 우선순위를 고려할 수 있게 해준다. 이때의 청사진은 목표에 도달한 상태인 평가를 먼저 고려함으로써 학습경험을 체계적으로 조직하게 해준다.

둘째, 학생들의 심층적 이해에 목적을 둔다. 기존 교육과정 설계는 교과서에 제시된 모든 내용을 전달하거나 학생들이 학습한 내용을 기억하도록 하는 것을 목표로 설정함으로써 정작 학생들이 학습 후 얻게 되는 것에 대한 고려가 부족하였다. 교사들은 구체적인 목표에서 출발하여 수업과 평가를 계획하고 매 차시 모든 내용을 학생에게 가르치려 노력했지만 학생들은 자신이 배운 것을 실천하지 못하였다. 반면 백워드 설계는 심층적 이해를 위한 내용과 방법에 집중함으로써 배움이 실제 생활 맥락과 다른 교과 학습에 전이될 수 있도록 한다.

셋째, 학생들의 지속적인 성장을 위한 과정을 중시한다. 정답을 찾아내거나 얼마나 알고 있는지를 측정하는 평가는 교사의 충실한 설명과 학생들의 기계적인 암기만을 강조했고, 학생들이나 교사의 수업에 다시 피드백 되지 못한 채 일회적으로 끝나버리는 경우가 많았다. 그러나 백워드 설계는 평가를 고려한 수업을 계획함으로써 과정을 중시하는 평가를 수업 시간에 가능하게 하고 학생들의 학습 결과에 대한 피드백이 지속적으로 이루어지도록 도와준다. 또한 이렇게 결과가 아니라 과정으로 다가가는 평가는 학생들을 평가의 대상이 아니라 평가의 주체가 되도록 한다.

이해를 바탕으로 한
교육과정 설계를 어떻게 하지?

> 좋은 교수방법이 아니라 자신을 드러내며 자신의 스타일이나 자아의식을 통해 유대감을 만들어내는 교사야 말로 좋은 교육적 관계, 좋은 수업을 결정한다.
>
> - 파커 파머(2013) -

　학문의 분야에는 이론가와 실천가가 있다. 교육과정 역시 학문으로서 이론가와 실천가가 존재한다. 교육과정의 이론가들이 새로운 이론을 생산해 냄으로써 기존에 있던 이론들을 보완하고 개선하려 한다면 실천가들은 이론과 연구의 적용에서 더 많은 전문성을 갖고 실행을 한다. 이러한 의미에서 교사는 실천가로서 교육과정 이론과 연구를 현장에 적용하기 위해 지식적인 것뿐만 아니라 학습자가 더 높은 성취를 할 수 있도록 창의성을 발휘해야 한다(Olivia, 2014).

　이해를 위한 교육과정 설계는 교사가 실천가로서 학생의 이해를 돕기 위한 관점을 갖고 사고하는 과정을 의미한다. 다시 말해 이해중심 교육과정은 교사가 어떤 새로운 프로그램을 적용하는 것이 아니라 사고방식의 전환이다(Tomlinson, McTighe, 2006). 교사는 건축가, 엔지니어, 그래픽아트 등 다른 설계를 하는 직업을 가진 사람들처럼 교육에서의 설계자이자 실행가로서 역할을 하는 것이다. 그리고 이해중심 교육과정은 교사가 설계자로서 기존의 교육과정 설계와는 다른 방식의 사고를 하는 것이다.

　기존의 사고를 흔히 '상자 안 생각(in the box)'이라 한다면 다른 사고를 한다는 것은 '상자 밖 생각(out of the box)'을 하는 것이다. 다른 사고를 한다는 것은 상자 밖 공간에 있는 것이 아니라 기존의 상자에서 벗어나 다른 상자 안으로 들어가는 것이다. 그러나 다른 사고방식을 갖는다는 것은 쉬운 일이 아니다. 다른 사고를 위해서는 새로운 상자도 원래 상자만큼 익숙해져야 가능하다. 새로운 상자가 기존의 상자에서 벗어날 수 있을 만큼 탄탄하지 못하고 어설프다면 새로운 상자에 들어가기 전에 기존의 상자에 머무르게 된다. 이와 마찬가지로 교육과정에 대한 변화가 필요함을 알지만 설계 과정이 탄탄하지 못하다면 기존에 운영해왔던 교육과정 설계방식에서 벗어나기 어렵다.

교사는 탄탄한 설계를 위한 설계자로서 설계의 목적이 무엇인지 아는 것이 중요하다. 목적 없는 설계는 자칫 설계자의 기분에 따라, 설계자의 선호에 따라 당시의 관심에 따라서 설계되기 쉽고 최종 결과를 예측하기 어렵게 된다. 결국 교육의 목적이 무엇인지 고려하지 않고 교육과정이 운영되는 우를 범하게 된다. 따라서 실천가로서 교사의 교육과정 설계는 우리가 실행하는 교육이 어디로 향해서 가야하는지를 정확히 알고 목적에 따라 무엇을 가르칠 것인지, 어떤 활동을 할 것이지, 어떤 종류의 자료를 사용할 것인지를 결정하는 것을 의미한다.

이러한 설계는 고작 몇 가지 새로운 기술적인 기능을 획득하는 것이 아니다. 좋은 설계란 목적이 암시하는 것과 우리가 의도를 담은 학습을 보다 깊이 있고 구체적으로 만드는 것이다(Wiggins, McTighe, 2005). 학생의 깊은 이해는 단지 어떤 것을 '아는 것'이 아니라 어떤 것을 '할 수 있는 것'이며 교실 상황에서 학습한 내용을 다양한 상황에 적용, 재해석, 혹은 변형하는 '수행'을 할 수 있어야 하는 것이다(김경자 외, 2017). 이해는 깊이 있는 학습을 통해 가능하며 이를 실현하기 위해서는 체계적인 설계가 필요하다. 체계적인 설계는 좋은 결과를 얻을 수 있는 가능성을 높이고 실행을 좀 더 효과적이고 쉽게 할 수 있도록 돕는다.

따라서 Wiggins와 McTighe는 이해중심 교육과정(Understanding by Design)의 실현을 위한 효과적인 설계방법으로 백워드 설계(Backward Design)를 제안하였다.

본 장에서는 이해중심 교육과정 실현을 위한 백워드 설계방법을 살펴보고 교사들의 실천을 돕기 위한 적용방법과 경험을 나누고자 한다. 우리는 현장에서 백워드 설계를 적용하면서 우리나라 현실에 맞게 우리가 근무하는 학교에 따라 디자인이 달라져야 한다는 것을 깨달았기에 Wiggins와 McTighe가 제안했던 방식과는 조금 차이가 있다. 이것은 이해중심 교육과정을 좀 더 잘 '이해'하기 위한 적용과 변형이다.

잠깐!
설계는 반드시 템플릿 순서대로 해야 할까?

백워드 설계는 순서를 엄격하게 지킬 것을 요구하지 않는다. 템플릿에는 목적과 논리는 있지만 설계는 반복적이고 융통성 있게 수정할 수 있다. 그러므로 설계시 템플릿의 칸을 채우는 것이 중요한 것이 아니라 설계를 위한 사고방식을 연습하는 도구일 뿐임을 염두에 두어야 한다.

1-1	학교비전 파악		• 학교비전의 의미 파악 및 해석

↓

1-2	학년 미션 만들기		• 교육과정의 체로 학년에 맞게 학교비전을 걸러보기

↓

1-3	통합단원 개발하기

1-3-1	통합단원 주제 정하기		• 주제적 접근 방식 • 통합적 접근 방식

↓

1-3-2	빅아이디어 만들기		• 전이가 높은 빅아이디어 • 5why를 이용한 빅아이디어 만들기

↓

1-3-3	핵심질문 만들기		• 핵심질문이란? • 빅아이디어를 실현시킬 수 있는 핵심질문 만들기

↓

2-1	수행과제 및 그 밖의 평가		• GRASPs를 고려하여 빅아이디어에 맞게 수행과제 설계하기 • 평가의 연속체를 고려 • 다른 증거 수집하기

↓

2-2	평가 준거		• 평가의 원리와 방법을 고려 • 루브릭, 청사진 만들기

↓

3	학습경험과 수업 계획		• 핵심질문 만들기 단계의 질문들을 활용하여 학습경험 조직 • 교수학습방법 선택 • WHERETO를 이용하여 점검 • 학습경험의 계열 결정 • 수업에 활용할 자료 개발

백워드 설계 순서도

I 설계 1단계: 바라는 결과 확인하기

백워드 설계는 목표 지향적이다. 그 목표는 무엇을 의미할까? 기존의 설계에서도 목표는 늘 고려되었고 중시되었다. 그러나 기존의 설계에서 고려하던 목표는 한 단원, 차시에 머물렀던 경우가 많다. 이는 한 차시의 목표가 성실히 달성되면 훌륭한 삶을 살 수 있을 것이라는 기대를 반영한 것이다. 그러나 한 차시 한 단원의 목표의 달성이 최종적으로 무엇을 이루게 할 것인가에 대한 고려는 부족했다. 결국 교과서 차시의 목표를 달성하기 위해 노력해왔던 기존의 교육은 전국의 학교 모습을 유사하게 만들었고, 교사들은 차시 목표를 가장 잘 달성할 수 있도록 예시자료인 교과서를 잘 사용하면 되었기에 교육과정의 개발에서 멀어지게 되었다.

따라서 각 학교의 독자성과 학생의 특성을 반영하지 못한 교육과정이 운영되어왔다. 단위학교가 교육과정을 개발하고 교사가 교육과정을 개발한다는 것은 '일반적인 특성의 학생을 고려한 교과서를 통해 해왔던 수업'을 이제는 '우리 학교의 학생들을 위한 수업 설계를 한다는 것'을 의미한다. 이는 단순히 짜인 시간표대로 수업을 운영한다는 차원이 아니라, 국가 수준의 교육과정을 기준으로 하되, 부여된 자율성을 바탕으로 시·도 및 단위학교의 특수성을 반영하여 개별학교의 교육과정을 편성·운영하는 것을 말한다(최영선, 2014). 이를 위해서는 백워드 설계의 첫 번째 단계인 바라는 결과 확인(Desired results)으로 목표를 설정해야 한다. 많은 학교에서 교육과정을 재구성하고 프로젝트를 운영하고 있으나 학교교육목표와 연결 짓지 못하였다. 이는 교육과정의 '계열(sequence)'에 대한 고려 없이 내용이 나열되어 운영되는 학교교육과정을 낳았다. 따라서 학교교육과정을 설계하기 위해서는 장기간에 걸쳐 달성해야 할 목표인 학교비전을 염두에 두고 시작해야 한다. 학교비전은 학습자들의 공동체인 학교가 본질적으로 무엇을 성취하고자 하는 가를 기술한 문장이다(Wiggins, McTighe, 2007).

학교의 비전을 염두에 둔 교육과정 설계는 교육활동에서 공동의 목표를 갖고 실행하는 것을 의미하며 교사들이 문화를 공유하는 것을 의미한다. 많은 학교에서 학교의 비전을 공유한다. 비전을 공유하는 것은 비전을 알고 있는 것을 의미하는 것이 아니며 비전을 위해 공동으로 실천하는 것이다. 학교는 교육과정을 통해 이러한 비전을 실현한다. 즉 학교의 비전을 교육과정 내에서 녹여내는 것이다. 학교의 비전에는 그 학교만의 문화, 학교의 여건, 학생들의 특성이 반영되어 있다. 따라서 교사들은 학교교육과정 비전을 공유하고 해석하는 과정에서 이러한 학교의 특성을 염두에 두는 것이다. 그리고 학교 전체의 비전에 따른 학년별 계열(학년별 미션)과 그에 따른 각 학년의 내용 범위를 설계한다.

1-1. 학교비전을 확인하기: 학교비전의 의미 해석하기

학교의 비전은 각 학년에 그리고 교사, 학생, 학부모에게 어떤 의미일까? 학교비전은 학교가 왜 존재하고 우리 학교를 졸업하는 학생들의 모습은 어떠할 것인가에 대한 기대를 확인하는 것이다. 따라서 교사들이 학교비전을 비판적으로 해석하는 과정에서부터 교육과정 설계는 시작되어야 한다.

예를 들어 '삶과 배움이 하나 되는 민주적 행복공동체'라는 비전을 가진 학교가 있다면 학교교육과정 설계 시 교사들은 이 비전이 함의하고 있는 바가 무엇이고 우리에게 무엇을 요구하는가? 어떤 학교교육의 구현이 가능한가에 대해 숙의과정을 거쳐야 한다는 것이다.

　　물론 학교교육이 어떤 모습으로 이루어지는가에 대한 의견은 교사들의 수만큼 많다. 그러나 질문이 '삶과 배움이 하나 되는 민주적 행복공동체'를 위한 교육은 무엇인가에 대한 대답의 폭은 좁아진다. 학교비전을 고려한다는 것은 일반적인 학교교육이 어떤 모습인가에 대한 의견이 아니라 우리 학교교육의 모습은 어떠해야 하는가에 대한 의견을 말하는 것이고 교사들의 전문적 해석을 의미하는 것이다.

　　교사 전체가 학교비전을 해석하고 의견을 나누었고, '삶과 배움이 하나 되는 민주적 행복공동체'에 관해 다음과 같은 의견을 확인할 수 있었다.

- 아는 것을 실천하지 못했던 삶을 살아오고 있다.
- 과정이 민주적이지 않으면 행복한 공동체가 될 수 없다.
- 나는 행복할 수 있지만 타인의 행복을 침해할 수 있다.
- 공동체를 만들어가기 위해서는 의사소통과 참여가 중요하다.
- 좋은 시민이 되면 행복한 공동체가 만들어질 것이다.
- 공동체를 위해서는 연대해야 한다.

　　의견을 나누는 과정에서 교사들은 학교교육과정의 실현은 학교 안에서의 노력만으로 부족하다는 것을 깨달았다. 학교비전은 학생의 삶 전체를 관통하는 목표이다. 이는 교육을 통해 학생이 학교 안팎에서 장기간에 걸쳐 성취해야 하는 것을 의미하는 것이고 특정한 수업과 차시를 넘어 어떤 장기적인 지적 결과에 대한 일관되고 지속적인 약속을 의미한다(Wiggins, & McTighe, 2007). 학교비전의 의미를 살펴본 후 각 학년은 학년의 교육과정 문서를 살펴보았다.

1-2. 학년 미션 정하기: 교육과정의 체로 학년에 맞게 학교비전을 걸러보기

　　학교비전은 교육과정을 통해서 실현된다. 그렇기 때문에 각 학년의 교육과정을 들여다보고 읽어봐야 한다. 학교비전을 염두에 두지 않고 교육과정을 설계하면 모든 학년이 같은 목표를 갖게 되는 경우가 발생한다. 예를 들어 교육과정 설계에 많이 사용되는 '선생님은 어떤 교육을 하고 싶으신가요?'라는 질문에 많은 교사들은 '타인을 배려하고 바른 인성을 갖는 것'이라는 답을 한다. 결국 이 목표는 1학년이든 6학년이든 모든 학생들에게 필요한 목표이기에 교육과정 재구성의 주제와 내용, 방법이 모든 학년이 비슷하게 선정되는 우를 범하는 경우가 많다. 교육과정의 체로 학년에 맞게 학교비전을 걸러 본다는 것은 '학교비전을 고려하여 성취기준, 교육과정 문서, 교육 내용 등을 검토하고 교육내용과 방법을 선택하는 것'이다. 따라서 우리가 해야 할 질문은 다음과 같다.

> • 학교비전과 교육과정을 기준으로 이번 학년이 끝났을 때 우리 학생들이 어떤 모습으로 성장하면 좋겠는가?

이에 대한 답이 '학년 미션'이 될 수 있다. 이 과정에서 교사들은 학생의 실태, 지역 여건, 교사 자신에 대해 생각해야 한다. 이를 위해서 기존에 해왔던 '어떤 내용을 가르칠 것인가'에 대한 질문이 아니라 '왜 가르치는가?'에 대한 질문이 필요하다. 우리 학교의 학생들에게 왜 그것을 가르치는가, 어떤 학생들이기에 이 교육이 필요한 가에 대한 고민을 나누는 과정이다. 이는 교사 집단의 협력적인 숙의의 과정이다. 집단 숙의(deliberation)의 결과는 개개인의 노력보다 더 광범위할 뿐만 아니라 집단이 함께 활동하는 과정이다(Olivia, 2014).

교육과정 개발은 우리 학생들이 겪게 될 학교 경험의 설계에 대한 모든 것을 의미한다. 따라서 학생들에 대한 고려 없이 교육과정 설계는 이루어질 수 없다. 결국이 단계는 배움의 주체인 학생과 가르침의 주체인 교사에 대한 성찰의 과정이다. 학교교육의 비전과 학년의 미션은 학교의 의미를 부여하고, 학교의 의도에 따라 교사와 학생의 행위가 이루어짐을 규정하는 매우 질서 정연한 활동이다. 그러나 Dewey가 말했듯이 좋은 목적은 잠정적이며 융통성을 가진다. 좋은 목적은 진로가 바뀌거나 상황에 따라 수정을 할 수 있는 어느 정도의 유연성뿐 아니라 어느 범위까지의 해석도 용인할 만큼 탄력성도 가지고 있다. 목적은 잠정적 계획 수립에 도움을 주고 교사에게 학교 경험 전반에 걸친 비전을 제시하지만 상황이 전개됨에 따라 적절히 조정할 수 있는 것이어야 한다(Helbowitsh, 2005). 교사가 고려해야 할 몇 가지를 제시하면 다음과 같다.

1) 아이들의 실태는?
2) 지역 여건은?
3) 교사와 학생이 관심을 갖는 것?
4) 학년이 끝났을 때 바라는 학생들의 모습은?
5) 교사의 역량은 어느 정도인가?

이러한 질문을 통해 현재의 상태를 점검한다. 이때 교사는 학생과 학교의 현재 상태만이 아니라 교사 자신의 현재 상태를 점검한다. 교사들은 자신이 가진 어떤 숭고한 신념이나 의도로 인해 학생의 현재 상태와 사회의 변화를 인식하지 못하거나 잘못 인식하기도 한다. 우리가 가지고 있는 맹점과 무의식적인 나쁜 습관을 알 필요가 있다. 또한 우리는 비전과 실제 간의 불가피한 간극을 다루어야 하며 교사로서 우리 학년에서 실현할 수 있는 교육과정, 수업, 평가의 방안이 무엇인가 구체적으로 고려하는 깊은 숙의의 과정을 거친다.

다음으로 실현할 수 있는 교육과정, 수업, 평가를 고려하기 위해 정해진 학년 미션에 부합하는 우리 학년의 핵심개념, 일반화된 지식, 성취기준을 찾아볼 필요가 있다.

2015 개정 교육과정에서는 기존의 교육과정에서 볼 수 없었던 '핵심개념'과 '일반화된 지식'이 등장했다. 일반화된 지식은 학생들이 해당 영역에서 알아야 할 보편적인 지식을 말한다. 일반화된 지식은 교수학습과정이 어디에 초점을 맞추고 이루어져야 하는지에 대한 전체적인 방향을 제공하는 길잡이 역할을 한다. 따라서 교사는 학생들이 개별 사실이나 정보를 습득할 때 핵심개념과 일반화된 지식에 기초하여 교과의 전체적인 구조 속에서 그 의미를 파악할 수 있도록 도와야 한다(교육부, 2016).

이를 효과적으로 볼 수 있게 만든 것이 교육과정 맵핑 자료이다.

3학년 1학기 도덕 맵핑 자료 예시

영역	핵심 가치	일반화된 지식	성취기준	내용 요소 3-4학년군	기능	교과서 단원
자신과의 관계	성실	인간으로서 바르게 살아가기 위해 자신에게 거짓 없이 정성을 다하고 인내하며, 스스로 자신의 욕구를 다스린다.	[4도01-03] 최선을 다하는 삶을 위해 정성과 인내가 필요한 이유를 탐구하고 생활 계획을 세워 본다.	• 도덕시간에는 무엇을 배울까? (근면, 정직) • 왜 아껴 써야 할까? (시간 관리와 절약) • 왜 최선을 다해야 할까? (인내)	• 도덕적 자아정체성 – 자기인식 및 존중하기 – 자기감정 조절하기 – 자기감정 표현하기 • 도덕적 습관화 – 생활계획 수립하기 – 모범사례 반복하기 – 유혹 이겨내기	1-2. 인내하며 최선을 다하는 생활
타인과의 관계	배려	가족 및 주변 사람들과 더불어 살아가기 위해 서로 존중하고 예절을 지키며 봉사와 협동을 실천한다.	[4도02-02] 친구의 소중함을 알고 친구와 사이좋게 지내며, 서로의 입장을 이해하고 인정한다.	• 가족의 행복을 위해 무엇을 해야 할까? (효, 우애) • 친구와 사이좋게 지내기 위해 어떻게 해야 할까? (우정) • 예절이 없다면 어떻게 될까? (예절) • 함께하면 무엇이 좋을까? (협동)	• 도덕적 대인관계능력 – 경청·도덕적 대화하기 – 타인 입장 이해·인정하기 – 약속 지키기 – 감사하기 • 도덕적 정서 능력 – 도덕적 민감성 갖기 – 공감 능력 기르기 – 다양성 수용하기	1-1. 나와 너, 우리 함께 1-3. 사랑이 가득한 우리 집

영역	핵심 가치	일반화된 지식	성취기준	내용 요소 3–4학년군	기능	교과서 단원
사회·공동체와의 관계	정의	공정한 사회를 만들기 위해 법을 지키고 인권을 존중하며, 바람직한 통일관과 인류애를 지닌다.	[4도02–01] 가족을 사랑하고 감사해야 하는 이유를 찾아보고, 가족 간에 지켜야 할 도리와 해야 할 일을 약속으로 정해 실천한다.	• 나는 공공장소에서 어떻게 해야 할까? (공익, 준법) • 나와 다르다고 차별해도 될까? (공정성, 존중) • 통일은 왜 필요할까? (통일의지, 애국심)	• 공동체의식 – 관점 채택하기 – 공익에 기여하기 – 봉사하기 • 도덕적 판단 능력 – 도덕적 가치·덕목 이해하기 – 올바른 의사결정하기 – 행위 결과 도덕적으로 상상하기	
자연·초월과의 관계	책임	인간으로서 도덕적 책임을 다하기 위해 인간의 생명과 자연, 참된 아름다움과 도덕적 삶을 사랑하고, 긍정적인 삶의 자세를 가진다.	[4도04–01] 생명의 소중함을 이해하고 인간 생명과 환경 문제에 관심을 가지며 인간 생명과 자연을 보호하려는 태도를 가진다.	• 생명은 왜 소중할까? (생명 존중, 자연애) • 아름답게 살아가는 사람들의 모습은 어떠할까? (아름다움에 대한 사랑)	• 실천 능력 – 실천 의지 기르기 – 책임감 있게 행동하기 • 윤리적 성찰 능력 – 심미적 감수성 기르기 – 자연과 유대감 갖기 – 반성과 마음 다스리기	

맵핑 자료는 '일반화된 지식'→'성취기준'→'내용 요소, 기능' 순으로 보는 것이 좋지만 순차적인 과정보다는 더 잘 이해하기 위해서 서로를 보완해가며 왔다 갔다 하며 본다고 생각하면 이해하기 쉽다. 일반화된 지식, 성취기준, 내용 요소의 순서로 교육과정을 읽으면 좋다고 한 이유는 일반화된 지식이 내용과 기능으로 실현될 지향점이기 때문이다. 즉 일반화된 지식은 '이게 무슨 의미지? 이걸 왜 가르치지'에 대한 방향을 제시하는 것이며 성취기준은 가르쳐야할 내용과 기능을 확인할 수 있는 도구라고 할 수 있다. 구체적인 순서는 다음과 같다.

① 학교교육비전(예를 들어 삶과 배움이 하나 되는 민주적인 행복 공동체)과 관련이 있다고 생각되는 일반화된 지식을 맵핑 자료 속에서 찾는다.

② 일반화된 지식이 학년 미션에 관련이 있더라도 그 학년에 해당되는 성취기준이 없다면, 넘어간다.

③ 일반화된 지식, 성취기준, 내용 요소를 거의 동시에 본다는 느낌으로 본다. '일반화된 지식을 봤더니 어떤 내용인지 잘 모르겠네?' '아, 내용 요소에 이런 것들이 들어있구나, 이제는 이해가 된다.' '성취기준을 보니 더 확실해졌어.' 이런 방식으로 서로를 보완해가며 보는 것이다.

④ 일반화된 지식 하나하나는 '초1(초3, 그 과목이 시작되는 학년)~중3(혹은 고1)'

까지 연결된 목표이다. 그렇기 때문에 일반화된 지식은 '보편적인 목표'이다. 그래서 이 보편적인 목표(일반화된 지식)를 학년에 맞춰서 가르치려면 내용 요소를 알아야 한다. 내용 요소는 학년군으로 되어 있으므로 성취기준을 확인함으로써 '우리 학년에서 가르칠 것이 무엇'인지를 알 수 있다.

⑤ 맵핑 자료는 학년군으로 묶여있던 내용 요소를 학년으로 분류해 보기 쉽게 할 수 있다. 다만, 교육과정에서 내용 요소를 학년군으로 묶은 이유는, 학년군끼리 협의를 통해 유연하게 교육과정을 재구성하라는 의미이나, 아직 현실적으로 어려움이 있다(두 학년이 모여 협의를 하는 것, 전학생의 문제 등). 따라서 우리는 학년군으로 묶인 내용 요소를 지도서를 참고해, 학년별로 분류했다.

⑥ 학교비전과 학년의 교육 내용을 연결하는 것은 창작의 고통과 시간이 필요한 과정이다. 학교비전을 해석해서 학년에 맞는 일반화된 지식, 성취기준, 내용 요소와 연결할 수 있어야하기 때문이다. 일반화된 지식과 학교비전을 연결을 지으려면, 교사의 교육적 상상력과 학년수준에 대한 이해가 필요하다.(다음 표 참조)

⑦ 연결하는 방법은 다양하다. 단어의 사전적 정의에 의해서 해석할 수도 있고, 교육경험에 의한 배경지식으로 해석할 수도 있다. 그 밖의 다양한 방법이 있다. 이 과정에서 교사들은 다양한 논의와 학교와 학생, 교사 자신에 대한 많은 이야기를 나눈다. 이는 교사들의 수다가 아니라 교육전문가로서 교육에서 고려해야 하는 전문가적인 토론과 논쟁의 과정이다.

⑧ 학교비전을 해석할 때, 각자의 생각에서 출발하지 않고 우리 학년 교육과정(일반화된 지식−성취기준−내용 요소)에서 찾는다. 예를 들어 '민주적인 행복 공동체'라는 학교비전에서 '민주적'이라는 것을 학년 교육과정(일반화된 지식−성취기준−내용 요소)으로 체를 삼아 해석해 보는 것이다. 이렇게 교육과정을 통해 살펴보고 합의하는 것과 막연하게 '민주적이라는 것은 뭐라고 생각하세요?'라는 질문에 각자의 의견을 제시하는 것과는 차이가 있다.

각 학년에서는 이와 같은 과정을 거쳐 달성해야 할 목표를 설정하였다. 이렇게 선정된 학년의 미션은 다음과 같다. 각 학년 미션은 학교비전을 향해 있고 내용은 교육과정으로부터 나온다. 이는 학교교육과정의 계열을 세우는 데 매우 큰 장점이 있다.

이러한 일련의 과정 역시 교사들 간의 숙의가 필수적이다. 숙의는 합의를 통해 가장 현실적인 대안을 찾는 단계로서 교육과정에 대한 공통적인 그림을 찾기 위한 개발자들의 상호작용 즉 토론의 단계이다. 교육과정은 교사들의 숙의 과정을 거침으로써 하나의 강령이던 학교의 비전과 교육과정 문서의 내용이 행동차원으로 전환되는 것이다. 이 숙의의 과정이 좀 더 합리적으로 이루어지기 위해서는 토론 속에서 대안이 제시되어야 하며 관련된 지식들을 고려하여 각 대안의 장단점을 검토할 수 있어야 한다. 또한 작은 결정에도 관련된 집단의 입장과 가치를 탐색할 수 있어야 한다.

이 과정은 매우 길고 힘든 과정이다. 또한 학교 현장에서 그리 익숙한 과정은 아니다. 교사들은 이 과정을 불필요한 갈등을 일으키거나 시간 낭비라고 생각하기도 한다.

왜 교사들은 이 과정을 불필요하다고 느끼는 것일까? 숙의의 과정이 실제로 많은 경우 의미 없이 진행되기 때문이다. 숙의가 의미 있게 이루어지기 위해서는 몇 가지 조건이 필요하다. 첫째, 몇몇의 의견이 전체의 의견이 되지 않도록 해야 한다. 둘째, 몇 가지의 요인에만 과도하게 집착하여 그 요인에 대한 탐색으로만 그치지 않게 해야 한다. 셋째, 근본적인 논의는 하지 못하고 한정된 범위에서만 회의가 이루어지면 안 된다. 넷째, 구체적인 실천 계획이 아니라 목적, 이상, 기본원칙, 철학 등 피상적인 방향성의 논의에만 그치게 된다면 참여자들이 숙의 과정에서 효율성을 느끼지 못하므로 이 역시 숙의의 과정을 어렵게 만든다.

학교 현장에서 교사들의 교육과정 협의가 제대로 이루어지지 않는다면 우선 이들 요인을 탐색해 볼 필요가 있다. 교장 혹은 몇몇 교사가 주도하는 회의가 아닌지, 근본적인 논의는 하지 못하고 한정된 범위에서만 이루어지는 회의가 아닌지, 목적과 이상에 치우쳐 구체적인 실천에 관한 논의가 이루어지지 않는지, 한 가지 어려움이 과도하게 해석되어 문제의 다른 면을 볼 수 없게 하는 것은 아닌지 등을 고려한다면 좀 더 나은 교육과정 협의가 진행될 수 있다.

이러한 협의 과정에서 학교비전의 본질을 살피기 위해 사전적 의미를 탐색하고 교사들의 생각과 의견을 모았다. 학생과 학교의 특성을 살피고 교육과정 내용을 종합하여 각 학년의 미션을 선정한 것이다.

학교비전 – 삶과 배움이 하나 되는 민주적 행복공동체	
사전적 의미로 학교비전을 해석해보기	교사들의 교육철학 나누기
• 삶: 태어나서 죽기에 이르는 동안 사는 일 • 배움: 자연적 성숙이 아닌 경험이나 훈련에 의해 지속적으로 지각하고, 인지하며, 변화시키는 행동 변화 • 민주주의: 국민이 권력을 가짐과 동시에 스스로 권리를 행사하는 정치 형태 • 행복: 생활에서 기쁨과 만족감을 느껴 흐뭇한 상태 • 공동체: 운명이나 생활, 목적 등을 같이하는 두 사람 이상의 조직체 ** 사전적 의미도 광범위하게 해석될 수 있다. 사전적 의미를 살핀다는 것은 본질에 대해 고민한다는 것이다.	• 학생들이 상황과 맥락을 고려하며 올바른 판단을 할 수 있었으면 한다. • 배운 것을 실천하지 못하는 삶을 사는 사람들이 많다. 가르침은 배움을 이끌지 못하면 공허하다. 학생들이 배운 것을 자신의 삶 속에서 실천하면 좋겠다. • 학생들이 스스로 생각하고 판단하고 자신의 행동에 책임을 지는 사람으로 성장해야 한다고 믿는다. 교과서를 통해 배우지 못하는 것이 많아서 학생들과 직접 경험을 통해서 배우는 것을 좋아한다. ** 교육철학 나누기는 교사들의 삶의 자세와 교육활동에서 중요하게 생각하는 것이 드러난다. 학년 교사들의 교육철학 공유는 교육과정 설계를 위한 동기로 작용한다.

학생과 학교의 특성	학교비전과 관련된 교육과정내용
• 학생들이 자신의 책임을 다하는 것을 어려워한다. • 사춘기가 시작되는 시기이며 가정에서 이 시기에 필요한 돌봄을 제공하기에 어려움을 가진 지역적 특성이 있다. • 마을자원이 풍부하여 다양한 경험을 제공할 수 있다. • 혁신학교로 교육과정 운영에 대한 자율성이 보장된다. • 교사들의 교육과정 설계경험이 부족하다. ** 이러한 특성을 고려하여 학생과 학교의 상황을 교육과정에 반영하고자 하였다. 우선시 되어야 할 내용을 선정하는 데 있어 학생들의 발달 시기, 학생들에게 필요한 덕목, 학교의 지원과 여건을 미리 반영하여 설계의 오류를 줄이는 데 효과적이다.	• 인간으로서 바르게 살아가기 위해 자신에게 거짓 없이 정성을 다하고 인내하며, 스스로 자신의 욕구를 다스린다. • 자신의 발달 특징에 대한 이해와 자아정체감 형성은 건강하고 자주적인 삶을 영위할 수 있게 하는 기초가 된다. • 현대 민주국가는 정치과정을 통해 시민의 정치 참여가 실현되며, 시민은 정치 참여를 통해 다양한 정치 활동을 한다→현재의 배움. • 과거의 역사(선사시대－조선후기)를 통해 현재 우리 모습을 반추하고 문화발전과 국가 발전의 과정을 이해한다→과거의 배움. ** 교육과정의 내용체계와 성취기준을 확인하며 학교비전과 관련된 일반화된 지식을 찾아보고 내용 요소를 확인한다. 이때 성취기준을 대강 살펴보면서 학년에서 어떤 내용을 가르쳐야 하는지 탐색한다.

↓

과거와 현재의 배움을 통해 삶의 주인으로 서다.

학년 미션을 만들기 위해 동료교사들과 토론을 거치면서 학교교육비전인 "삶과 배움이 하나 되는 민주적 행복공동체"는 "학생들의 삶이 경험을 통해 이루어지는 변화의 과정, 학생 스스로 자신의 권리를 가지고 책임을 다하는 것, 혼자서 이루는 것이 아니라 다함께 행복한 삶을 살아가는 것"이라고 재해석하였다. 이렇게 공유된 비전을 실현하기 위해 교사들은 교육과정 문서에서 해당 학년의 내용을 살펴봄으로써 우리 학년에서 실현할 수 있는 혹은 실현해야 할 학년 미션을 선정하였다. 다음은 학교교육비전과 학년교육과정 내용, 학생과 학교의 특성을 고려하여 만든 학년 미션 사례이다.

1학년	즐겁게 어울리며, 함께 배우는 행복감을 느끼다
2학년	배움을 즐기며 친구와 더불어 행복한 어린이
3학년	자기 주변과 소통하며 즐겁게 배우는 어린이
4학년	공감과 소통으로 지역사회 문화에 참여하는 행복한 어린이
5학년	과거와 현재의 배움을 통해 삶의 주인으로 서다.
6학년	생활 속의 문제를 민주적인 방법으로 해결하는 정의로운 공동체

↓

삶과 배움이 하나 되는 민주적 행복공동체

Dewey가 주장했듯이 교육과정은 결코 선형이 될 수 없다. 교육과정은 반복적이다. 또한 이해를 위한 교육은 단번에 숙달될 수 없는 핵심 아이디어와 도전에 대해 부단한 재탐색으로 이루어진다(Wiggins, McTighe, 2007). 이때 이루어지는 숙달은 단순한 반복으로 인한 익숙함이 아니다. 단순한 반복으로 일어나는 익숙함은 연습, 훈련, 반복, 노출을 통해서 체화되거나 세뇌된 것을 의미한다. 따라서 즉각적으로 반응하고 의심하지 않는다. 이해를 위한 교육과정은 전 과정을 통해 '왜 그러한가? 이유가 무엇일까? 그렇지 않으면 어떻게 될까? 무슨 의미일까?' 등을 매년 재탐색하는 것이다.

학년의 미션을 설정한다는 것은 '삶과 배움이 하나 되는 민주적 행복공동체'라는 학교교육비전을 실행하기 위한 전체 학교교육과정의 계열(sequence)을 설정한다는 것이다.

전통적 설계는 목적 없는 활동의 나열로 학년에서 이루어진 활동들을 왜 하는지 혹은 다음 학년과 어떤 연계가 있는지 모른 채 흥미를 이끌 수 있는 프로그램들이 구성되어 온 측면이 있다. 또한 진도 나가기 수업(coverage-based design)으로 구성되어 한 시간의 수업과 진도가 전체 목적을 인식하지 못하고 '무엇'을 습득해야 하는가에 치중해 있었다.

이해를 위한 교육과정은 하나의 큰 비전을 향해 학년에서 나아갈 코스를 결정하고 이를 위한 핵심 과제를 설정한다. 이 과정은 교사들의 교육과정에 대한 숙의의 과정이다. 교육과정에 대한 **끊임없는 숙고는 실행에서 우리가 나아갈 방향을 잃지 않게 하는 동기로 작용한다.** 따라서 이해를 위한 교육과정에서는 이 방향 설정의 과정이 매우 중요한 단계가 된다. 중요한 단계이기에 많은 시간을 들여 논의하게 된다.

한편 백워드 설계를 수행과제의 개발로 오해하는 경우가 많은데 이 때 우리가 놓치는 것이 학교의 비전과 학년의 미션에 대한 고려이다. 다시 한 번 강조하자면 백워드 설계는 '마음속에 결과를 간직하고' 지속적으로 장기 수행 목표에 초점을 두어 교육과정의 틀을 설계하는 것이다.

1-3. 통합단원 개발하기

일반적으로 백워드 설계는 한 교과의 단원을 재구성하는 방식이다. 백워드 설계 방식 적용을 통해 목표가 분명해지고 체계적으로 한 단원을 재구성을 할 수 있었다.

그러나 단원 수준의 백워드 설계 방식에 있어 우리는 몇 가지 한계를 경험했다. 첫째, 교육과정을 설계할 때 템플릿 완성에만 집중해서 새로운 용어들로 빽빽하게 채우는 데 급급하게 된다는 점이다. 백워드 설계의 템플릿은 교사들이 교육과정 개발을 위한 숙의를 돕기 위한 도구이다. 그러나 빽빽한 틀을 채우고 분석하다 보니 교육과정 숙의는 빠지고 어떤 말로 채울 것인가에 고민만 남은 모습을 발견하게 되었다.

둘째, 한 과목의 한 단원만을 설계하는 데 재구성의 한계를 느꼈다. 이해중심 교육과정이 '이해를 통해 배움과 자신의 삶이 연결되어 일관성을 갖는 것'을 중요하게 생각한다면, 의미 있는 연결고리를 만들어 깊은 이해와 통찰에 다가갈 수 있도록 과목 통합이 필요했다.

그래서 템플릿을 좀 더 명확하고 우리 교육 현실에 맞게 정돈하고 통합설계가 가능하도록 수정하게 되었다. 목표부터 모든 단계들이 유기적으로 연결이 되고 이해가 쉬운 템플릿이 필요했던 것이다. 따라서 Wiggins와 McTighe(2007)가 제안한 학교가 본질적으로 성취해야 할 학교의 미션(a school mission)을 고려해서 설계하였고, Drake(2006)의 통합단원개발 모형을 참고하였다.

Drake의 절차는 이해중심 교육과정의 백워드 설계와 마찬가지로 3단계의 과정을 거친다. 1단계는 통합 접근 방식을 결정하는 단계이다. 다학문, 간학문, 탈학문 중 어떤 접근 방식을 취할 것인지 결정하고 중심(core)이 되는 교과를 정한다. 교육과정 문서상의 성취기준 혹은 학습목표들을 전체적으로 훑고 풀어서 교과 간에 걸치는 특정 주제나 개념과 기능, 일반화, 원리가 수면 위로 떠오르면 그것을 통합의 중심으로 삼는다. 2단계는 백워드 설계와 마찬가지로 수행과제를 만들고 3단계에서는 수업의 각 차시에서 실행할 학습활동을 개발한다(김경자 외, 2017).

통합은 의미 있는 연결고리를 만들어주는 것이다. 그 연결고리가 교과 내용을 배울 때의 연결고리가 될 수 있고, 배운 내용을 실생활에 적용할 때의 연결고리가 될 수도 있다. 그러자면 '의미'가 무엇인지 정의를 해야 한다. 아이들이 재미있으면 의미 있다고 할 것인지, 학생들이 전이를 할 때 의미로 볼 것인지 말이다.

연결고리를 만들어내는 수준, 좁은 의미에서 한 교과안에서 통합도 일어난다(곱셈과 나눗셈을 연결시키는 것, 내용 간의 연결고리가 있음을 깨닫는 것). 넓은 의미에서는 교과 간의 연결고리, 배운 내용이 삶으로 이어지게 하는 것 등이 있다.

그러나 주제 중심의 통합 방법을 자세히 보면 교과와 교과 간의 상호작용이 일어나지 않는 것처럼 보이기도 한다. 교과마다 공통된 제재를 연결한 재구성의 경우, 교과와 제재 간, 또는 주제 간의 상호작용은 일어나지만, 교과 간 상호 연관성은 학습자 스스로 깨달아야 하는 영역이라 할 수 있다.

어느 한 과목을 넘어선, 또는 제재로 엮인 과목의 통합을 넘어서는 '빅아이디어'로 유의미한 연결을 시켜줄 수 있는 템플릿이 필요했다. 그래서 2년여의 연구와 워크숍을 통해 보다 이해중심 교육과정을 잘 실현시켜줄 수 있는 템플릿을 만들게 되었다.

1-3-1. 학년 미션을 바탕으로 주제 정하기

단원을 설계할 때 가장 먼저 할 일은 단원의 주제를 선정하는 것이다. 학교에서 가장 널리 사용되는 통합단원 주제정하기 방법은 '주제적 접근(thematic approach)'이다. 주제적 접근에서 가장 전형적으로 사용되는 것이 '함께하는 세상, 발명' 등 일반적이지만 유용한 주제들을 활용하여 통합하는 방식이다. 이러한 주제들은 여러 교과들에 내재된 다양한 내용들을 통합할 수 있는 포괄적인 개념을 사용한다.

최근 확산되고 있는 '온작품 읽기'에서 책의 주제나 내용을 제재로 다른 과목을 통합하는 것도 주제적 접근 방식의 하나이다.

주제 유형의 목록을 제시하면 다음과 같다.

주제적 접근을 위한 주제 유형 예시(Fogarty, 2009)

개념	토픽	문제
• 자유 • 협동 • 도전 • 갈등 • 발견 • 문화 • 변화 • 논쟁과 증거 • 인내	• 우주 • 새 • 반응 • 이 세상 • 세계 대전 • 열대 우림 • 동반자 • 다리 • 빛	• 인질 • 재활용 • 가뭄/홍수 • 다문화 • 공해 • 에너지 위기 • 전쟁 • 통일

주제적 접근 방식을 위한 주제를 탐색할 때, 교사들은 동학년과 함께 대화, 질문, 토론 등을 통해 아이디어를 모으고 관심을 탐색한다. 좋은 주제를 선택하기 위해서는 주제의 깊이와 폭을 탐색하기 위한 다양한 질문을 던지고 이야기를 나누는 과정이 필요하다. 보통 교사들은 자신이 관심 있는 것, 학생들의 요구를 반영한 것, 사회적 이슈가 되는 것, 자신의 경험 혹은 연수 등에서 사례를 갖고 있는 것 등을 찾고 합의한다.

좋은 주제는 광범위하게 적용되고, 다른 과목 혹은 실생활 곳곳에 적용되는 것, 보이지 않는 근본적인 형태(fundamental pattern)를 밝혀주는 특성이 있다. 또한 유사점과 대비점을 드러내 주고 학생들에게도 흥미를 불러일으킬 수 있는 것이다(Fogarty, 2009).

보통 주제적 접근 방식은 교사들이 교육과정을 설계할 때 많이 사용하는 방법이다. 특히 경력이 많아 해당 학년의 교과 내용을 잘 알고 있을 때 쉽게 주제를 떠올릴 수도 있고 복잡하지 않은 교육과정 개발 모형이다. 또한 다학문적 접근 방식임에도 불구하고 국가수준 교육과정 내용의 핵심을 놓치지 않으면서 하나의 큰 틀을 제시할 수 있는 방법이다.

그러나 간혹 주제들에 교과 내용을 억지로 짜 맞추게 될 수도 있고 교과 내의 계열성(sequence)과 범위(scope)가 고려되지 못할 수가 있다. 예를 들어 3월의 주제가 1학년부터 6학년까지 '다양성', '친구' 등으로 같아지고 내용도 학년의 위계 없이 비슷하게 조직되는 경우가 있다. 또한 매해 교사들이 주제를 선정하기 위해 많은 시간을 들임에도 불구하고 학교 전체적으로 축적되거나 다음 해로 연결되지 못해 학생들의 입장에서 볼 때는 주제의 반복을 경험하게 될 수도 있다.

다음으로 많이 사용되는 주제 선정 방법은 통합형이다. 통합형은 각 교과의 기본적 요소를 사용하여 여러 교과 내용을 새롭게 유형화시키고 통합적으로 설계하는 것이다. 이는 범교과적 접근으로 주제적 접근과는 달리 하나의 주제를 교과 위에 두는 것이 아니라 여러 교과 가운데서 불필요한 아이디어들을 제거해 나간 다음 공통적인 개념, 기능, 태도 등을 찾아서 '통합'시키는 것이다(Fogarty, 2009). 따라서 통합형 접근은 교과의 본질을 살리면서 교과의 연결을 찾을 수 있는 방법이다.

예를 들어 국어의 문학 영역 핵심개념인 타자의 이해와 소통은 미술의 소통, 사회의 지속 가능한 세계 영역의 공존의 세계, 실과의 기술 시스템 영역의 소통과 연결된다. 이러한 핵심개념의 연결을 바탕으로 깊은 사고와 교과의 본질을 살리는 통합을 시도하는 것이다. 그러나 통합형 접근은 개별 교과의 국가수준 교육과정의 내용, 기

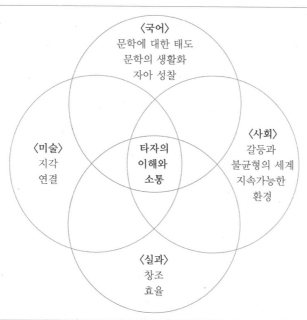

교과 간 상호 연관성을 보여주는 벤다이어그램

능, 태도 등에 관해 깊이 있는 접근이 필요하므로 교사들의 교과전문성이 요구된다. 또한 국가수준 교육과정을 읽고 해석하는 능력인 교육과정 문해력이 교사들에게 필요하고 교과 교사들 간의 협의가 이루어져야 한다.

일반적으로 주제 정하는 방식과 함께 고려해야 할 것이 학년의 미션이다. 앞서 언급하였듯이 학년 미션은 학교의 비전과 학년 교육과정의 내용을 분석하여 선정된다. 즉 학교의 목표와 학년 간 위계성이 고려된다.

주제는 교육과정의 범위(scope)로 무엇을 가르칠 것인가를 정할 것인가에 관한 문제이기에 단원의 주제를 정할 때 우리가 고려해야 할 것은 성취기준이다. 성취기준은 각 교과에서 학생이 학습을 통해 얻어야 할 지식이나 기능 혹은 태도를 담고 있으며 학습의 결과로 학생들이 할 수 있어야 할 것을 진술한 것이다(교육부, 2016). 주제 선정 시 성취기준을 살펴보고 성취기준을 해석하고 재구성하여 학년 미션에 도달할 수 있는 주제를 만들 수 있다. 또한 교과의 성취기준과 핵심 개념, 내용 요소 등을 모아서 공통점을 찾아가는 통합형 주제 선정 방식을 사용할 수도 있다. 기본적인 순서를 제시한다면 다음과 같다.

가) 성취기준과 내용을 살펴본다.
나) '학년 미션을 도달하는 것을 목표로, 어떤 과정을 거치면 좋을까?'를 생각해 본다. 즉, 학년 목표를 생각하면서 각 학년의 성취기준에 맞는 것을 검토하고, 그러면서 주제를 선정한다.

5학년 미션 – 과거와 현재의 배움을 통해 삶의 주인으로 서다.		
주제	'아름다운 주인'	성취기준을 분석하여 '자연과 인간의 상호작용에 관한 것'이 나옴. 주인이라면 내 주위 환경에 대해서 어떻게 해야 할까?를 생각해봄.

1-3-2. 전이 가능성이 높은 빅아이디어 만들기

빅아이디어는 여러 개념들을 아우르는 학문의 가장 기초적인 개념이나 원리를 말한다. 즉 단원 설계에서 궁극적으로 학생이 이해해야 할 것이 무엇인가를 의미한다. 통합단원 설계에서 빅아이디어는 각 과목의 여러 개념과 원리를 아우르는 전이가 잘되는 문장형 대개념이다.

단원 설계에서 빅아이디어를 설정하는 이유는 학생의 배경 지식, 관심, 선호하는 학습 양태의 차이와는 상관없이 모두에게 의미 있는 목표를 공유하기 위해서이다. 즉 나아갈 방향을 공유하는 것이며 또한 시선을 공유하는 것이다. 시선의 공유는 함께 보기를 통해 가능하다. 함께 보기란 말 그대로 어떤 대상을 함께 보는 것이다. 어떤 대상에 관해 이야기하고자 할 때 먼저 그 대상을 함께 봐야 한다. 시선을 먼저 공유해야 의사소통이 가능하다.

시선 공유가 가능해진 학생은 어른과 공동으로 수행하는 다양한 대상 지향적 행위를 조직할 수 있게 된다. 비로소 학생과 교사가 함께 할 수 있는 능력이 형성되고 자신의 목표에 대해 스스로 목표가 무엇인지를 가리킬 수 있다. 이 가리킴이 '겨눔'이며 이를 통해 지향성을 갖는다.

이해를 위해서는 겨눔의 대상이 필요하다. 교사와 학생이 동일하게 겨누고 그것을 향해 나아가는 최종 목적을 통해 새로운 세계에 대해 의미를 구성하게 되고 그것을 바라보며 새로운 관점을 성립하는 것을 준비한다. 의식은 목표를 설정하였을 때 힘을 갖는다.

Vygotsky는 내면화가 과정 그 자체를 변형시키고 그것의 구조와 기능들을 변화시킨다고 하였다. 빅아이디어는 교사와 학생이 함께 겨누는 내면화의 대상이다. 교사와 학생은 '이 단원 또는 주제를 통해 어떤 원리를 배울 것인가?'를 알고 수업을 시작할 수 있다.

빅아이디어는 흩어져 있는 많은 점을 이었을 때 만들어지는 하나의 의미 있는 큰 그림과 같다. 단원을 시작하기 전 전체 그림의 형태를 알고 시작하는 것이다. 낱낱이 흩어진 점들을 마지막에 선으로 잇는 교육과정을 운영하는 것과 점들이 이루고 있는 최종의 형태를 명확히 알고 시작하는 것은 질적으로 큰 차이를 가진다. 재미있는 많은 활동을 하고 난 후 마지막에 '맞아, 이 수업에는 이런 의미가 있었지.'라고 깨닫는 수업이 아니라 확실한 목적을 겨눈 활동을 운영해나가는 것이 학습의 효과를 높일 수 있다.

잠깐!
빅아이디어의 장점은?

빅아이디어를 가리킴의 대상으로 삼고 교육과정을 만들어 나간다면 중간에서 길을 잃고 헤매는 일이 적어진다. 최종목적을 알고 이것을 이루기 위해 나아가는 수업을 통해 학생들은 새로운 경험을 구성해 나갈 수 있고 결국 새로운 관점을 가질 수 있다. 이것이 바로 '이해함'이다.

빅아이디어는 교사가 주어진 교육과정을 수행하는 것이 아니라 교육과정에 대해 의미를 탐색하고 해석할 때 발견된다. Michael Apple은 교사에게 주어진 교육과정을 수행하도록 강제하는 것은 교사의 전문성을 떨어뜨린다고 하였다. 빅아이디어를 발견하려는 노력은 교사가 수업의 달인을 넘어 진리 추구자(truth-seeker)가 되는 과정이라 할 수 있다. 이는 교사가 학생, 학교, 사회에서 책임을 다하는 공적 지식인이 되는 것이다.

빅아이디어 만들기는 성취기준을 통해 만들어진 주제를 왜 가르쳐야 하는지 주제에 대한 의미를 생각해보는 단계이다. 이때 사용할 수 있는 방법이 5why기법으로 '왜'라는 질문을 반복함으로써 문제해결을 위한 생각의 고리를 통해 본질을 찾아가는 것이다.

5why는 빅아이디어에 다가가는 일련의 사고과정이며 주제의 본질을 찾아가는 과정이다. 빅아이디어를 위한 5why의 첫 번째 단계는 선정한 주제를 왜 배우는지 질문해 보는 것이다. 예를 들어 '내 삶의 주인은 왜 자신이 되어야 하는가?'를 질문하고 답하는 것이다. 답은 여러 가지가 될 수 있지만 '내가 내 삶을 만들어가니까'라고 답할 수 있다. 그럼 왜 내 삶은 내가 만들어가야 하는가? 내가 만들어야 원하는 것을 할 수 있기 때문이다. 그렇다면 내가 원하는 것을 **왜** 해야 하는가? 내가 원하는 것을 해야 행복하기 때문이다. 왜 내가 원하는 것을 해야 행복한가? 나의 원하는 것을 내가 가장 잘 아니까? 왜 내가 나를 가장 잘 아는가? 아무도 내 인생을 대신 살아 줄 수 없기 때문이다. 라고 연속해서 묻고 답하는 것이다.

이 묻고 답하는 과정에서 핵심 키워드를 찾아 연결하거나 가장 중요한 문장을 찾아 문장으로 정리하면 그 단원의 빅아이디어를 발견할 수 있다. 이런 과정을 거쳐 만

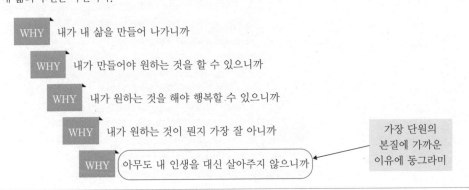

5WHY → 단원의 본질 찾기

• 학생들은 이 단원(주제)을 왜 배우는가?

내 삶의 주인은 자신이다.

WHY 내가 내 삶을 만들어 나가니까

WHY 내가 만들어야 원하는 것을 할 수 있으니까

WHY 내가 원하는 것을 해야 행복할 수 있으니까

WHY 내가 원하는 것이 뭔지 가장 잘 아니까

WHY 아무도 내 인생을 대신 살아주지 않으니까

가장 단원의 본질에 가까운 이유에 동그라미

들어진 단원의 빅아이디어가 "나를 다스리는 자가 내 인생도 이끌어 간다. 내 인생의 주인이 되면 행복하다."이다.

5 WHY 유의점

- 마지막에 있는 문장이 중요한 것은 아니다.
- 앞의 이유가 중복될 수 있다.
- 몇 개의 키워드를 찾아서 연결할 수 있다.
- 단계를 의미하지는 않는다.
- 각자가 말하는 빅아이디어를 모아서 새롭게 하나를 만들 수 있다.

1-3-3. 탐구로의 관문, 핵심질문 만들기

빅아이디어를 설정하고 난 이후에는 핵심질문을 설정한다. 핵심질문에서 '핵심'은 세월이 흘러도 변하지 않는 보편적이고 기본적이며 근원적인 것을 의미한다. 핵심질문은 옛날부터 지금까지 사람들이 지속적으로 반복하여 되묻는 질문이다. 사람들이 시대를 넘나들며 질문을 반복하는 것은 그것이 지속적인 탐구를 요구하는 중요한 질문이며, 쉽게 답을 찾을 수 없는 질문이기 때문이다.

또한 핵심질문은 학문의 근간을 이루는 개념과 원리를 탐구하는 질문이다. 연구자들도 평생 이 질문에 답을 찾고자 노력한다. 연구자들이 탐구를 통하여 찾은 답은 해당 학문의 핵심개념과 일반화된 지식을 구성하며, 이는 궁극적으로 이론을 형성한다. 핵심질문은 문제 해결을 위한 것이다. 이는 교과를 학습하는 학생들에게 교과를 공부해야 하는 이유를 제공해 준다(정혜승 외, 2017).

핵심질문의 목적은 교사가 옳다고 생각하는 정답을 찾아내는 데 있는 것이 아니라 학생들이 주도하는 지속적인 탐구와 풍부한 토론을 불러일으키는 데 있다. 결국 핵심질문을 통한 수업은 **수동적인 수업이 아닌 탐구가 가능한 수업으로의 전환**을 의미한다.

핵심질문을 만들기 위해서 가장 필요한 것은 교사 자신이 사실을 묻는 질문 또는 답으로 끌고 가는 질문에 익숙해 있지 않은지 생각해 보는 것이다. 교사들은 수업 시간에 끊임없이 질문하고 학생들의 답을 기대한다. 그러나 그 질문이 정해진 것, 교사의 의도대로 답하기를 기대하는 것일 때 핵심질문이 될 수 없다. 결국 질문을 만드는 기법이 따로 있는 것이 아니라 이전과는 다른 종류의 질문을 해보는 것이다.

구체적으로 핵심질문을 만들기 위해 교사들이 고려해야 할 것은 첫째, 빅아이디어를 염두에 두고 빅아이디어들의 실현을 위한 질문인지 고려한다. 둘째, 만들어진 질문을 점검하는 과정을 거친다. 이 때 학생들이 빅아이디어를 배우기 위해 어떤 질문이 필요한가를 생각해 보는 것이다. 셋째, 어떤 매력적인 질문이 학생의 탐구, 이해 그리고 학습의 전이를 촉진시킬 것인지를 고려한다.

좋은 핵심질문의 특징은?
- 우리가 학습에서 초점을 두는 것이다.
- 학생을 실질적인 대화와 논쟁에 참여하게 한다.
- 빠르고 쉽게 대답할 수 없다.
- 반직관적이며 논란이 일어난다.
- 인생전반에 되풀이되어 나타난다.

핵심질문을 잘 만들기 위해서는 질문을 많이 만들어 보아야 한다. 동학년 교사들과 함께 질문을 많이 만들어보면 좋다. 질문을 만들 때 우리가 염두에 두어야 할 것은 '학생들이 빅아이디어를 배우기 위해 어떤 질문이 필요한가?'이다.

이때 교사들이 다양한 질문을 만들기 위해 중복되지 않는 질문을 만들어 보려는 시도가 필요하다. 이렇게 만들어진 질문이 모두 핵심질문은 아니므로 질문을 분류하는 작업을 거친다. 핵심질문을 만들 때 성취기준을 이용하면 보다 쉽게 만들 수 있다. 교육과정 성취기준을 핵심질문으로 변환할 때 핵심질문의 층위를 고려해야 한다. 핵심질문은 범위에 따라 총체적 핵심질문과 한정적 핵심질문으로 구분할 수 있다. 총체적 핵심질문은 교과의 중핵적 개념과 그에 대한 일반화된 지식을 탐구하는 질문이며, 한정적 핵심질문은 총체적 핵심질문을 소재나 상황과 관련지어 구체화한 질문이다. 총체적 핵심질문은 한 단원이나 몇 차시 수업으로 답을 찾기 어려울 만큼 그 범위가 넓지만, 한정적 핵심질문은 한 단원 수준에서 어느 정도 답을 찾을 수 있을 정도로 범위가 좁혀진다. 학생들에게 총체적 핵심질문은 너무 광범위하여 어떻게 답해야 할지 막연하게 느껴지거나 추상적인 것으로 인식될 수 있어서 한정적 핵심질문으로 구체화하는 것이 필요하다(정혜승 외, 2017).

이때 만들어진 질문 중에서 빅아이디어를 포괄하는(관통하는, 도달할 수 있는, 답을 얻을 수 있는, 한 주제 내에 계속 생각할 수 있는) 것을 총체적 핵심질문으로 정한다. 나머지 질문은 단원의 흐름을 고려하여 단원의 도입에 필요한 시작질문, 탐구 과정을 이끄는(배움탐색, 문제해결, 경험확장) 배움 질문, 빅아이디어의 의미를 탐색하거나 배움의 의미를 점검하는 의미질문으로 분류한다. 즉 시작질문, 배움 질문, 의미질문이 단원 수준에서 어느 정도 답을 찾을 수 있을 정도로 범위가 좁혀지고 수업을 전개할 수 있는 한정 질문이 되는 것이다.

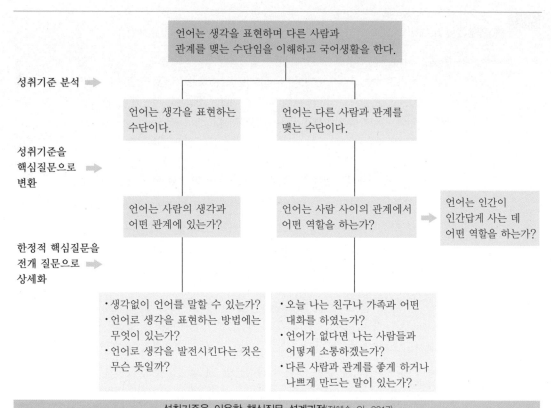

언어는 생각을 표현하며 다른 사람과
관계를 맺는 수단임을 이해하고 국어생활을 한다.

성취기준 분석 ➡

언어는 생각을 표현하는
수단이다.

언어는 다른 사람과 관계를
맺는 수단이다.

성취기준을
핵심질문으로 ➡
변환

언어는 사람의 생각과
어떤 관계에 있는가?

언어는 사람 사이의 관계에서
어떤 역할을 하는가? ➡

언어는 인간이
인간답게 사는 데
어떤 역할을 하는가?

한정적 핵심질문을
전개 질문으로 ➡
상세화

• 생각없이 언어를 말할 수 있는가?
• 언어로 생각을 표현하는 방법에는
무엇이 있는가?
• 언어로 생각을 발전시킨다는 것은
무슨 뜻일까?

• 오늘 나는 친구나 가족과 어떤
대화를 하였는가?
• 언어가 없다면 나는 사람들과
어떻게 소통하겠는가?
• 다른 사람과 관계를 좋게 하거나
나쁘게 만드는 말이 있는가?

성취기준을 이용한 핵심질문 설계과정(정혜승 외, 2017)

▶ 핵심질문 만들기
(앞에 붙여진 질문과 똑같은 질문은 붙이지 않습니다.)

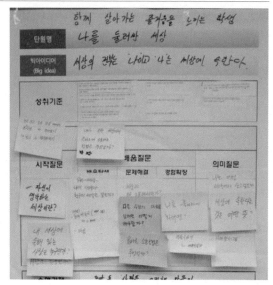

핵심질문이 수업으로?

　핵심질문을 만들 때 분류된 질문을 해결할 수 있는 활동들을 함께 생각한다면 2단계의 수행과제를 만드는 데 도움이 된다. 단원의 맥락을 고려해서 만들어진 질문을 처음, 중간, 끝으로 연결하면서 학생 스스로 답을 만들어간다. 이 때 답은 점점 바뀌고 그것을 통해 빅아이디어에 가까워지고 자신의 관점을 가지게 된다. 가장 좋은 핵심질문은 시간이 지남에 따라 **학생의 질문**이 되는 것이다.

　　　　최종적으로 백워드 설계의 1단계를 정리해보면 1단계는 단원 개발을 할 때 중요한 구성 요소를 고려하는 단계로 바라는 결과를 선정한다. 이 과정에서는 교사의 깊은 숙고와 교사 간의 논의가 필요하다. 따라서 교사들 간에 어떤 내용을 선정할 것인가? 어떻게 가르쳐야 할 것인가에 대한 이견이 생길 수 있다. 어떤 교사가 정해진 수업 시간 안에 최대한 많은 내용을 가르쳐야 한다고 생각하고 있다면 중요한 내용을 교사들이 선정하고 목적을 정하는 것에 거부감을 가질 수 있다. 이 과정은 교사의 일방적인 느낌, 선호, 경험에 의존한 선택이 아니라 교육과정 문서, 교육내용, 성취기준, 교사의 학생에 대한 이해 등을 고려한 것이며 교육과정의 우선순위를 분명하게 밝히는 과정이다. 이와 같은 일련의 과정들을 백워드 설계 템플릿 1단계에 적용해 보면 다음과 같다.

1단계 – 바라는 결과 확인하기

목표 설정
- 나 자신을 탐색할 수 있다.
- 학년 학급의 규칙을 스스로 결정할 수 있다.
- 주인 된 자세로 학교생활을 할 수 있다.

이해	핵심질문
• 나를 다스리는 자가 내 인생도 이끌어 간다. • 내 인생의 주인이 되면 행복하다.	• 주인은 어떤 사람인가? • 나를 다스리는 건 뭘까? • 무엇의 주인이 되고 싶니?
지식 국토의 위치와 영역, 국토의 자연환경 의사소통의 목적, 자주적인 삶 설명하는 글쓰기	**기능** 인식하기, 지도 읽기, 수집하기 해석하기, 활용하기, 의사결정하기

관련 역량: 도덕능력, 자율적 행동능력, 자기 주도적 학습능력, 의사소통능력, 민주시민능력

II 설계 2단계: 수용 가능한 증거 결정하기

2단계는 목표 성취를 위한 평가를 설계하는 단계로 백워드 설계의 가장 결정적인 특징을 보여준다. 백워드 설계에서 평가는 수업 설계의 출발점이다. 1단계에서 설정한 목표가 성취되었는지를 알아보기 위해 학생들의 학습 결과의 증거, 즉 평가를 개발하는 것이다. 학습자의 증거가 무엇인지 상세히 하고 어떤 수준의 학생이든 자신의 증거를 보여줄 수 있도록 구체적이고 다양하게 개발되어야 한다. 따라서 1단계에서 포괄적으로 진술된 단원의 목적이 구체적으로 어떻게 실현되고 내용과 기능이 학습될 수 있도록 연습할 기회와 피드백을 제공한다. 이때 교사는 평가자처럼 생각해야 한다.

평가자처럼 생각하기는 평가를 학생들의 점수를 산출하기 위한 것이 아니라 이해의 증거를 확인하는 방법으로서 생각해 보는 것이다. 평가자처럼 사고할 때 바라는 결과에 도달하기 위한 활동과 수업 전략이 적절한 평가로 나아갈 수 있는가를 고려하는 것이다.

효과적인 평가는 한 장의 스냅사진이 아니라 기념품이나 사진들을 스크랩한 앨범에 가깝다. 수업이 끝난 시점 혹은 단원이 끝난 시점에 하나의 평가지 혹은 테스트로 측정하는 것이 아니라 다양한 방법과 형식을 이용하여 평가의 연속적 범위를 고려하는 것이다(강현석, 이지은, 2016). 평가의 연속체에는 교사들의 비공식적인 질문, 관찰, 대화, 학생의 일지, 자기평가, 동료 평가, 수행과제 등 모든 증거자료가 포함되며 수업 시간 전체 혹은 단원 전체에 걸쳐 수집되는 것이다.

평가의 연속체(강현석, 이지은, 2016의 내용을 수정함)

이해에 대한 비공식적인 점검	관찰과 대화	검사와 퀴즈	개방형 질문	수행과제
수업의 일부로 평가하는 형태. 교사의 질문, 관찰, 학생의 혼잣말을 포함. 전형적으로 채점되거나 등급화하지 않음.	관찰은 단순히 대상을 수동적으로 바라보는 것이 아니라 대화를 통해 학습자의 성장과 사고에 적극적으로 관여하는 전문가의 정신과정임.	선택형이나 단답형 활용. 수렴적이고 전형적으로 단 하나의 최상의 답을 가짐.	정해진 답이 없음. 학생들이 지식을 회상하는 것이 아니라 비평적으로 생각할 것을 요구.	실제 생활에서 직면하는 이슈와 문제를 반영하는 복잡한 도전들.

2-1. 수행과제 개발하기

이해는 기술적인 지식과 기능 그 이상의 것이다. 이해는 지식을 활용한 훌륭한 판단을 요구하며 다양한 맥락에서 여러 종류의 수행을 통해서 드러난다. 그래서 이해를 위한 평가는 가능한 실제적인 수행 기반 과제와 프로젝트를 기초로 한다. 독립적인 사실이나 기능을 주로 평가하는 것은 의미가 거의 없다. 왜냐하면 그러한 평가는 단지 탈맥락화된 질문들에 대한 반응을 제한적으로 관련짓는 것으로 증명되는 이해를 함축하고 있기 때문이다. 따라서 볼 수 없는 것을 볼 수 있도록 만듦으로써 이해를 드러내도록 하는 데 필요한 수행과제가 필요하다(강현석, 이지은, 2016).

비고츠키는 근접발달영역을 설정하고 그 영역을 뛰어 넘는 행위가 이해의 시작이라고 하였다. 학생들은 처음에 단순히 다른 모습을 흉내내는 모방으로 배움을 시작한다. 그는 모방을 행동의 기계적인 복사가 아니라 문제풀이와 사고의 과정을 새로운 상황에 구성적으로 적용하는 것으로 보기 때문에 근접발달영역을 창조하는 과정으로 간주한다. 이때 학생들은 각자의 해석을 더하고 빼며 자기 나름대로의 사고를 구성하기 시작한다. 따라서 근접발달영역 안에서 학생들의 배움은 가장 활발하게 일어난다. 이 때 근접발달영역에 포함되는 과제수행은 최대한의 지적발달을 촉진한다. 이미 혼자서 할 수 있는 일에서는 별로 학습할 것이 없지만 남의 도움이 있으면 가능한 일 즉 근접발달영역 안의 과제를 시도하는 데서는 많은 학습을 할 수 있는 것이다(Berk & Winsler, 1995). 학생들은 아래와 같은 과제에 몰입하여 잘 참여하는데 그 이유를 근접발달영역에서 찾을 수 있다.

< 학생들이 잘 몰입하는 과제의 특징 >

직접 실천할 수 있는 과제, 불가사의하거나 문제를 포함하는 과제, 다양성을 제공하는 과제, 도전을 조정하고 수정하고 다소 개별화할 수 있는 기회를 제공하는 과제, 자신 내에서 그리고 타인들 간에 협동과 경쟁의 균형을 갖추고 있는 과제, 실제 세계나 의미 있는 도전을 근거로 하는 과제, 사례 연구, 모의재판, 다른 종류의 가상 도전과 같은 자극적인 상호작용 접근을 사용하는 과제, 실제 청중을 포함하거나 결과에 대해 다른 형태의 진정한 책임감을 수반하는 과제(백워드 설계의 이론과 실천: 교실혁명, 강현석, 학지사 2016).

수행과제는 배운 내용을 빠짐없이 꼼꼼하게 기억하고 있던 지식을 풀어내는 식의 과제가 아닌 그것을 직접 행함으로써 배운 것을 활용하고 이를 통해 궁극적인 이해에 도달할 수 있는 내용으로 조직된다. 비고츠키는 학생이 자신의 삶에 적용하기 위해서는 자기중심적 사고가 중요한 역할을 한다고 하였다. 자기중심적 혹은 자기화 과정이란 자신에게 일어나는 사건들을 자신과 연관시켜 생각하는 것이다. 이는 단어 습득에 대한 학습능력을 높이고 정보처리능력을 강화하는 것으로 알려졌는데 이 과

정은 사회적 관계들이 내면화되는 것이다. 작고 힘없고 아직 발달이 이루어지지 못한 아이의 입장에서 자기가 겪는 모든 경험을 자기 자신과 연결시켜 생각하는 것은 적응력 좋은 방법인 것이다.

이러한 맥락에서 학생들에게 수행과제는 삶의 문제를 자기화할 수 있는 안전한 연습이 될 수 있다. 따라서 수행과제는 배움의 현장에서 삶으로 전이될 수 있는 수행과제를 선정하는 것이 필요하다. 배움이 삶과 연결되는 전이 가능성이 높은 수행과제를 설정하였을 때 진정한 이해를 도울 수 있다. 학생들이 이해했다고 하는 것은 지식적인 앎과 수행으로 전이가 가능한 상태를 말한다.

5학년 사례 – GRASPs를 활용하여 수행과제 만들기

수행과제 1 '나' 책 만들기(개별과제)		수행과제 2 5학년 생활규칙 정하기(모둠과제)	
요소	내용	요소	내용
목표(G)	'나' 자신에 대해 종합적으로 살펴보기	목표(G)	학교 생활 규칙정하기
역할(R)	나와 똑같은 로봇을 만든 로봇 과학자	역할(R)	남동초 주인이 되어
청중(A)	내가 만든 로봇에게	청중(A)	5학년 전체
상황(S)	나 대신 학교생활 할 수 있는 '나' 로봇을 만들어	상황(S)	행복하고 안전한 학교생활을 위한
수행(P)	'나'에 대해 로봇이 학습할 수 있는 '나'책 만들기	수행(P)	5학년 규칙 만들기
기준(s)	로봇이 학습할 수 있도록 자세히 설명, 지적, 신체적, 심리적 모두 살펴볼 수 있는	기준(s)	5학년 전체 어린이가 모두 합의할 수 있는 처벌보다는 자율적으로 실천 가능한

빅아이디어 '내 삶의 주인공은 자신이다'에 도달하기 위해 만들어진 수행과제다. 이 수행과제를 잘 완수하면 학생들은 빅아이디어에 가깝게 다가설 수 있게 된다.

수행과제 1은 이해의 6가지 측면 중 6번째 메타인지에 대한 부분을 강조한 과제다. 이는 나를 이해하는 출발점과 같은 과제이다. 나와 똑같은 로봇이라는 새로운 객체를 만들어내 나의 모습을 똑같이 복사해서 내 삶의 주인인 나에 대해 객관적으로 정확하게 알아보는 과제이다.

수행과제 2는 생활규칙(생활규칙)을 만드는 것으로 수행과제를 만들었다. 주인은 어떤 삶을 살아가는지에 대한 모습을 생각해보고 그에 알맞은 생활을 해보는 기초를 마련하는 과제이다. 나의 삶을 책임지는 주인으로서 학교생활을 하는 주체로서 규칙을 정해보는 과제이다.

이는 평가가 교실에서 평가하는 순간 끝나버리는 문제점을 해결할 수 있다. 과제의 수행을 통해 배움의 현장에서 삶으로 전이될 수 있도록 선정한 것이다. 앞으로 살아갈 내가 '주인'으로서 가져야 할 모습들을 알아보고 가장 가까운 사례로 학년의 규칙을 만드는 것으로 설계한 것이다.

2-2. 평가준거 개발하기

평가는 학생 이해의 정도를 확인하는 것이다. 이해의 정도를 평가한다는 것은 눈에 보이지 않는 것을 보이도록 하는 복잡한 과정이다. 복잡한 수행일수록 여러 방법과 다양한 유형의 준거가 필요하다. 우리는 한 가지 평가 유형과 한 번의 기회를 주고 학생의 학습에 대한 과정과 의도, 효과성을 평가하려 하였다. 예를 들어 "학생이 표현한 그래프가 유용한 정보를 담고 있는가?"와 "그래프의 표현 기법이 멋진가?", "그래프를 표현하기 위한 방법이 효과적인가?", "그래프를 나타내기 위한 과정은 정확한가?"는 전혀 다른 내용과 목적을 담고 있다. 따라서 평가의 원리에 근거하여 학생들의 이해 정도를 평가할 수 있는 준거의 개발이 필요하다.

2-2-1. 평가의 원리

학생들의 배움을 평가하는 원리는 크게 네 가지로 나눌 수 있다.

첫째, 순간만 기록하는 스냅사진이 아닌 전체의 맥락을 파악할 수 있는 사진앨범으로써의 평가를 지향해야 한다. 평가는 학습을 통해서 얻은 정보에 기초하여 학생이 무엇을 알고 있고 이해하고 있으며 그것을 통해 무엇을 할 수 있는가를 추론하는 과정이다. 어떤 형태의 평가라도 어쩔 수 없이 측정의 오차가 발생할 수 있다. 이를 위해 다양한 여러 평가 자료를 활용하여 추론의 정확성을 높여야 한다. 다양한 평가 증거 자료를 수집하여 평가의 신뢰성을 높인다. 무엇보다 단순 지식의 암기를 평가하는 것이 아니라 필수적이고 영속적인 목표를 제대로 평가하기 위해서는 단 한 번의 평가를 통해서는 그것을 알아내기가 어렵다. 따라서 최소한 하나 이상의 평가를 할 필요가 있다.

둘째, 가르치기 전에 평가한다. 단원의 핵심지식, 이해와 기능에 초점을 맞추고 수업에 참여하는 학생의 강점과 약점에 대한 정보를 제공한다. 해당 단원에서 학습할 핵심 내용 목표와 관련해 학생이 얼마나 알고 있는지 준비도에 대한 일반적인 의미 파악이 필요하다.

셋째, 학생들에게 선택권을 부여한다. 그동안 교사는 학생에게 단 하나의 평가 유형만 제공하였다. 하지만 그것이 공평하지 않을 수 있음을 깨달아야 한다. 학생들의 수행 방법에 대한 선호를 파악하고 각자의 이해에 대한 표현이 가장 잘 드러날 수 있는 방법을 선택할 수 있도록 해야 한다. 이 때 학생이 선택하는 평가의 유형에 상관없이 핵심기준(성취기준)을 포함하는 채점기준에 따라 평가가 이루어져야 한다. 내용 목표에 따른 평가기준만이 평가의 대상이 되어야 한다.

넷째, 빨리, 자주 피드백을 제공한다. 평가는 많은 정보를 잘 외우고 있는지가 중요한 것이 아니다. 배움을 촉진시키고 도와주는 역할로써의 평가에서 피드백은 더 나은 수행을 할 수 있도록 돕는다. 적기의 피드백을 통해 어떤 점을 잘 이해하고 있는지, 무엇을 하지 않았는지를 알려 주고 학생이 스스로 수정할 수 있도록 해야 한다. 이를 위해 빠르고 지속적인 것과 더불어 구체적이며 학생의 언어로 표현되어야 한다. 이를 통해 정교화하거나 수정, 연습하여 재도전할 수 있는 기반이 마련되어야 한다.

2-2-2. 평가 방법

평가 방법은 학습하는 내용에 따라 달라진다. 이해를 위한 기초지식과 기능을 학습한다면 일반적으로 전통적인 평가방법이 유용하고 효율적이다. 하지만 내용에 대한 이해가 깊어질수록 보다 자세하고 복잡한 평가 방법이 필요하다.

'나를 다스리는 자가 내 인생도 끌어간다.'라는 빅아이디어에 대한 이해의 증거는 무엇이 될 수 있을까? 우선 나를 다스리기 위해서는 나의 감정을 살펴볼 필요가 있다. 감정의 다양한 종류와 감정 표현의 올바른 방법은 선택형, 서답형 평가로도 알아볼 수 있다. 그러나 선택형, 서답형 평가에 올바른 답을 했다고 해서 '나를 다스린다.'는 의미를 알고 있는지는 알 수 없다.

학생들이 좀 더 깊이 알고 할 수 있어야 하는 것을 이해했는지 알기 위해서는 다른 방식의 평가 방법이 필요하다. 예를 들어 자신의 감정을 표현하고 나 자신의 특징과 연결하여 글과 그림 등으로 표현하는 것이다. 글과 그림으로 표현한다는 것은 자신의 생각을 타인에게 설명하는 것이고 이는 지식에 대한 핵심이 무엇인지 알고 정리될 때 가능한 방식이다.

그렇다면 좀 더 깊은 본질을 이해하고 있는지는 어떻게 알 수 있을까? 즉 자신의 생각을 개념과 연결 지어 설명할 수 있는 것과 삶 속에서 실천할 수 있는 것은 다른 문제일 수 있다. 좋은 글을 쓸 수 있다고 꼭 그렇게 사는 것은 아니기 때문이다. 지식의 본질을 이해하고 전이되고 있는지는 평가지가 아니라 과제의 형식이 적합하다. 자신의 지적, 신체적, 심리적 특성을 드러낼 수 있고 관찰할 수 있는 좀 더 장기적이고 현실생활의 문제를 해결하는 과정이 포함되어야 한다.

교육과정의 목표가 잘 달성되었는지를 알아보기 위해서는 평가의 유형도 다양하며 평가 목적에 따라 방법도 달라진다. 일반적으로 교육과정 목표를 위해 제공된 평가 유형과 증거 사이의 일반적 관계는 아래와 같다.

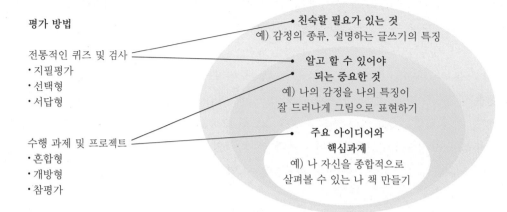

평가 방법	친숙할 필요가 있는 것

평가 방법

전통적인 퀴즈 및 검사
• 지필평가
• 선택형
• 서답형

수행 과제 및 프로젝트
• 혼합형
• 개방형
• 참평가

친숙할 필요가 있는 것
예) 감정의 종류, 설명하는 글쓰기의 특징

알고 할 수 있어야 되는 중요한 것
예) 나의 감정을 나의 특징이 잘 드러나게 그림으로 표현하기

주요 아이디어와 핵심과제
예) 나 자신을 종합적으로 살펴볼 수 있는 나 책 만들기

교육과정 목표를 위해 제공된 평가 유형과 증거 사이의 일반적 관계

2-2-3. 루브릭

루브릭이란 어떤 준거에 의해서 '이해의 수행'을 평가할 것인가를 보여주는 도구이다. 중요한 준거(평가 준거)나 항목에 대해서 수행 기대 수준(질적 수준)을 단계적으로 설명(평가 전략)하여 제시한 것을 말한다. 평가준거는 수행과제의 기준에 연계 되도록 작성한다. 주어진 과제에서 성취도를 결정하기 위해 교사가 확인해야 하는 반응이나 결과물, 또는 수행과정의 구체적인 특징을 기술해 놓은 것이다. 이는 고정된 측정의 비율과 각 단계의 특징을 기술하는 것으로 구성된, 준거에 기초한 안내된 점수 매기기이다. 이는 평가결과의 질, 능숙도, 다양한 평가의 연속체 사이에서 이해의 정도를 기술한다. 만약 평가가 예/아니오나 도달/미도달과 같은 결과를 필요로 한다면 꼭 루브릭의 형태만을 고집할 필요가 없다.

① 루브릭의 유형

일반적으로 루브릭의 유형은 총체적 루브릭, 분석적 루브릭, 종적 루브릭, 공통 루브릭, 공통 루브릭, 과제 특수 루브릭으로 나뉜다. 우리가 학교 현장에서 주로 사용하는 3단계, 4단계 평가 루브릭은 총체적 루브릭이다. 총체적 루브릭은 전반적인 인상을 기준으로 평가하고 있기 때문에 효율적이고 쉽게 구안할 수 있다. 그러나 특징과 영역을 구분하여 평가하지 않기 때문에 피드백이 구체성이 떨어질 수 있다는 단점이 있다. 따라서 평가의 목적에 따라 적절한 방식의 루브릭을 제작하여 사용할 필요성이 있다.

루브릭 유형과 특징

유 형	특 징
총체적 루브릭	• 총괄적인 인상 제공 • 단일한 점수 산출, 결과나 수행의 등급에 대한 일관된 평가
분석적 루브릭	• 각각의 특징, 차원으로 나누어 평가 • 분리된 점수 제공 • 독립적으로 확인된 특징 평가
종적 루브릭	• 최종 수행 목표로 향하는 연속 발달선상의 주요 기준점을 나타냄 • 연속적이며 고정된 미션 관련 성장 표현 • 기대되는 성취로 나아가는 진보 기록
공통 루브릭	• 학년 수준, 학교, 지역교육청 안에서 일관되게 사용할 수 있는 양식의 평가
과제특수적 루브릭	• 특정 목표에 해당하는 수행과제를 중심으로 서술 • 평가 준거는 특정 과제에 집중

② 루브릭의 역할

루브릭은 자기 평가 및 목표 설정을 위한 도구로 쓰인다. 학생들 스스로 자신이 현재 어느 수준에 있는지를 확인할 수 있으며 이를 통해 앞으로 어떻게 개선해 나가야 하는지에 대한 지침을 제시한다. 이는 다른 학생들과의 상대적인 비교를 위한 것이 아니라 준거에 비추어 스스로가 어느 정도 수준에 있는지를 파악할 때 사용된다.

또한 교육과정과 평가 설계에 도움을 준다. 루브릭에 제시된 수행 준거는 평가의 종류를 결정하기도 한다. 또 수행 기준은 학생들의 수행이 얼마나 잘 성취되었는지를 평가하고 보고하는 근거로 사용된다.

제시된 루브릭에 따라 수행기준으로 만들어진 구체적 예시를 앵커라고 부른다. 이는 수행기준의 모범적이며 전형적인 작품 기준을 의미한다. 보이지 않는 것을 보이게 하는 구체적인 역할을 하며 이는 학생, 학부모, 교사에게 공개되면서 평가의 정보를 제공하기도 하고 학생 지도의 기초로 활용되기도 하고 평가 체계의 정착을 돕는다. 무엇보다 평가의 일관성을 유지할 수 있다는 장점이 있다.

③ 루브릭의 설계

학생의 활동에 기초한 루브릭의 설계와 정교화 단계는 다음과 같다. 루브릭은 평가 준거이다. 따라서 타당도와 신뢰도가 필수적이다. 백워드 설계에서 평가도구와 준거의 타당도는 증거의 의미에 대한 관심을 가지는 것이다. 엄밀히 말하자면 타당도를 높이기 위한 규칙이나 특정한 방법은 없다. 다만 교사의 사려 깊은 판단과 오류에 대한 주의가 필요하다. 평가하고자 하는 것을 평가하는가라는 질문을 염두에 두는 것이다. 루브릭은 쉽게 순위와 점수를 매기는 것이 아니라 이해를 판단하기 위한 올바른 준거를 확보하는 것이다. 따라서 글쓰기, 파워포인트, 그림의 완성도 등 결과물의 완성도를 증거로 이해를 판단하는 오류를 점검해야 한다. 따라서 루브릭의 설계와 정교화 단계는 오랜 기간 수집된 자료와 동료교사들과의 논의, 수정이 반복되는 과정이다. 이러한 수정과 반복, 동료교사와의 논의는 평가의 신뢰도를 높이는 방안이기도 하다.

단계1: 학생들의 수행의 예 수집
단계2: 학생들의 활동을 대략적으로 가르고, 가른 이유 제시
단계3: 그 이유를 수행의 특징이나 중요한 차원으로 묶음
단계4: 각 특징의 정의를 가치중립적으로 기술
단계5: 각 특징에 대한 각 점수를 설명하는 학생들의 수행 사례 선정(앵커)
단계6: 지속적으로 추가 정련하기

[5학년 사례]
〈1주제: 내 삶의 주인공은 나야 나!〉 수행과제 및 수행 평가 계획

수행과제 1 '나'책 만들기 루브릭

교과 (영역)	단원명	성취기준	평가 내용 및 방법	성취수준					
				잘함		보통		노력요함	
국어 (쓰기)	5. 대상의 특성을 살려	적절한 방법을 사용하여 대상의 특징이 드러나게 글을 쓴다.	'나'책 설명하는 글	대상의 특징에 적합한 설명 방법을 예를 들어 설명할 수 있다.		대상의 특징에 적합한 설명 방법을 부분적으로 설명할 수 있다.		대상의 특징에 대한 설명 방법은 찾지 못하나 대상의 특징을 부분적으로 설명할 수 있다.	
				교사	학생	교사	학생	교사	학생
미술 (체험)	1. 미술로 만나는 새로운 세계	대상이나 현상에서 시각적 특징을 찾을 수 있다.	'나'책 표현 방법	대상을 새로운 시각에서 자세히 관찰하고, 새롭게 발견한 대상의 특징을 구체적으로 기록함		대상을 새로운 시각에서 관찰하고, 새롭게 발견한 대상의 특징을 기록함		대상을 새로운 시각에서 관찰하기 어려우며, 새롭게 발견한 대상의 특징을 제한적으로 기록함	
				교사	학생	교사	학생	교사	학생

교과 (영역)	단원명	성취기준	평가 내용 및 방법	성취수준					
				잘함		보통		노력요함	
창체	다모임 학년규칙 만들기		규칙 만들기 토의과정 관찰	친구들과 토의하여 학년 규칙만들기에 적극적으로 참여하고 자신의 생각을 잘 발표함		친구들과 토의하여 학년 규칙만들기에 참여하고 자신의 생각을 발표함		친구들과 토의하여 학년 규칙만들기에 소극적으로 참여하고 자신의 생각을 잘 발표하지 못함	
				교사	학생	교사	학생	교사	학생

◈ 그 밖의 이해의 증거

- 시간사용법의 인물 등을 소개하는 글쓰기(국어)
- 나 자신을 다양한 방법으로 표현하기(미술)
- 시화 꾸미기(국어, 미술)
- 우리국토의 특징 학습지 해결하기(사회)
- 50M 달리기(체육)

◈ 자기평가 및 반성

- 학생들은 자신들의 학교생활을 반성하고 체크리스트를 통해 스스로 평가할 수 있을 것이다.
- 학생들은 학습자로서 자신의 성장과 배움에 대하여 반성하는 짧은 글쓰기를 할 것이다.

백워드 설계에서는 수업과 평가가 분리될 수 없다. 교과 통합을 통해 학생들이 '이해'에 도달했는지를 확인하기 위한 증거는 수행과제를 통해 수집된다. 그러나 수행과제를 실행하기 위한 다양한 기능과 지식, 혹은 수행과제와 직접적인 연관이 없지만 필요한 것은 그 밖의 증거를 통해 이루어진다. 이때 교사들은 지필, 포트폴리오, 실기 등 다양한 형식으로 평가를 진행하며 수업 전반에 걸쳐 수시로 평가를 시행한다.

이는 Eisner(1979)가 제시한 교육목표인 행동목표, 문제해결 목표, 표현적 결과를 전반적으로 평가할 수 있도록 평가방법을 다양화하는 것이다. 또한 이 교육목표에 대한 평가는 교육과정 계획 및 개발 과정의 최종 단계로서 행해지는 것이 아니라 그 모든 과정 전반에 널리 퍼져있는 활동이라는 가정과 맥을 같이 한다.

Eisner는 타일러의 행동목표에 기반하여 개발된 행동목표에 관한 평가는 정답이 정해져 있는 것이 문제라고 비판하며 문제해결 목표와 표현적 결과가 포함되어야 한다고 하였다. 이러한 의미에서 백워드 설계의 평가는 수행과제, 그 밖의 이해 증거, 자기평가 및 반성을 포함하여 다양하게 이루어진다.

우선 수행과제는 학생들의 일상생활의 문제해결을 통해 자신의 생각을 다양한 방법으로 표현하도록 개발된다. 즉 문제해결 목표에 관한 평가 방법이다. 다음으로 목표로 설정되어 있지 않지만 활동 도중이나 끝난 후에 교육적으로 바람직한 어떤 것을 표현할 수 있는 표현적 결과를 나타낼 수 있도록 자기 성찰과 반성을 담는 평가 도구가 포함된다. 마지막으로 그 밖의 이해 증거는 학생들이 기본적으로 습득해야 할 지식, 기능 등을 평가하는 행동목표에 대한 평가 도구라고 할 수 있다.

이 모든 과정을 가능하게 하는 것이 교육적 감식안과 교육비평이다. 교육적 감식안은 학생들의 성취 사이에 미묘한 차이를 감식할 수 있는 능력이며 교육비평은 교사가 인지한 미묘한 차이를 학생과 학부모들이 이해할 수 있도록 설명할 수 있는 것을 말한다. 따라서 평가 피드백은 행동목표, 문제해결 목표, 표현적 결과가 포함될 수 있도록 구성하여 제공할 수 있다.

통합단원을 마친 후 학생들에게 제공되는 평가 통지 양식의 예이다.

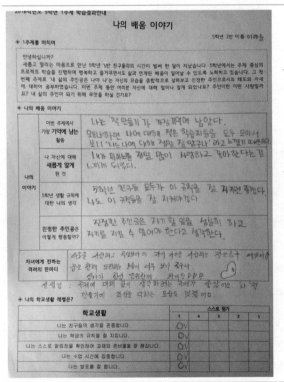

→ 주제설명, 핵심질문을 제시함

→ 목표로 설정되어 있지 않지만 활동 도중이나 끝난 후에 교육적으로 바람직한 어떤 것을 표현할 수 있는 표현적 결과를 담은 자기 성찰을 씀

→ 학부모의 격려와 교사가 학생의 성취를 판단하고 그에 대한 설명을 담음

→ 수행과제를 스스로 점검할 수 있도록 자기평가를 제시하고 교사의 평가를 붉은 색으로 표시하여 제시함

Ⅲ 설계 3단계: 학습경험과 수업 계획

2단계에서 설계된 과제를 제대로 수행하기 위해 그에 알맞은 수업방법, 경험, 학습 자료를 조직하는 단계이다. 이때 교육과정 설계자로서 교사는 무엇보다도 편하고 친숙한 기법에 안주하려는 유혹을 뿌리쳐야 한다. 힘들고 고된 작업이 되겠지만 3단계에서 설계하는 수업방법과 경험, 학습 자료는 1,2 단계에서 확인된 바라는 결과 및 수용 가능한 증거와 일관성을 가져야 한다. 즉 수행 목표에 비춰 어떻게 수업 시간을 사용하는 것이 가장 효과적인지, 바라는 결과에 비춰 학생들이 무엇을 해야 하는지를 고민해야 한다(강현석, 이지은, 2016). 이 때 짜임새 있는 경험을 조직하기 위해 WHERETO를 활용한다.

이것을 적절하게 활용하는 방법은 W에서 O까지의 단계를 하나씩 채워나가는 것이 아니라 전체적인 학습활동을 계획하고 난 후 그 안에 각 요소가 들어있는지를 확인하는 것이다. 수행과제를 잘 이행하기 위해 필요한 학습경험들을 떠올리고 그것들을 점검할 때에 WHERETO를 활용한다. WHERETO의 간단한 설명은 다음과 같다.

학습활동(Learning Activities)		
학생들이 바라는 결과를 성취할 수 있도록 하는 학습경험과 수업은 무엇인가? 어떻게 설계할 것인가?		
단계	의미	점검
W(Where, why)	학생들에게 단원이 어디로 나아가고 있고, 왜 그런지를 이해시켜라.	학습계획은 학생들이 학습할 내용, 기대하는 것, 평가 방법 등을 명확하게 제시하였는가? 진단평가를 통해 학생들이 가지고 있는 오개념과 예측할 수 있는 수행을 점검하기 위해 초기에 활용되었는가?
H(Hook, hold)	도입에서 학생들의 동기를 유발하고 관심을 계속 유지시켜라.	학습 계획은 학생들을 적극적으로 참여시키기 위해 명확하게 설계되었는가?
E(Explore, equip)	학생들이 중요한 개념을 경험하고 주제를 탐구하도록 준비하라.	학습자들이 주요 개념의 이해에 꼭 필요한 경험, 정보, 수행에 필요한 기능을 갖추도록 설계되었는가?
R(Reflect, rethink, revise)	학생들에게 주요 아이디어를 재고하고, 과정 속에서 반성하고 활동을 교정하기 위한 많은 기회를 제공하라.	학생들에게 그들의 이해를 재고하고 그들의 수행에 대한 피드백과 안내를 기반으로 수정할 수 있는 기회를 제공하였는가?
E(Evaluate)	학생들에게 과정과 자기평가의 기회를 제공하라.	개별적, 집단적 향상에 대한 평가를 통해 학생들에게 피드백과 안내를 제공하였는가?
T(Tailor)	개인적인 재능, 흥미, 필요를 반영할 수 있도록 설계하라.	학습은 다양한 학습자들의 흥미, 스타일을 고려하여 내용, 과정, 산출물 등을 개별화하였는가?
O(Organize)	진정한 이해를 최적화하기 위하여 조직하라.	학습활동의 순서는 학생의 매력성과 효과성을 최대화하기 위해 조직되었는가?

(출처: 강현석, 이지은 저, 『백워드 설계의 이론과 실천: 교실혁명』, 학지사, 2016.08.30)

CHAPTER 3. 이해를 바탕으로 한 교육과정 설계를 어떻게 하지?___73

주	차시	교과	단원	주요 학습활동	학습자료	평가계획	WHERETO
2주	1	국어	4. 작품에 대한 생각	• 주제 1 안내 – 수행과제 1 안내 • 나는 어떤 사람인가? – 나의 뇌구조 그리기 → 진단활동 ⇨ 나책 • 주인은 어떤 사람인가? 주인과 손님은 어떤 차이가 있는가? – 모둠별 토의하기	뇌구조 학습지	▶ 수행과제 안내→진단활동	W, H
	2	국어, 미술	4. 작품에 대한 생각 1. 미술로 만나는 새로운 세계	• 나 로봇 그리기 – 나를 대신할 로봇을 만든다면 어떤 로봇이면 좋겠는가? ⇨ 나책 – 어떤 기능이 있으면 좋겠는가? 나의 특징을 어떻게 나타낼 것인가?	a4 용지	⇒ 수행평가	H, E1
	3-5	사회	1. 살기 좋은 우리 국토	• 나대신 생활할 로봇에게 우리나라의 위치와 영역을 학습시킬 학습자료 만들기 ⇨ 나책	ppt, 학습지 배움공책,		E1
	6	도덕	2. 감정, 내 안의 소중한 친구	• 나의 감정에 대한 단어 알아보기			E1
	7	국어	4. 작품에 대한 생각	• **온작품 읽기 사전 활동 – '시간 사용법' 안내, 소개하기, 내용 상상해보기** • 내가 좋아하는 문학작품 소개하기 – 시화 꾸미기 ⇨ 나 책	학습지		H, E1
	8-10	체육	1. 건강 체력을 기르며 튼튼하게	〈신체 배움 진단활동〉→ **진단활동** • 달리기, 공 주고받기, 줄넘기		→ 진단활동	E1
	11-12	창체	**학교폭력예방 교육**	• 우리 학급의 주인은 누구인가? – 학급 이름 정하기, 학급 규칙 정하기			E1
	13-14	미술	1. 미술로 만나는 새로운 세계	• 우리 학급의 주인 – 생활목표 문자그림으로 나타내기			E1
3주	15-16	국어	4. 작품에 대한 생각 5. 대상의 특성을 살려	• 온작품 읽기 – 시간사용법 (1부 읽기): 한명씩 돌아가며 읽기 → **진단활동** • 나의 경험과 비교하기 – 나는 언제 시간을 돌리고 싶었는가? • 나의 삶과 주인공의 삶 비교하기			E1
	17-18	사회	1. 살기 좋은 우리 국토	• 나대신 생활할 로봇에게 우리나라의 자연적 특성(예–기후, 지형 등)과 그 변화 알 수 있는 학습자료 만들기 ⇨ 나책	ppt, 학습지 배움공책,		E1
	19-20	국어	4. 작품에 대한 생각 5. 대상의 특성을 살려	• 온작품 읽기 – 시간사용법(2부 읽기.158쪽): 모둠에서 돌아가며 읽기 • 나를 소개하는 글쓰기 사전교육 – 작품 속 인물 비교 분석하기, 작품 속 인물 한명을 정해서 인물의 특징을 소개하는 글쓰기 ⇨ 나 책에	시간 사용법 책, 배움공책,		E1, E2
	21	도덕	2. 감정, 내 안의 소중한 친구	• 사건–생각–감정의 연결고리 알아보기			E1
	22-23	창체	학년 다모임	• 학년 규칙 정하기 ⇨ 나 책	전지, 포스트 잇, 스티커	⇒ 수행평가	E2
	24-25	미술	1. 미술로 만나는 새로운 세계	• 키스해링처럼 나에 대해 표현하기, 버킷리스트 그리기 ⇨ 나 책		⇒ 수행평가	E2

주	차시	교과	단원	주요 학습활동	학습자료	평가계획	WHERETO
4주	26-27	사회	1. 살기 좋은 우리 국토	• 나대신 로봇에게 우리나라의 자연환경을 여러방법으로 학습시킬 학습자료 만들기 ⇨ 나 책	ppt, 학습지 배움공책, 교과서		E1
	28-29	국어	5. 대상의 특성을 살려	• 적절한 방법을 사용하여 대상의 특징이 드러나게 글 쓰는 방법 알기 – 분류와 분석/비교와 대조의 방법으로 설명하는 방법 알기 • '나'로 설명방법 연습하기 • 적절한 방법을 사용하여 인물 비교하여 특징이 드러나게 글 쓰기 ⇨ 나 책	ppt, 학습지 배움공책, 교과서	⇒ 수행평가	T, E2
	30	창체	독서교육	온작품 읽기 – 읽기활동 보충			E1
	31-32	국어	4. 작품에 대한 생각 5. 대상의 특성을 살려	• 읽기 전 활동 – 이어질 내용 상상하기 – ⇨나 책 – 나 라면 어떻게 할까? 모둠친구와 이야기 나누고 연극 짜기 • 상상한 내용으로 모둠별 연극하기	학습지 배움공책,		E1, R
	33	사회	1. 살기 좋은 우리 국토	• 우리나라의 국토의 중요성 알기 – 왜 우리나라 국토에 대해서 잘 알아야 할까? • 우리나라의 국토의 주인은 누구인가? 주인은 어떤 사람인가? 언제부터 우리는 주인이었는가? • 우리나라 국토에 대한 퀴즈 – 주인이라면 얼마나 알고 있어야 할까?			E1, R
	34-35	미술	1. 미술로 만나는 새로운 세계	• 사진으로 '나' 나타내기 ⇨ 나 책	ppt, 학습지, 카메라	사진 인화	E1
	36	도덕	2. 감정, 내 안의 소중한 친구	• 감정은 조절해야 하는가? • 감정 조절 방법 알아보기			R
5주	37-38	국어	4. 작품에 대한 생각 5. 대상의 특성을 살려	• 온작품 읽기 – 시간 사용법 (3부 읽기): 각자 읽기 • 나라면 어떻게 했을지 이야기 나누기 • 좋은 구절 찾기 – 시간사용법 소개하는 짧은 글 쓰기 ⇨ 나 책	학습지 배움공책		E2, R
	39-41	사회	1. 살기 좋은 우리 국토	• 나대신 로봇에게 우리나라의 인구 분포알기, 인구분포의 특성과 문제점 학습시킬 학습자료 만들기 ⇨나 책	학습지		E1
	42-43	사회 국어	1. 살기 좋은 우리 국토 5. 대상의 특성을 살려	• 변화하는 우리국토 – 인구분포의 변화, 교통통신의 발달에 다른 국토의 변화 알기 – 국어와 통합: 인구분포 비교, 분석하여 설명하기, 교통통신의 발달의 전후 비교하여 설명하기	학습지		E1
	44-45	체육	1. 건강 체력을 기르며 튼튼하게	〈신체 배움 진단활동〉 → 진단활동 • 게임하기(보드게임) → 진단활동			E1
	46-47	창체 사회	1. 살기 좋은 우리 국토, 정보통신교육	• 1주제 정리, 평가하기 • 우리 국토의 특징을 설명하는 자료 만들기, 나 책 완성하기 ⇨ 나 책		나책 전시하기	E2
	48	도덕	2. 감정, 내 안의 소중한 친구	• 나는 감정의 주인인가?		토론	R,E2

본 수업 계획은 내 삶의 주인공은 나야 나! 라는 주제로 "나를 다스리는 자가 내 인생도 이끌어 간다. 내 인생의 주인이 되면 행복하다."라는 빅아이디어를 이해하는 것을 목표로 하는 단원이다.

이를 위해 설계된 수업은 나는 어떤 사람인가? 라는 질문(W)을 통해 목표를 확인하며 시작된다. 나의 뇌구조를 그리고 현재 자신의 관심과 생각을 표현하는 것으로 동기유발(H)을 한다. 다음으로 나를 탐색하는 '나' 책을 만드는 수행과제가 제시된다. 이 과제는 '나를 다스리는 자가 내 인생도 이끌어 간다'라는 빅아이디어를 탐구하도록 돕기 위해(E1) 고안된 방안이다. 학생들은 이 과제를 수행하기 위해 내가 좋아하는 문학작품 소개하기, 시간 사용법이라는 책의 주인공을 소개하며 자신과 비교하기, 사진으로 나 표현하기 등의 학습활동(E1)이 진행된다. 이렇게 자신에 대해 탐색하며 감정을 조절의 의미와 방법을 탐색한다. 이 과정에서 학생들은 자신을 탐색하고 성찰하기 위한 다양한 방법을 학습한다(R). 이때 감정을 조절하는 방법, 소개하는 글을 쓰는 방법, 자신의 특성을 표현하는 방법을 학습할 수 있도록 다양한 자원을 활용(T)하고 평가할 수 있도록(E2) 안내한다.

이 모든 활동은 학생들이 바라는 결과를 성취할 수 있도록 세밀하게 조직되었다(O). 학습의 조직(O)은 효과적인 학습을 위한 요소로 필수적이지만 실제 설계된 템플릿에서 겉으로 드러나지 않고 과정 전반에 반영된다.

권점례(2017). 2015 개정교육과정에 따른 초·중학교 교과간 연계·융합 교육적용방안 연구. 한국교육과정평가원.

교육부(2016). 2015개정교육과정 총론 해설. 교육부.

김경자, 온정덕, 이경진(2017). 역량함양을 위한 교육과정 설계: 이해를 위한 수업. 서울: 교육아카데미.

정영근(2016). 2015 개정교육과정에 따른 성취기준 코딩 체계 구축을 통한 교과 간 연계·융합 강화 연구. 한국교육과정평가원.

Robert J.Marzano(2012). Questioning sequences in the classroom. 정혜승, 정선영(공역)(2017). (학생 탐구 중심 수업과)질문 연속체. 서울: 사회평론아카데미.

최영선(2014). 교육과정 중심의 학교교육을 통해 교육의 질적 수준 제고. 행복한 교육.

Fogarty, R. (1998). How to integrate the the curricula. 구자억, 구원회(공역)(2009). 교사를 위한 교육과정 통합의 방법. 서울: 원미사.

Helbowitsh, P. S.(2005). Designing the school curriculum; 강현석, 박영무, 이원희, 박창언, 유제순, 이자현(공역)(2006). 학교교육과정 설계론의 새 지평. 서울: 아카데미프레스.

Jurij V. Karpov, Yuriy V. Karpov(2005). The neo-Vygotskian approach to child development. 실천교육교사번역팀(2017). 교사와 부모를 위한 비고츠키 교육학. 서울: 살림터.

Olivia, P.F.(2009). Developing the curriculum; 강현석, 이원희, 유제순, 신영수, 이윤복, 전호재(공역)(2014). 최신 교육과정 개발론. 서울: 학지사.

Susan M. Drake(2004). Meeting standards through integrated curriculum. 박영무(역). 통합교육과정. 서울: 원미사.

Tomlinson, T. A. & McTighe, J. (2006). Integrating differentiated instruction & Understanding by design: Connecting content and kids; 김경자, 온정덕, 장수빈(공역)(2013). 맞춤형 수업과 이해중심 교육과정의 통합. 서울: 학지사.

Wiggins, G. & McTighe, J. (2005). Understanding by design: Expanded 2nd Edition; 강현석, 이원희, 허영식, 이자현, 유제순, 최윤경(공역)(2008). 거꾸로 생각하는 교육과정 개발: 교과에 대한 진정한 이해를 목적으로. 서울: 학지사.

Wiggins, G. & McTighe, J.(2007). Schooling by Design: Mission, Action, and Achievement; 강현석, 허영식, 유제순, 온정덕, 이지은, 정수경(공역)(2015). 백워드로 시작하는 창의적인 학교교육과정 설계. 서울: 학지사.

PART 3
수업이 삶을 만나다

수업은 단지 학생에게만 좋아야 할 뿐 아니라 교사에게도 좋아야 한다는 점을 강조하고자 합니다. 교사들도 행복감을 느끼고 건강을 유지하며 지속적인 평생 학습의 기회를 가질 수 있어야 합니다.

- 힐베르트 마이어 - '좋은 수업이란 무엇인가' 중에서

수업을 예측한다는 것은 불가능하다. 수업 상황은 복잡하고 다양한 변수가 존재하기 때문이다. 이러한 변수와 복잡성으로 인해 교사들은 수업 중 끊임없이 고민한다. 학생들은 수업 내용을 이해하는가? 수업 내용을 전달하는 방법이 적절한가? 수업 시간의 안배는 적절한가? 수업에 집중하지 못하는 학생 혹은 더딘 학생은 어떻게 도와줄 것인지 고려한다.

많은 변수는 수업의 의도를 잊게 만든다. 따라서 때때로 수업은 방향을 잃고 학생들은 수업에 몰입하지 못하게 된다. 이는 교사가 수업을 방해하게 되는 상황이다. 교사는 질문을 요령 있게 하지 못하거나 참을성 있게 기다리지 못하고 시간 배분에도 서투를 수 있다. 그런 것은 경험을 통해서 교정될 수 있다. 그러나 교사가 명료하게 사고할 능력이 없거나 기분에 좌우되고 또는 불공정한 성적 평가를 통해서 수업을 곤란에 빠뜨린다면 문제는 심각하다(Meyer, 2004).

백워드 설계는 많은 변수와 복잡성에도 불구하고 학생들의 이해를 목적으로 수업을 구조화하려는 노력을 하는 교육과정 설계방식이다. 따라서 백워드 설계를 위해서는 안락한 교수 습관을 버려야 한다. 왜냐하면 우리가 추구하는 이해의 수행과 결과를 얻기 위해서는 정말로 많은 교사의 숙고가 필요하기 때문이다.

이렇게 백워드로 설계하여 수업을 실행하며 느끼게 된 장점은 다음과 같다.

첫째, 교육과정을 중심에 두고 단원 설계를 할 수 있다. 백워드 설계 방식의 3단계를 따르다보면 교과서에서 벗어나 핵심개념, 일반화된 지식, 성취기준을 염두에 두고 가르칠 것을 계획하고 설계하게 된다. 이처럼 교과서 진도를 따라가는 교과서 중심의 수업에서 벗어나 교육과정 중심의 수업으로 나아갈 수 있다.

둘째, 빅아이디어 중심의 목표설정은 교과의 성취기준만을 달성하려는 교사의 협소한 시각을 학년 목표, 학교 목표까지 이어지는 확장된 목표 의식을 갖게 해 준다. 차시 수업목표에 집중했던 교사의 시각을 단원 전체의 전이 목표까지 계획하고 수업하는 것으로 넓힐 수 있다. 이는 교육과정과 교육철학까지 고민하게 만듦으로써 교사의 전문성 신장에도 기여한다.

셋째, 교육과정 설계를 사전에 꼼꼼하고 세밀하게 교사가 직접 구성함으로써 수

업의 질이 높아진다. 또 사전에 학생들이 가지게 될 오개념, 실패의 요인들을 점검함으로써 목표 도달을 쉽게 할 수 있도록 도와준다. 백워드 설계를 바탕으로 한 재구성 수업을 하다보면 '백워드(backword)'란 용어에 대해 다시 생각하게 된다. 아이들과 수행과제를 해결하다 보면 여러 어려운 난관에 부딪히거나 방향을 못 잡고 헤맬 때가 있다. 그럴 때마다 막힌 곳으로 다시 돌아가(backword) 다시 문제점을 찾아 해결할 수 있다. 그런 과정을 거치다 보면 어느새 우리는 수행과제를 해결하고 우리가 목표했던 지점에 다다르게 된다. 목표를 분명히 하고 철저하고 세밀하게 단원을 설계하기 때문에 백워드 설계는 이런 백워드 피드백 과정을 용이하게 한다.

넷째, 교육과정－수업－평가의 일관성을 유지할 수 있다. 교육과정－수업, 교육과정－평가, 수업－평가 등 세 가지의 요소 중 두 가지도 일관성을 갖는 것이 쉽지 않았다. 학생들이 어떤 것을 왜 배워야 하는지를 생각해 빅아이디어를 만들고 이것을 달성하기 위한 수행과제를 설계하고, 그 수행과제를 위한 수업계획을 생각하는 과정에서 이미 일관성이 생긴다. 또한 학교비전을 생각하고 이에 따른 각 학년의 미션은 단위학교에서의 전체적인 일관성을 주어 학교비전 달성의 가능성을 높여준다.

다섯째, 학습경험을 조직하는 것보다 평가 설계를 앞서 하면서 배운 내용을 평가할 수 있게 된다. 빅아이디어 도달을 위한 수행과제 선정을 먼저 하기에 이를 통해 수업계획의 일관성을 유지할 수 있다. 수업계획에 고민이 되는 때에는 확실한 기준이 마련되어 있기에 흔들리지 않는 계획을 할 수 있다. 또한 배운 내용을 직접 평가하거나 그것을 활용하여야만 더 깊은 이해를 평가할 수 있기에 배움에 대한 필요성과 이유가 더 분명해진다.

여섯째, 현재 내가 어느 단계에 있는지 확인하면서 교육과정을 운영할 수 있다. 교육과정 설계를 하다보면 일정한 순서 없이 전체를 설계하게 되어 어려움을 겪는 경우가 많다. 이럴 때 각 단계에 따라 설계하고 이를 이용해 수업을 진행해 나가면 내가 지금 어디에 서 있는지 전체적인 맥락을 확인할 수 있다. 따라서 전체 교육과정을 운영하는 동안 길을 잃지 않는다.

일곱째, 평가나 질문을 학생들과 함께 공유한다. 평가는 교사들이 몰래 숨겨두었다가 아이들이 잘 알아서 쟁취해야 하는 것이 아니다. 평가의 궁극의 목표는 줄 세우기가 아닌 학습에 대한 지원이 되어야 한다. 백워드 설계에서는 수행과제를 학생들에게 알리고 공유한다. 이를 통해 학생들도 자신이 배우고 있는 내용과 의미에 대해 더 가까이 다가갈 수 있다.

여덟째, 수행과제 중심의 수업은 아이들의 참여와 집중을 높여준다. 수행과제를 해결해가는 것이 수업이고 평가이기 때문에 교사 중심, 교과서 중심의 수업이 될 수 없다. 때문에 아이들은 자연스럽게 과제에 집중하게 되고 힘든 해결과정을 통해 성취감을 얻는 경험을 많이 할 수 있다.

우리는 각자의 수업 속에서 백워드 설계를 실천했다. 많은 사람들은 백워드 설계를 통한 수업이 다른 수업과 다를 바가 없다고 말한다. 심지어 우리가 실천한 수업을 보며 이 수업은 백워드가 아니라고 말하기도 했다. 아이들이 수업을 즐거워한다는 이유였다. 백워드 설계는 교육과정 설계를 위해 교사들이 오랜 시간 진지한 과정을 거치지만 실제 수업은 삶과 연계한 실생활의 문제해결로 이루어진다. '이해'는 삶과 분리되어 일어나기 어렵기 때문이다. 그래서 우리는 백워드 방식으로 수업을 설계하기 위해 세심하고 깊이 있게 숙고하였지만 수업에서는 늘 열린 마음으로 임한다. 학교 상황과 학생들의 요구는 시시각각 변하기 때문이다. 우리는 교육과정을 설계하고 실행하면서 수업 시간에 학생들은 몰입하고 성취감을 느끼는 것을 관찰하였고 수업을 하는 교사가 성장하는 경험을 했다.

04
적응도 재미도 그리고 배움까지!
일학년도 할 수 있어요.[1]

"어디로 가고 있는가? 그곳에 도달하기 위해 오늘 무엇을 했는가?"

- 토머스 헨리 헉슬리 -

I 아무리 1학년이어도

작년에 이어 일학년을 맡게 되었다. 이를 알게 된 동료들 뿐 아니라 친구, 가족들도 모두 같은 반응이었다.

"왜?"

"1학년 하는 게 성격에 맞나봐?"

그냥 웃어넘기기도 하고 싱거운 소리로 답을 하곤 했지만 '2년씩 같은 학년을 해야지'라는 처음의 포부에서 비롯되기도 했다. 또 솔직히 작년의 경험이 있으니 조금 수월한 1년을 보낼 수 있지 않나 하는 심정도 없지 않았다. 물론, 그 답은 '내가 아직도 8살을 모르는구나'로 대신하려고 한다.

학교생활을 전혀 모르는 아이들, 아직도 어리기만 한 8살, 그래서 다 해줘야 하는 1학년, 관심을 많이 가진 학부모 등 이와 같은 어려움으로 1학년을 기피하는 것이 현실이다. 게다가 작년부터 늘어난 한글교육, 안전한 생활의 도입, 교과서 교체 등 2015 개정 교육과정의 직격탄을 맞는 학년이기도 했다.

1학년의 주를 이루고 있는 통합교과의 경우 대부분의 내용이 만들고 노는 것이다. 그리고 색칠하고 오리고 만들고 노래 부르는 반복이 과연 아이들은 재미있을까?

---

1 사례에 나오는 아이들의 글은 쓴 그대로를 살려두어 맞춤법에 맞지 않을 수도 있습니다.

라는 의문이 들었다. 오히려 그게 반복되면 지겨워지지 않을까 라는 생각도 들었다.

아이들은 재미있는 수업을 원한다. 하지만 중요한 건 교사도 역시 재미도 있는 수업을 하고 싶다는 것이다. 그럴 때마다 내가 선택하게 되었던 것은 아이들이 좋아하는 캐릭터나 뭔가 신선하게 느껴지는 영상자료가 다였다.

그런데 언젠가부터 '이게 진짜 애들한테 의미가 있나?'라는 생각을 가지게 되었다. 그러다 아주 우연하게 졸업한 녀석의 말을 듣고 마음을 고쳐먹게 되었다.

"중학교 재밌냐? 수업이 어렵지?"

"좀 어렵기도 한데 그냥 그래요. 선생님이 영상 보여줄 때가 제일 좋아요."

"왜?"

"그냥 아무 생각 없이 있어도 되잖아요. 좀 신기하기도 하고. 뭐 물어보지 않고. 그래서 그냥 편해요."

"작년에도 그랬어?"

"네. 지식채널 볼 때가 제일 좋았어요."

"재미있어서?"

"재미있는 것도 있고 없는 것도 있었는데 그냥 아무 생각 없이 있어도 되고 시간도 잘 가잖아요."

학교생활도 성실하게 하고 나와의 상호작용도 좋게 느껴졌던 녀석인데 그 녀석이 저렇게 말하는 걸 듣고 적지 않은 충격을 받게 되었다. 그 때부터인지는 몰라도 그래서 교육과정에서 의미를 찾고 싶었다. 재미라는 것이 개그와 자극으로만 만들어지는 게 아니라고 생각하기 때문이다.

이런 이유와 1학년이라고 그냥 재미있는 좋은 자료들을 찾아서 사용하고 가끔은 자료를 애써 만들어서 수업을 하는 것이 과연 의미가 있을까? 라는 의문이 들었다. 아무리 1학년이라도 말이다. 게다가 교육과정 재구성의 경험을 이미 해 보았기에 교과서의 내용을 그대로 받아들이면서 하는 것이 썩 달갑지 않게 느껴졌던 것이 사실이었다.

그래서 백워드 설계에 빠지게 되었다.

어쩌면 조금 더 고차원적인 사고를 할 수 있는 고학년에 더 맞다고도 할 수 있을 것이다. 하지만 1학년을 백워드 설계로 교육과정을 설계하고 살아보니 1학년이기에 더 적절할 것 같다는 생각이 강해지고 있다.

1. 학교비전

슬기롭게 생각하고 바르게 행동하는 어린이

2. 학년 미션

≫ 주변에 관심을 가지고 자신을 표현하는 1학년

　선정 이유: 통합교과의 주제는 모두 직접적으로 학생들을 둘러싸고 있는 환경이다. 시간의 흐름에 따른 계절과 학교, 가족, 이웃, 나라로 범위가 확대되는 것들이 그것이다. 성취기준은 각 통합주제에 의해 강력하게 만들어져 있다. 각각의 주제를 경험하고 그 경험을 통해 다양한 생각을 표현하거나 그것을 활용한 놀이가 대부분이다. 그 이유를 생각해보았을 때 학생들이 살면서 가장 친숙한 것을 그 주제로 삼았을 것이라는 생각이 들었다. 따라서 자신에게 주어진 경험들에 비교적 세심하게 다가서고 그것을 통해 자신을 표현하는 1년을 만들고자 한다. 의도적으로 조직된 직접적 경험들이 학생들의 사고를 보다 다양하고 활발하게 만들어줬으면 한다. 또 자신이 느낀 것을 어떤 형태로든 표현할 줄 아는 1년을 보냈으면 하는 마음이 크다.

3. 단원명

우리는 가족입니다

4. 빅아이디어

≫ 나는 가족이랑 살고 있어요.

　가족이라는 너무 쉽고 당연한 주제의 빅아이디어를 설정하는 것이 쉽지가 않았다. 그래서 '가족이 뭐지?'라는 가장 근본적인 질문에서 시작했다. 8살 아이들에게 가족은 모르는 존재가 아니다. 그런데 과연 그들에게 가족은 어떤 의미로 다가오는지 궁금했다. 가족에 대해 아는 것은 살아오면서 자연스럽게 경험한 느낌이 전부일 것이다. 그래서 가장 본질적인 의미부터 생각해보기로 했다.

1학년을 가르치는데 이렇게 근본적인 질문이 필요할까 할 수도 있다. 게다가 아이들이 학교에 오는 것을 즐거워하고 아이들이 좋아하는 다양한 경험을 제공하면 충분하다고 생각할 수도 있다. 하지만 단순히 가족이라는 (혹은 다른 것들도) 주제를 가지고 만들고, 오리고, 놀고, 느끼는 등의 활동들이 단원을 마칠 때 학생들에게 어떤 의미를 만들어 줄 수 있을지는 의문이었다.

아이들은 가족에 대해 어떤 생각을 가지고 있을까? 막연하게 나와 같이 살고 있는 정도로만 생각하는 것 같다. 그래서 가족에 대한 직간접적인 경험을 통해 그 의미를 정교하게 만들어가기를 바란다. 가령 주말마다 오시는 외할머니는 나의 가족인가에 대한 질문에도 자신만의 답을 찾아 가길 바란다.

가족의 관계를 알고 그 안에서 내가 살아가고 있음을 알아차릴 수 있도록 하는 활동들을 계획했다. 이를 통해 '나'라는 존재가 가족 구성원과의 관계를 유지하면서 살아간다는 것을 이해했으면 한다. 다양한 경험 안에서 학생들이 빅아이디어에 접근하고 가족에 대한 자신만의 의미를 발견해 가길 바란다.

5. 핵심질문

》 어떤 가족이 있나요?

가족은 어떤 의미인가요?

핵심질문의 역할: 두 가지의 핵심질문을 통해 학생들은 지속적으로 자신의 가족을 돌아보게 될 것이다. 나를 둘러싸고 있는 가족의 모습, 역할, 가족과 함께 겪었던 일들을 돌아보며 자신에게 가족이 어떤 의미로 다가오는지 생각해볼 수 있는 시간을 많이 가진다. 이를 통해 자신에게 가족이 어떤 존재인지 생각해보는 기회를 주고 싶다. 이 두 가지 질문이 지속적으로 교육과정을 운영해 나가는 데 중심적인 역할을 할 것이다.

6. 관련 교과

교과	핵심개념	일반화된 지식	단원명	성취기준
통합 (여름)	가족과 친척	사람들은 가족과 친척의 관계 속에서 살아간다.	우리는 가족입니다.	바03-01 가족 및 친척 간에 지켜야 할 예절을 실천한다. 슬03-01 우리 가족의 특징을 조사하여 소개한다. 즐03-01 가족 구성원이 하는 역할을 고려하여 고마운 마음을 작품으로 표현한다. 슬03-02 나와 가족, 친척의 관계를 알고 친척과 함께 하는 행사나 활동을 조사한다. 즐03-02 가족이나 친척이 함께 한 일을 다양한 방법으로 표현한다.

교과	핵심개념	일반화된 지식	단원명	성취기준
국어	읽기-읽기의 과정	독자는 배경지식을 활용하며 읽기 목적과 상황, 글 유형에 따라 적절한 읽기 방법을 활용하여 능동적으로 글을 읽는다.	1. 바른 자세로 읽고 쓰기 8. 소리 내어 또박또박 읽어요.	읽기[2국02-01] 글자, 낱말, 문장을 소리 내어 읽는다. 쓰기[2국03-01] 글자를 바르게 쓴다. 문학[2국05-01] 느낌과 분위기를 살려 그림책, 시나 노래, 짧은 이야기를 들려주거나 듣는다. 문법[2국04-04] 글자, 낱말, 문장을 관심 있게 살펴보고 흥미를 가진다.
	읽기-읽기의 태도	읽기의 가치를 인식하고 자발적 읽기를 생활화할 때 읽기를 효과적으로 수행할 수 있다.		

7. 학습 주제표

우리는 가족입니다. 시기: 5월 4주 ~ 6월 4주

빅아이디어	나는 가족이랑 살고 있어요.

필요성	8살 아이들에게 가장 가까운 사회인 **가족을 자세히 관찰해보고 이것을 다른 사람들에게 소개하는 것이 이번 주제의 핵심이다. 누구에게나 가족이 있으며 지금의 나를 만들어준 이들 역시 가족임을 이해할 수 있도록 한다. 나의 가족의 모습을 설명할 수 있으며 다른 친구들이 가족을 어떻게 설명하는지를 듣는다. 그리고 나의 가족과 비슷하고 다른 점이 무엇인지 생각해볼 수 있도록 한다. 이를 통해 나에게는 가족이 어떤 의미로 다가오는지 생각해보며 그 소중함에 대해 생각해볼 수 있는 기회를 만들고자 한다.** 또한 함께 사는 가족을 넘어 친인척을 포함한 넓은 의미의 '우리 가족'을 다룬다. 다른 친구들의 가족의 모습을 통해 모든 가족은 동등하게 소중하다는 것을 일깨웠으면 하는 마음이 있다. 자신의 가족을 자세히 관찰하고, 조사하고 이를 통해 알게 되는 것들을 정리하는 것을 수업의 주된 활동으로 삼고 이를 모아 정리하는 자료를 만든다.

전이 목표	가족의 소중함을 알고 살아간다. 나의 삶에서 가족의 의미를 생각한다.	생각 거리	어떤 가족이 있나요? 가족은 어떤 의미인가요?

지식	가정예절, 가족의 특징, 가족 친척의 관계, 가족 행사, 가족에 대한 마음 표현, 가족 활동 및 행사 표현	기능	되돌아보기, 내면화하기, 관찰하기, 무리짓기, 조사하기, 관계망그리기, 놀이하기, 표현하기
	소리 내어 읽기, 띄어읽기, 읽기에 대한 흥미		맥락 이해하기, 몰입하기, 내용확인하기, 독서 경험 공유하기

교과 (차시) 성취 기준	국어 (21)	읽기[2국02-01] 글자, 낱말, 문장을 소리 내어 읽는다. 쓰기[2국03-01] 글자를 바르게 쓴다. 문법[2국04-04] 글자, 낱말, 문장을 관심 있게 살펴보고 흥미를 가진다. 읽기[2국02-02] 문장과 글을 알맞게 띄어 읽는다. 문법[2국04-03] 문장에 따라 알맞은 문장 부호를 사용한다.
	가족 (40)	바03-01 가족 및 친척 간에 지켜야 할 예절을 실천한다. 슬03-01 우리 가족의 특징을 조사하여 소개한다. 즐03-01 가족 구성원이 하는 역할을 고려하여 고마운 마음을 작품으로 표현한다. 슬03-02 나와 가족, 친척의 관계를 알고 친척과 함께 하는 행사나 활동을 조사한다. 즐03-02 가족이나 친척이 함께 한 일을 다양한 방법으로 표현한다.
합계	61차시	

<수행과제>

○○신문

가족에 대해 이야기를 나누고 나의 가족 구성원들을 소개하는 자료를 신문의 형태로 만듭니다. 가족에 대해 보다 관심을 가지고 그것을 다른 친구들에게 설명할 수 있는 자료를 만듭니다. 나와 함께 살고 있는 가족과 더불어 사촌이나 할머니, 할아버지도 가족으로 인식하고 그 분들까지 소개할 수 있는 자료를 만듭니다.

40차시	가족	가족이란 • 다양한 형태의 가족 • 가족과 관련된 책 읽기 • 노래 부르기 • 가족 간의 예절	
		나의 가족 알기 • 가족 구성원의 특징 • 가족의 호칭 • 이름 알기 • 가족 달력 만들기	
		가족의 소중함 • 책 읽기 (감자 좀 달라고요, 당나귀 실베스타와 작은 조약돌) • 고마운 마음 전하기 (타임캡슐, 종이접기)	
		가족 소개하기 • 가족 구성원의 특징 • 가족 그리기–평범한 날, 행복한 날, 슬픈 날 • 가족신문 만들기 ★수행과제★	
21차시	국어	8. 소리 내어 또박또박 읽어요	• 문장부호의 의미 알기 • 소리 내어 책 읽기 (가족은 꼬옥 안아 주는 거야, 하늘이네 커다란 식탁, 빨간 줄무늬 바지, 감자 좀 달라고요, 당나귀 실베스타와 작은 조약돌, 사랑해 사랑해 사랑해) • 또박 또박 읽기
		6. 받침이 있는 글자	• 받침 글자 놀이 • 가족과 관련된 낱말 쓰기 • 많이 읽기

<평가기준>

교과	평가내용	도달	미도달
통합 (여름)	가족을 소개하는 자료 만들기	수업시간에 활동한 것을 모아 가이드라인에 맞게 가족을 소개하는 자료를 완성함	수업시간에 활동한 자료를 잃어버리거나 적절히 활용하지 않고 자료를 완성함
통합 (여름)	가족을 소개하기	자료의 내용 중 3가지 이상을 소개함	자료의 내용 중 2가지 이하를 소개함
통합 (여름)	가족의 의미 생각하기	자신만의 경험을 살려 질문에 대답함	대답을 어려워 함
국어	글자를 또박또박 읽기	자신의 자료를 또박또박 읽어 친구들에게 소개함	자신의 자료를 제대로 읽지 못함
국어	글자를 정확하게 쓰기	받침이 있는 글자를 정확하게 씀	받침이 있는 글자를 정확하게 쓰지 못함

〈수행과제 이외의 평가〉

교과	영역	성취기준	평가 내용	방법	시기
국어	읽기	글을 또박또박 소리 내어 읽을 수 있다.	소리 내어 읽기	관찰	지속
국어	쓰기	글자를 바르게 쓴다.	획순에 맞게 정확하게 글자쓰기	개별 관찰	지속

〈지도계획〉

차시	교과	공부할 내용	확인
	국어 6, 8단원	• 수행과제 중 관찰평가 • 매일 꾸준히 연습	

주제계획표 이야기

----

1. 새로운 통합단원이 시작될 때마다 주제계획표를 학생과 학부모에게 공개하고 가정으로 보냅니다. 어떤 내용의 학습을 할 예정이며 평가의 내용과 방법은 어떠한지에 대해 공지하는 역할을 합니다. 학생들에게는 우리가 이번 주제를 통해 나아가고자 하는 방향인 빅아이디어를 알려줍니다. 1학년 학생들도 읽거나 듣고 이해할 수 있는 수준으로 빅아이디어를 선정합니다.

2. 계획표 상의 '질문거리'는 핵심질문을 말합니다. 학생과 학부모의 이해를 돕기 위해 핵심질문이라는 말 대신 질문거리라는 말로 바꾸어 표현합니다.

3. 주제계획표는 학생들이 어디로 가고 있는지를 알려주는 자료로 활용되며 교사에게 역시 교육과정 운영의 나침반 역할을 해줍니다. 또한 학부모들은 교육과정이 교사의 재량으로 계획 없이 운영되는 것이 아니라 목표를 향해 가는 계획된 과정임을 알게 됩니다.

4. 수업계획은 순서가 아닌 비슷한 맥락의 묶음입니다. 지도내용과 수업에 대한 자세한 설명은 뒤에서 구체적으로 확인할 수 있습니다.

5. 처음 계획이 나갈 때 계획표를 읽을 수 있도록 학부모들에게 용어에 대한 의미를 꼭 안내합니다.

3.안내장의 내용을 파악하실 수 있도록 안내장에 있는 용어들에 대해 설명드리겠습니다.

▶주제명과 재구성 이유가 적혀있습니다. 주제명은 학교는 즐거워, 재구성이유는 그 아래의 설명과 같습니다.

▶빅아이디어 : 주제를 공부하며 아이들이 깨닫기를 바라는 지향점입니다. 전체 수업의 일관성을 잡아주는 아주 중요한 역할을 합니다. 이 빅아이디어를 발견할 수 있도록 평가와 수업이 계획됩니다.

▶학습목표 : 이번 주제를 통해 아이들이 학습했으면 하는 최종적인 목표입니다.

▶생각거리 : 정보를 암기하고 저장하는 것만이 공부는 아니겠지요. 아이들이 교실에서의 활동을 통해 생각할만한 거리들을 질문으로 표현합니다. 이것을 계속해서 생각해보고 자신만의 답을 만들어 내는 것이 수업의 핵심입니다.

▶성취기준 : 재구성은 제가 하고싶은대로 하는 것이 아닙니다. 교육부에서 공시한 교육과정과 시도의 지침에 따라 수업을 구성합니다. 그 중심에 있는 것이 성취기준입니다. 교과서를 만들어 내고 교육과정을 이루는 가장 최상위의 개념이라고 생각하시면 됩니다.

▶수행과제 : 분절적인 교과로 공부하는 것이 아닌 맥락으로 수업을 하게 됩니다. 그에 따라 필요에 따라서는 프로젝트의 형태로 수업하게 됩니다. 이런 수업활동을 평가하는 평가과제로 생각하시면 좋습니다. 수행과제에는 어제 배부해 드린 평가내용의 요소들이 포함됩니다.

▶평가기준 : 수행과제에 따른 평가기준입니다. 그에 따라 도달과 미도달로 교실에서는 구분합니다. 학교의 시스템에 따르면 도달하게 되면 잘함으로 통지되어 나갑니다.

▶수행과제 이외의 평가 : 수행과제 안에 모든 평가영역을 넣기는 어렵습니다. 그에 따라 수행과제에서 담지 못하는 평가를 따로 하게 됩니다.

▶ 예시 : 클래스팅을 통한 안내

6. 수행과제를 통해 모든 성취기준을 평가할 수는 없습니다. 이 때 그 안에서 해결할 수 없는 평가에 대해서는 평가 연속체[2]의 개념으로 다른 평가를 활용합니다. 간단한 지필평가, 교사의 질문과 이에 대한 대답, 또래들과의 대화 내용에 대한 관찰들도 이에 해당합니다.

8. 지도 계획

〈지도 계획〉

차시	교과	공부할 내용	구분
1	가족	주제 열기 – 선생님의 가족을 소개하기	W
2	가족	공부하고 싶은 가족 이야기하기	O
3	가족	가족 주제표 만들기 – 가족하면 떠오르는 모습을 그리기	W
4	가족	가족 신문 보여주기 – 작년에 완성한 가족 신문 보여주기	H
5	가족	다양한 가족의 종류 알기 – 이웃집에는 어떤 가족이 살까? 책	E1
6	가족	나의 가족 알기1 – 나의 가족의 형태 알기	E1
7~8	가족	나의 가족 알기2 – 가족 구성원의 특징 생각하기 (이름 포함), 근사한 우리 가족 책	E1
9~10	가족	가족 소개하는 자료 만들기	E1
11~12	가족	나의 가족 그리기1 – 즐거운 날	R
13~14	가족	나의 가족 알기3 – 가족 달력 만들기	E1,T
15~16	가족	나의 가족 알기4 – 가족의 역할 알기 – 돼지책, 앤서니 브라운, 나의 가족 생각하기	E1,R
17	가족	나의 가족 알기5 – 물고기 가족화	E1,T
18	가족	나의 가족 그리기2 – 평범한 날	R
19	가족	나의 가족 알기6 – 가족의 소중함 알기(가족은 꼬옥 안아 주는 거야)	E1,R
20	가족	나의 가족 알기7 – 가족의 호칭 알기(가족의 가족은 뭐라고 부를까)	E1
21	가족	친척 찾기 공동체 놀이	E1,R
22	가족	가족에게 고마운 마음 전하기 – 종이접기꽃	E1
23	가족	가족 인형 만들기	E1
24	국어	당나귀 실베스타와 요술조약돌1 – 책 읽기(또박또박 읽기 – 선생님이랑)	E1,T
25	국어	당나귀 실베스타와 요술조약돌2 – 책 읽기(또박또박 읽기 – 짝꿍이랑)	E1,T
26	가족	당나귀 실베스타와 요술조약돌3 – 우리 엄마, 아빠라면 생각하기	E1,R
27	가족	당나귀 실베스타와 요술조약돌4 – 바위가 되어보기	E1
28	가족	당나귀 실베스타와 요술조약돌5 – 그림을 보고 이야기 떠올리기	E1
29	가족	당나귀 실베스타와 요술조약돌6 – 나도 실베스타처럼 그런 적이 있나요?	E1,R

---

2 효과적인 평가는 한 장의 스냅사진이 아니라 기념품이나 사진들을 스크랩한 앨범에 가깝다. 수업이 끝난 시점 혹은 단원이 끝난 시점에 하나의 평가지 혹은 테스트로 측정하는 것이 아니라 다양한 방법과 형식을 이용하여 평가의 연속적 범위를 고려하는 것이다(강현석, 이지은, 2016). 평가의 연속체에는 교사들의 비공식적인 질문, 관찰, 대화, 학생의 일지, 자기평가, 동료 평가, 수행과제 등 모든 증거 자료가 포함되며 수업 시간 전체 혹은 단원 전체에 걸쳐 수집되는 것이다.

차시	교과	공부할 내용	구분
30	가족	당나귀 실베스타와 요술조약돌7 – 나에게 요술 조약돌이 있다면	E1,R
31	국어	당나귀 실베스타와 요술조약돌8 – 문장부호	E1
32~33	국어	당나귀 실베스타와 요술조약돌9 – 받침 있는 글자, 받침에 표시하기	E1
34	국어	당나귀 실베스타와 요술조약돌10 – 받침 있는 글자, 받침 있는 글자 써보기	E2
35	국어	당나귀 실베스타와 요술조약돌11 – 받침 있는 글자, 받침 넣기	E1
36	국어	당나귀 실베스타와 요술조약돌12 – 받침 있는 글자 – 짝꿍과 받아쓰기(이야기 책 안에서)	E2,T
37	가족	당나귀 실베스타와 요술조약돌13 – 너희들이 XX이라면	E1
38	국어	당나귀 실베스타와 요술조약돌14 – 또박또박 읽기낭독해보기	E2,T
39	국어	당나귀 실베스타와 요술조약돌15 – 책 읽고 난 후 소감 나누기	E2,R
40	국어	지옥탕 읽기	E1
41	가족	나의 가족과 있었던 나만의 경험 말하기	E1,R
42	국어	만희네집 읽기	E1
43	국어	소감 나누기 – 중요	E1,R
44~45	가족	우리 집 공간 소개하기	E1,R
46	국어	감자 좀 달라고요	E1
47	가족	가족과 있었던 섭섭했던 일 이야기하기	R
48	국어	빨간 줄무늬 바지	E1
49	가족	비슷한 경험 이야기하기	E1,R
50~52	국어	받침 있는 글자 – 만희, 감자, 빨간에서 나오는 낱말, 받침 있는 낱말 배우기	E1
53	가족	가족호칭 수수께끼 만들기	E1
54	가족	가족 책 만들기 – 들으면 기분 좋은 말, 듣기 싫은 말	E1,R
55	가족	우리 가족 우표 만들기	R,T
56	가족	나에게 가족은 ㅁ다.	R,T
57	가족	가족신문 표지 만들기	E1,T
58~59	가족	가족신문 완성하기, 주소쓰기	E2,T
60~61	가족	가족신문 소개하기	E2,T

잠깐!
지도 계획은 꼭 필요한가요?

1. 지도 계획을 작성하면 수업의 전체적인 흐름을 파악하기에 용이하고 그것을 전체적으로 조망할 수 있다는 장점이 있습니다. 각각의 수업 내용들이 빅아이디어를 발견하는 데 알맞은 접근인지 파악하기가 쉽습니다.

2. 그러나 설계 단계에서는 위처럼 자세하게 계획할 수 없습니다. 꼼꼼하게 만들었다고 하더라도 그대로 진행하는 것은 아주 어렵습니다. 그래서 처음에는 성기게나마 계획들을 잡아보고 수업을 진행해 나가면서 구체화시킵니다. 앞에 제시한 것 역시 처음에 계획했던 대강의 계획을 바탕으로 실제 수업이 진행되는 동안 계속해서 수정하여 작성한 최종 결과물입니다. 처음부터 완벽하게 계획을 잡아야 한다는 부담감은 버리되 지도계획은 꼭 필요하므로 계속해서 수정해 나가겠다는 식으로 접근하는 것이 좋습니다.

1. 가족, 어떤 걸 공부하고 싶니? (Where – 방향 제시, Hook – 동기유발)

가족 수업이 시작되었다. 어수선했던 첫 번째 주제 '학교'와 경험이 중요했지만 미세먼지 때문에 많이 불편했던 '봄' 주제가 끝나고 내용적으로나 여건상으로나 비교적 차분하게 주제를 시작할 수 있었다. '가족' 주제를 시작하기 며칠 전 미리 안내를 하고 생각해볼 수 있게 해 보았다. 그냥 가족에 대해 공부하기 보다는 빅아이디어를 미리 제시해주는 게 좋을 것 같아 '나의 가족을 소개하고 소중함 알기'에 대해 공부하고 싶은 내용을 생각해오라고 했다. 봄 주제에서 해봐서였을까? 어떤 걸 공부하고 싶니 물어보니 다양한 의견이 나온다. 갑자기 튀어나온 한명의 아이디어에 아주 조금씩만 변형한 대답이 대부분이긴 하다. 물론 터무니없는 얘기도 있다.

- 가족 그림 그리기
- 사진 가지고 와서 가족 소개하기
- 가족 인형 만들기
- 가족과 있었던 일들로 동시쓰기
- 상자로 집 만들기
- 가족이랑 했던 좋았던 일 얘기하기
- 주말에 있었던 일 얘기하기
- 인형으로 가족놀이 하기
- 가족 책 보기
- 가족 노래 부르기
- 가족이랑 놀러가기
- 가족이랑 캠핑하기
- 가족한테 카드 써서 주기
- 고마운 사람한테 선물을 만들어서 주기

아이들에게 작년 수행과제의 결과물을 보여주었다. 작년 아이들이 만든 가족신문을 보여주니 번쩍 놀란다.

"저거 우리가 만들어요?"

2. 수행과제(Evaluate – 평가, Tailor – 개별화)

❯❯ 가족신문 만들기

수행과제를 '가족신문 만들기'로 정하였다. 이는 가족 수업을 준비하며 어떤 활동을 해보고 싶은지 아이들과 이야기를 나누어 보는 단계에서 한 아이의 의견으로 시작되었다. 가족과 관련 있는 좋은 활동이라고 생각했지만 내가 학교를 다닐 때를 생각해보면 가족신문은 부모들의 숙제쯤으로 생각되었던 모습이 떠올라 이것을 어떻게 적극 활용할 수 있을까 라는 고민이 앞섰다. 무엇보다 가족신문 만들기라는 활동이 한 두 차시로 끝날만한 내용도 아닌 것 같아 고민하던 중 이를 수행과제로 정해보면 어떨까 하는 마음이 들었다. 하지만 두 가지 걱정이 먼저 들었다.

첫 번째 걱정은 가족신문 만들기라는 수행과제가 '나는 가족이랑 살고 있어요'라는 빅아이디어로 연결되는지였다. 백워드 설계에 있어서 수행과제는 빅아이디어를 실현시키기 위한, 즉 학생들이 제대로 이해했는지 확인해볼 수 있는 평가의 척도이다. 그런데 가족사진을 붙이고 그 가족들을 설명하는 활동이 과연 아이들에게 자신의 가족을 타인에게 설명할 만큼 자세한 경험을 줄 수 있을까 라는 질문부터 막혀버리고 말았다. 또 단순히 '이런 걸 예쁘게 만들었어요'와 같은 한 번의 빅이벤트 정도로 끝나버릴 것 같은 생각도 강했다. 보통 가족신문 만들기 활동은 교사가 어떻게 하면 예쁘게 꾸밀 수 있을지를 알려주고 다양한 학습준비물만 제공해 준다. 이런 이유로 이 수행과제가 빅아이디어로 귀결될 수 있을지가 의문이었다.

두 번째 걱정은 '어떻게 가족신문을 만들까?'였다. 나의 학창시절을 떠올려 볼 때 가족신문 만들기가 어려웠던 이유는, 그래서 부모들의 숙제가 되었던 이유는 내용의 구성이 학생들에게 지나치게 어렵다는 점이었다. 커다란 색지를 여러 섹션으로 나누고 각각의 공간을 채워나가는 일이 여간 어려운 일이 아니었다.

고민 끝에 가족신문에 들어갈 내용들을 수업시간에 함께 만들어보기로 하였다. 각각의 수업들을 모아 최종적으로 하나의 결과물로 만들기로 한 것이다. 무엇보다 1학년의 수준에 맞게 모두 같은 내용을 채워 넣기로 결정하였다. 가족소개, 가족행사, 가족과 행복했던 기억, 가족에게 고마운 마음 전하기, 가족과 관련된 책을 읽고 난 후든 생각, 가족 호칭 등과 같은 내용을 수업하고 각각의 수업 결과를 모아 신문으로 구성하기로 하였다. 이는 두 번째 걱정을 말끔히 해결해주었다. 두 번째 걱정이 해결이 되자 자연스럽게 첫 번째 걱정의 해결의 실마리도 조금씩 보이기 시작하였다. 가족을 생각해보고 이야기 나누는 활동을 통해 학생들은 각자 다시 한 번 가족의 모습을 떠올릴 수 있는 시간을 갖기에 충분하였다. 이를 통해 학생들은 자신의 가족의 모습을

가족신문의 틀

가족신문 완성작

조금씩 정교하게 생각해 보는 과정을 가질 수 있을 것 같았다. 또 이 정교함을 통해 가족이 나에게 어떤 의미로 다가오는지를 느끼는 것까지 해볼 수 있을 것 같았다.

세심하고 정교한 질문과 시간이 필요했지만 수행과제를 마치고 난 후 핵심질문에 대한 답을 보며 처음에 했던 걱정이 보다 좋은 배움을 위한 의미 있는 숙의였음을 깨달을 수 있었다.

3. 학생들의 탐구 (Explore – 탐구, Reflect – 반성, 깊이 생각하기)

수행과제의 실행을 위해 아이들에게 최대한 많은 경험을 의미 있게 느끼게 해주려고 했다. 많은 아이들이 교사의 질문에 "몰라요.", "생각이 안나요."와 같은 대답을 하곤 한다. 그럴 때면 맥이 빠지고 어떻게 해야할지 모르는 것이 사실이다. 깊게 생각하는 것이 귀찮아서 그런 경우도 있지만 정말 생각하는 것이 어려워서 그렇게 말하는 경우도 많았다. 그래서 무엇보다 학생들의 경험을 활성화하는 것이 가장 필요했다.

1학년 아이들이라 글을 쓰는 것은 불가능했고 말로 하는 것 역시 구체적으로 이야기하는 것을 어려워했다. 그래서 그림으로 표현하는 경우가 많았다. 처음에는 무턱대고 가족을 그려보았다. 머릿속으로 가족의 모습을 떠올리고 그리는 것이었는데 대부분의 아이들이 아래와 같은 그림이었다. 굳이 설명을 듣지 않으면 가족이 아닐 수도 있을 것 같은 사람들의 모음이 대부분이었다. 무엇보다 가족의 존재만을 표현하였다. "조금 더 자세하게 그려봐"라는 교사의 무책임한 말에는 "이게 다 한 건데요? 생각이 안나요."와 같이 더 무책임한 대답이 돌아오기 마련이었다.

아이들이 그린 초반의 가족 그림

그래서 교실에서 몇 가지 단서를 제공하고 그를 통해 학생들의 사고를 불러일으키고자 하는 수업을 많이 계획했다. 그 단서의 대부분은 그림책이었다. 책의 내용이 가족과 관련되었거나 서사의 중심에 가족과 함께 한 것을 선택하였다.

나의 가족을 소개해보기로 하고 나의 가족들의 특징을 생각해보기로 했다. '너희 가족의 특징이 뭐야?'라고 물으면 대부분의 아이들이 대답하기 어려워하였다. 특징이라는 말을 제대로 이해하지 못하고 있을뿐더러 자세하게 생각하는 것을 어려워했다.

그래서 작년에는 앤서니 브라운의 '우리엄마', '우리아빠'를 활용하여 수업을 했었는데 생각보다 다양한 생각이 나오지는 못했다. 단순히 책에 있는 내용을 반복할 뿐이었다. 그렇다 보니 자기 가족의 특징을 생각했다고 보기에는 어려운 점이 많았다. 그래서 올해는 로랑 모로의 '근사한 우리가족'을 활용해 보았다. 가족들의 대표적인 특징을 생각하고 그것에 맞게 동물로 생각해보는 활동이었다. 애들이 동물을 워낙 좋아하기도 해서 다양한 생각을 하기에는 좋았다. 그래도 특징을 떠올리는 것이 먼저이기에 특징을 생각해보고 그것에 맞는 동물을 찾아보기로 했다. 아이들은 자기 가족의 특징을 떠올리고 그것에 맞는 동물을 잘 찾았다. 엄마는 부지런하다-개미, 아빠는 잠을 많이 잔다-나무늘보, 동생은 귀엽다-강아지와 같은 식이었다. 그러던 중 한 녀석이 난관에 부딪혔다.

"우리 엄마는 설거지를 잘해요. 근데 이거 동물 뭐 있어요?"
사실 나도 잘 생각이 나지 않았다. 그런데 그걸 듣던 한 녀석이 말한다.
"고양이요. 우리집에 고양이 키우는데 엄청 깨끗해요. 그래서 똥도 한 번 싸고 그걸 안치우면 거기에 똥을 안 싸요."
"우리 형아는 공부를 잘해요. 똑똑해. 똑똑한 동물은 뭐가 있어요?"
"누가 있을까?"
"까치요. 예전에 어디서 봤는데 까치는 엄청 똑똑해요."

근사한 우리가족
(출처: 로랑 모로 저, 박정연 역,
로그 프레스, 2014.11.11)

가족을 동물로 표현하기

또 재미있었던 수업은 손지희의 '지옥탕'을 읽고 난 날이었다. 엄마와 함께 목욕탕을 간 주인공이 힘들고 괴로운 마음에 목욕탕을 지옥탕이라고 부르지만 결국 개운하게 씻고 나온다는 그런 이야기였다. 책을 읽고 난 후 자기만 알고 있는 가족들과의 경험을 이야기해보기로 하였다. 하지만 아이들은 여전히 생각이 나지 않는다거나 자기도 엄마랑 목욕탕에 갔었다 정도의 이야기와 똑같은 내용을 얘기하였다. 그래서 교사의 경험을 말해주었다.

"선생님이 어렸을 때 엄마가 김을 구워주다가 불이 난적이 있어."

자기들 하고 싶은 얘기를 다 해대기는 하지만 과장되게 하는 이야기에 쉽게 몰입하였다. 이야기가 끝나자 여기저기서 손을 들기 시작했다.

그날 아이들은 자신만이 가지고 있던 가족과 있었던 일을 정말 신나게 얘기하였다.

"나는 엄마랑 밤에, 아빠 몰래 라면을 끓여 먹은 적이 있어."

"나는 킥보드를 타다가 넘어졌는데 피가 정말 많이 났어. 그런데 아빠가 괜찮다고 말해가지고 집에 가서 메디폼을 붙였어. 그래서 여기 이렇게 상처가 있어."

"나는 시간이 나면 아빠랑 엄마랑 능내공원에 가서 킥보드도 타고 자전거도 타고 그래. 그리고 집에 가다가 짜장면 먹어."

"나는 이모네 교회에서 노는데 재미있어.

물론 끝까지 생각이 안 난다며 눈물을 보이는 녀석도 있었다.

가족의 역할에 대해 이야기해보는 날이었다. 그 날의 수업일기를 소개한다.

》 우리집

돼지책을 읽었습니다. 어둑어둑한 피곳부인이 등장하는 배경과 밥을 먹고 늘어져 있는 피곳 씨와 그 두 아들의 그림을 보면서 화를 내기도 하는 걸 보면 이야기는 제대로 읽은 것 같습니다.

돼지책의 피곳 부인과 가족들을 생각하며 우리집 이야기를 해보았습니다.

"우리집은 엄마가 집안일을 다해요. 그리고 제가 조금 도와줘요. 아빠는 게임해요."

"어? 우리집도. 우리집도 아빠 게임해."

"아냐. 그거 다 일하는 거야."

"아냐. 일 안하고 게임해. 유튜브도 보고."

지들끼리 이리저리 말하는데 웃기기도 했습니다. 중요한 건 애들은 다 알고 있습니다.

"저는 그래서 조금 도와줘요."

거의 모든 애들이 자기도 집안일을 한다고 말을 하네요.

"뭘 하는데?"

"빨래도 이렇게 걷어요."

"내 책상을 청소해요."

"빨래를 접어요."

"엄마가 이거 서랍에 넣으라고 하면 그걸 넣어요."

한 녀석의 말이 재밌습니다.

"우리 집은 집안일 다 해야 되요. 아빠는 설거지하면 저는 방 정리하고 밑에 동생은 저랑 같이 정리해요. 그거 하고 나면 아빠랑 청소도 해요. 안 그러면 엄마가 힘들어서 안 돼요. 아기들 봐야 돼서요."

2018.5.25 클래스팅에 쓴 글

얼마 전 쌍둥이 동생이 막 태어난 녀석의 이야기였다. 그 녀석의 특수한 상황은 본인만 알고 있는 것이다. 아이들은 이렇게 책이나 다른 사람의 이야기를 통해 자신의 경험을 정교화해 가고 있었다.

함께 책을 읽고 나서는 꼭 감상을 얘기해보도록 하였다. 자신의 경험을 연결시켜 얘기해보도록 안내했는데 여러 책을 읽으면 읽을수록 감상의 깊이가 깊어짐을 느낄 수 있었다.

---

① 돼지책을 읽고. 5살 때는 엄마말을 잘 듯지 안았는대 이재는 엄마 말을 잘 듣는 것 갓다. 엄마를 도와주기로 했다. 아빠도 도와주기로 했다.

② 빨간 줄무늬 바지를 읽고. 오빠가 이제 옷이 짝아서 주었는데 그게 기어났다.

③ 당나귀 실베스타와 요술조약돌을 읽고. 요즘에 오빠랑 싸워서 얼굴에 흉터가 날까봐 엄마께서 걱정하세요. 한 번 싸우면 계속 싸워서 정신이 없어요. 그래서 오빠와 사이좋게 지내려면 어떻게 해야할지 고민 중이에요.

④ 만희네 집을 읽고. 만희네 집을 보니 친할머니 집 앞문이 생각ㄴ자요. 집 앞문이 똑같태요. 집을 보니 시골이 생각나서요. 친할머니 집이 2층 집이어서요. 할머니가 보고싶퍼요. 할머니 집에 꽃들도 봐도 생각나요.

⑤ 가족의 가족을 뭐라고 부르지? 를 읽고. 사촌의 호칭이 모두 나와있어서 이제 형아들을 어떻게 부르는지 알았어요.

누구나 그렇겠지만 1학년은 무엇보다 직접 경험하는 것이 가장 좋다. 가족에 대한 직접적인 경험은 매일 하고 있다. 하지만 그것은 배움을 위한 의미 있는 경험이라기보다는 자연스러운 삶의 일부분이다. 그래서 학부모와 아이들에게 서로를 직접 경험해볼 수 있는 기회를 주었다. 대부분 가족들과의 대화가 주를 이루었다. 알림장으로 가끔 숙제를 내주었고 그것을 아이들과 이야기하는 것이 다였다. 가끔 내용을 정리해서 보내주는 것들도 있었다.

- 가족끼리 섭섭했던 점 이야기해보기
- 내가 가족들을 걱정시켰던 적이 있는지 가족들에게 들어보기
- 가족 행사 알아오기
- 집에 가서 가족들 한 번씩 꼬옥 안아주기
- 신문의 내용을 가족들에게 소개하기
- 가족에게 학교에서 읽은 책 읽어주기

축제와 준비물
5월 12일 - 엄마·아빠 결혼기념일

· 3월 5일 - 서윤 생일
4월 25일 - 엄마 생일
8월 11일 - 4언이 생일
12월 26일 - 아빠 생일
10월 19일 - 외할아버지 제사
9월 13일 - 외할머시 생신

학교에서: 1월 23일 - 한마버지 생신
가정에서: 10월 18일 - 0할머니 생신

월	일	요일	선생님	보호자 확인

5월 31일 목요일
1. 4교시
2. 가족행사날짜만들기
3. 아이들편으로 가족의 1년행사를 보내주세요.(가족의 생일, 명절, 제사, 입학식, 졸업식, 결혼식 등)

5/8 어버이날

1/4 오빠 생일   7/2 학빠 생일
1/28 레선이 생일   0/8 (음여) 외할아버 생신
3/5 엄마 생일   11/10 복 노할머 생신
2/20 (음영) 외할아버지 생신   12/4 할머니 생신   12/25 크리스마스
어린이날 5/5   19.2.15. 3B바 초등학교 졸업식

가족행사표 알아오기

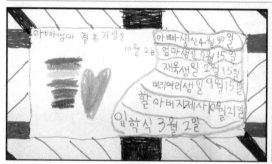

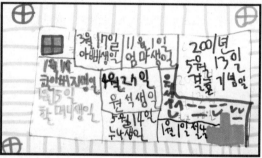

가족행사표 만들기

<당나귀 실베스타와 요술 조약돌>을 함께 읽고

1. 당나귀 실베스타와 요술 조약돌 이야기를 어른들께 말해주세요. 아이들이 잘 말해주었으면 보호자께서는 칭찬의 말을 적어주세요.

서진이가 들려주는 이야기 최고~♡
아빠, 엄마에게도 서진이는 실베스타처럼 귀하고 무엇보다 소중한 아들이란다
아빠, 엄마, 서진이, 서윤이 서로에게 소중한 가족이 되자꾸나

2. 당나귀 실베스타처럼 가족들을 걱정시킨 일이 있나요? 아이들에게 이야기 해주시고 짧게나마 적어주시면 수업시간에 활용하도록 하겠습니다.

서진이 엄마 배속에서 아지서머 혼자였던 많은 걱정을 했었어. 엄마가 5개월때 수두에 걸려 상황겪었고 할머니께서 밥써줘서 엄마 덕과 났었고, 서진이가 태어날 때까지 모두다 마음 졸이면서

3. 성장하면서, 서진이가 용머 되고, 태어난 순간 엄마도 울고 아빠도 울고 할머니도 할머너까지 우리가족들 기쁨의 눈물을 흘리었단다.
맑은 기쁨과 사랑을 받으며 태어난 우리 딸.
건강하게 예쁘게 자라줘서 고맙고, 사랑한다 서진아.

<당나귀 실베스타와 요술 조약돌>을 함께 읽고

1. 당나귀 실베스타와 요술 조약돌 이야기를 어른들께 말해주세요. 아이들이 잘 말해주었으면 보호자께서는 칭찬의 말을 적어주세요.

" 당나귀 실베스타하나 요술 조약돌 이야기를
실감나게 상황을 잘 살려주어 재미있게
들었습니다.

" 엄마 욕심이 구나요. 선생님 같지지!
재밌게 재미있는 이야기를 들려주면 좋겠지!
고마워!"

2. 당나귀 실베스타처럼 가족들을 걱정시킨 일이 있나요? 아이들에게 이야기 해주시고 짧게나마 적어주시면 수업시간에 활용하도록 하겠습니다.

4살 때 놀이터에서 놀던 설이가 보이지 않아
하늘를 하라도 슈퍼 사두오에 "4세 남아 커셨너 찾습니다
라는 방송을 요청했습니다 정말 색까도 연락지려서
집에 데려다가 지민이 아까도 설가 지자집에서
받었다고 했어요. 피자집을 갔어가 너무
태러도 오장이 갔다고 했어요 정말 설이가
타성끄게 있었어요. 가족들 걱정끼려 했었는데

3. 설이 엄마아을 보면서 울면서 놀고 있었답니다. ㅠㅠ

<당나귀 실베스타와 요술 조약돌>을 함께 읽고

1. 당나귀 실베스타와 요술 조약돌 이야기를 어른들께 말해주세요. 아이들이 잘 말해주었으면 보호자께서는 칭찬의 말을 적어주세요.

참 신기한 조약돌이네 윤희가 자세히
재미있게 이야기 해주어서 즐거웠다

2. 당나귀 실베스타처럼 가족들을 걱정시킨 일이 있나요? 아이들에게 이야기 해주시고 짧게나마 적어주시면 수업시간에 활용하도록 하겠습니다.

참이아 놀이터에서 놀다가 시소에 부딪여
코뼈 눈위가 찢어져 응급실에서 꼬맸습니다.
피가 많이 나서 우리 가족 무척 놀라하다
올라가 제재생개서 아쁜 걸 상처를 볼 때 마다 가슴을 안타까워고
있음이다.   이자 내눈 눈을 감고 하는 울혼
엄마가로   약속하였습니다

놀이터에서 놀겠다고 나갔다가 한참이 되어도 돌아오지 않아서 엄마가 찾아보니까 놀이터에 xx이가 없었어요. 동네를 몇 바퀴 돌아도 안 보였어요. 다시 집으로 돌아와서 기다려 보아도 xx이가 집에 안 들어와서 엄마는 다시 나가서 아이를 찾았는데도 보이지 않았어요. 알고 보니 7살 동네 동생이랑 아파트 정문 밖에 나갔다는 것을 퇴근 하던 아빠가 찾았답니다. xx이가 "그래서 엄마 울었어?" 라고 물어보는데 엄마는 사실대로 "아니"라고 말해주었답니다.

내가 가족들을 걱정시켰던 일 들어보기

또박 또박 읽어주는 모습이 귀엽고, 이해하기 쉽게 읽어주는 것을 들어보니 신기한 마음이 들기도 하였습니다. 예전에는 아빠, 엄마가 동화책을 읽어주거나 옛날이야기를 들려주었는데 입장이 바뀌어보니 아이의 마음이 어떤지 알게 되었습니다. 이야기를 듣는 동안 궁금하면서 즐거웠습니다. xx이도 더 어릴 땐 아빠엄마가 읽어주는 이야기를 얼마나 좋아했었는지 한동안 잊고 있었네요. 가끔은 책 좀 보라고 하는 것보다 '책을 읽어주기'를 더 많이 해주고 싶어졌어요.

아이가 책을 읽어준 후 학부모의 말

엄마가 나한테 섭섭했던 적이 있다는 걸 처음 알았다. 동생한테만 엄마가 착하게 하고 나한테는 그렇게 안 해가지고 밉다고 한 거였는데 엄마도 그게 섭섭하다고 했다. 안 그런다고 말했다.	운동회 날 다른 애들은 엄마가 왔는데 나는 아무도 안 왔다. 아빠도 안 왔다.

가족끼리 섭섭했던 점 이야기해보고 난 후 아이의 글

 아이들의 생각을 어떻게 알아요?

1학년 아이들은 글자를 능숙하게 읽는 것조차 어려워합니다. 그래서 주로 그림으로 자신의 생각이나 감정을 표현하도록 합니다. 이 때 반드시 아이들에게 그림에 대해 설명할 수 있는 시간을 줍니다. 학급전체에게 설명을 하기도 하고 짝꿍에게 해석을 해주기도 합니다. 교사는 이 때 아이들의 설명을 기억하거나 기록해두어야 합니다. 그림만으로 아이들의 의도를 파악할 수 없습니다. 아이들의 그림은 지나치게 난해하거나 터무니없이 간단하기도 합니다. 하지만 아이들의 설명을 듣고 나면 아이의 생각이 어떻게 정교화되고 있는지를 확인할 수 있습니다.

4. 한글교육(Explore – 탐구)

1학년 교육과정의 가장 큰 특징은 한글교육이다. 한글교육 강화로 인해 차시도 많이 늘어났다. 하지만 이미 읽는 것뿐 아니라 쓸 수 있는 아이도 있고 자신의 이름 정도만 알고 학교에 들어온 아이들도 많다. 그래서 모두에게 의미 있는 한글수업을 하는 것이 필요하다. 그래서 그림책을 많이 활용했다. 개인적으로 아이들이 한글을 자모음절식으로 배운다고 생각하지 않는다. 관심을 가지고 읽을 수 있는 낱말들이 늘어나면서 자연스럽게 읽고 쓸 수 있다는 생각을 한다. 그래서 가족이야기로 한글을 익혀나갔다. 함께 소리 내어 읽기도 하고 짝꿍과 돌아가며 읽기도 하였다. 무엇보다 자기가 하고 싶은 말을 하고 그것을 써보도록 하는 시간을 주었다. 워낙 다양한 수준의 아이들이 함께 생활해서 시끄러운 시간이 많기는 했지만 느리더라도 가족과 관련된 낱말들을 가득 채우며 익히는 시간이었다고 생각한다. 무엇보다 가족에 대한 이야기와 그림을 글자로 써보는 수업을 이어나가다보니 내 생각뿐 아니라 다른 친구들의 말을 통해서 생각할 수 있는 범위가 커지게 되었다. 그러면서 자연스럽게 보다 구체적인 이야기를 나눌 수 있게 되었다.

◎ 글자 알려주세요

2교시였습니다. 부모님들께서 보내주신 가족사진을 이용해서 가족소개 자료를 만드는 수업을 진행했습니다. 사진을 붙이고 자신의 가족들을 보며 호칭, 이름, 특징을 적는 것이었습니다. 모르는 글자를 물어가며 자기들이 쓰고 싶은 것들을 써나가고 있었습니다.

"선생님, '만'자 어떻게 써요?"

이미 구겨진 가족사진 종이를 들고 터벅터벅 걸어 나오던 한 녀석이 저에게 묻습니다.

"응?"

앞 뒤 맥락 없이 자신들이 궁금한 글자를 묻는 대부분의 아이들의 질문이 이렇습니다. 정확한 발음도 못해서 더 알아듣기 어려우면 여간 곤혹스러운 게 아닙니다.

"어떤 '만'자를 쓰고 싶은 건데?"

"'만'자요, '만' 자."

"그러니까 어떨 때 그 '만' 자를 쓰고 싶은 거야?"

"많이 할 때 '만'이요."

아, 그제서야 알아들었습니다.

"어려운 글자인데, 마에 받침에 니은이랑 히읗을 이렇게 같이 쓰면 돼."

알겠다 모르겠다 반응도 없이 그냥 고개를 끄덕이고는 들어갑니다. 다른 아이들도 비슷하게 글자를 물어봅니다. 그러더니 아까 그 녀석이 또 다시 걸어 나옵니다.

"선생님, 담배를 많이 핀다는 어떻게 써요?"

"어?"

"담배 많이 핀다요."

"아 그거?"

종이 위에 '담배를 많이 피운다'를 적어주고 왜 쓰려고 하는 건데를 물으려고 하기도 전에 이미 본인이 원하는 것을 다 얻은 녀석은 자리로 돌아가 버렸습니다.

이번엔 제가 그 녀석 옆으로 가서 물었습니다.

"담배 많이 피운다. 그거 어디에 쓰려고 그러는 건데?"

그랬더니 "여기요, 여기 쓸라고요" 라는 말과 함께 손가락을 따라 가보니 아빠의 특징을 쓰고 있는 옆에 그 문장이 놓여 있었습니다.

2017.6.12 클래스팅에 쓴 글

≫ 받침 있는 글자

"시옷 아니야? 치읓이야?"

"치읓일거 같은데?"

"여기는 디귿인가? 아이 모르겠네."

"시옷이야?"

어제는 받침 있는 글자를 공부하였습니다. 당나귀 실베스터에 나오는 문장을 읽어 주고 비어있는 받침을 적어보는 활동이었는데요, 한 번 다들 읽어주는 소리를 듣고 받아 적어보고는 친구들과 비교하며 알아보았습니다. 그랬더니 의견이 분분합니다. 평소에 많이 사용하는 낱말들은 특별히 생각하지 않아도 되었기에 아마 문장을 받아 적는 것이 생소하기는 했을 것 같습니다.

2017.6.22 클래스팅에 쓴 글

가	자	기		비	가		그	치	는
거	의		아	니	게	어	요	.	
해	가		바	게		비	나	고	
이	어	어	요	.					

받침 있는 글자 공부하기 | 받침 있는 글자 학습지

한글교육은 어떻게 할까요?

2015 개정 교육과정이 들어서면서 2009에서 27차시였던 것이 62차시 이상 한글교육을 하게 되었습니다. 게다가 1학년 1학기에는 45차시 이상을 확보해야만 합니다. 한글교육 강화의 일환으로 차시가 두 배 이상 증가한 것입니다. 한글을 전보다 많은 시간에 가르쳐야 한다는 것은 비슷한 내용의 반복이 그 핵심은 아닐 것입니다. 이런 여건이라면 효율성을 강조해서 빠르고 정확하게만 가르치는 것이 중요하지 않다고 생각합니다. 그래서 자모음 절식보다는 낱말을 통해 한글을 익혀나가는 방식인, 통문자 지도 방법을 선택하였습니다.

또 경험을 비춰보니 후자의 방식이 학생들에게 더 큰 의미로 다가가는 것 같았습니다. 1학년 아이들과 살아가며 재미있었던 일은 개똥벌레라는 노래를 알려주었는데 '아무리 우겨봐도 어쩔 수 없네'는 잘 읽고 심지어 쓰기도 하는데 아이러니하게도 받아쓰기 급수에 나오는 쉬운 낱말은 쓰기 어려워한다는 것입니다.

　　그래서 우리 반 아이들은 위의 사례처럼 필요에 의해 한글을 알아가도록 하고 있습니다. 자신들이 직접 읽었던 책들의 내용에서 친구들과 이야기 나누며 받침을 찾아봅니다. 물론 당나귀의 당과 사탕의 탕의 받침이 ㅇ으로 같다는 것을 깨닫기 위해선 많은 경험이 필요합니다. 하지만 한글교육의 시수가 많이 늘어난 상황에서 효율성보다는 낱말을 통해 흥미를 이어나가면서 자연스럽게 배울 수 있게 하는 것이 필요하다는 입장입니다.

----

5. 핵심질문으로 돌아보기(Reflect – 깊이 생각하기, Tailor – 개별화)

　　가족이라는 주제로 다양한 활동을 계획하고 운영했다. 하지만 이 교육과정은 다양한 활동의 전개가 아닌 빅아이디어를 이루는 평가의 조직과 그 평가를 잘 이루기 위한 수업 계획이 핵심이다. 그래서 교육과정을 운영하는 중간에도 지금 잘 나아가고 있는지를 빅아이디어와 핵심질문을 통해 점검해보았다. 또한 아이들의 활동이 낱낱의 개별적인 체험으로 끝나지 않게 하기 위해 끊임없이 아이들에게 '너에게 가족은 어떤 의미니?, 너는 어떤 가족이니?'를 물어왔다. 수행과제였던 가족신문 만들기 활동을 마지막에 배치하면서 지금까지의 수업들을 총망라할 수 있는 시간을 가졌다. 또한 이번 주제를 관통하는 핵심질문을 다시 한 번 던지고 그 대답을 아이들이 찾아가는 것으로 수업을 마쳤다.

　　앞서 말한 바와 같이 빅아이디어와 핵심질문은 수업의 설계부터 마무리까지 전체를 이끌어주는 역할을 하였다. 1학년 교육과정의 특성상 단지 만들고, 놀고, 그리고 가끔은 쓰는 활동들로 나열되어 있었다. 그런데 그것을 하나의 전제로 묶어내면서 교사와 학생들이 내가 지금 무엇을 하고 있구나를 깨닫게 해주고 길을 잃지 않을 수 있는 경험을 할 수 있었다.

[핵심질문 1] 가족은 어떤 의미인가요?

　➲ 나에게 가족은 ☐☐☐☐다.

　- 내 가족은 행복하다. 집에 돌아오면 가족을 만날 수 있으므로
　- 나에게 가족은 사랑이다. 엄마 아빠가 있을 때 사랑한다고 말하면 안아주니까
　- 내 가족은 나뭇잎이다. 왜냐하면 마음을 깨끗하게 해주니까
　- 나에게 가족은 스피너다. 왜냐하면 스피너가 좋아서
　- 나에게 가족은 이불이다. 가족한태 안기면 이불같이 부드럽다
　- 나에게 가족은 없으면 안 된다. 밥을 못먹는다. 힘이 없다. 돈을 못 쓴다.

- 나에게 가족은 포근하다. 왜냐하면 학교 갔다오면 엄마가 포근하게 반겨주어서
- 우리 가족은 공기다. 공기가 있스면 조은 공기를 숨을 쉴 수 있다. 외냐면 숨을 안시면 숨을 못셔서 죽는다. 그래서 가족은 공기다.
- 나에게 가족은 포근한 뭉게구름이다. 그건 바로 집에 가면 엄마 아빠 품에 안으면 포근한 느낌이 들고 좋으니까.
- 나에게 가족은 좋은 것이다. 왜냐면 가족은 같이 생활하고 같이 놀고 같이 먹고 가족은 행복하게 해줄 때도 있고 가족은 좋은 것이다.
- 나에게 가족은 까마귀다. 왜냐하면 은혜 갚은 까마귀처럼 은혜를 갚는다.
- 나에게 가족은 착하다. 고아원 애들은 엄마 아빠가 안 키운다고 포기했지만 우리 부모님은 포기 하지 않고 끝가지 키워주신다.
- 나에게 가족은 따뜻하다. 왜냐하면 가족을 안으면 땃뜻하니까
- 나에게 가족은 보물이다. 왜냐하면 가족은 소중하면서도 좋은 것이다.
- 나에게 가족은 받침대다. 왜냐하면 내가 넘어질 때 계속 받처주니까
- 나에게 가족은 정답이다. 언제나 내가 모르는 거를 알려준다.
- 나에게 가족은 붙이는 풀이다. 나의 곁에 맨날 붙어 있으니까
- 나에게 가족은 나다. 왜냐면 나한테 가족은 나처럼 하나박에 업으니까

[핵심질문 2] 어떤 가족이 있나요?

완성한 가족신문으로 친구들에게 가족소개하기

6. 대실패 – 길을 잃다

사실 이번 통합단원을 개발하면서 수학의 연산을 가족 내용으로 수업하고자 하였다. 하지만 이것은 다양한 교과를 통합하고자 했던 교사의 욕심이었음을 중간에 깨달았다. 그래서 중간에 과감히 수행과제에서 배제하였다. 아래는 원래 계획했던 두 번째 수행과제다.

<수행과제>

안녕, 우리 + −

[2수01−04] 하나의 수를 두 수로 분해하고 두 수를 하나의 수로 합성하는 활동을 통하여 수 감각을 기른다.
[2수01−05] 덧셈과 뺄셈이 이루어지는 실생활 상황을 통하여 덧셈과 뺄셈의 의미를 이해한다.
[2수01−06] 두 자리 수의 범위에서 덧셈과 뺄셈의 계산 원리를 이해하고 그 계산을 할 수 있다.

수 행	수업시간	정확성을 가장 기본으로, 가능하다면 유창성까지 확보된 연산을 할 수 있도록 합니다.
기 준	정확성, 유창성 연산의 의미 이해	이를 위해 한 권의 공책에 꾸준하게 차시 외의 시간에도 연산을 하려고 합니다. 단순한 계산식 뿐 아니라 실생활의 상황을 통하여 연산의 의미를 알 수 있도록 합니다. 한 권
평가방법	포트폴리오, 교사평가	의 공책에 기록하게 하고 문제해결하게 하여 이를 평가의 근거로 삼습니다.

<지도 계획>

차시	교과	공부할 내용	구분
1		덧셈과 뺄셈 소개	W,H
2		가르기와 모으기	E1
1		덧셈의 의미 알기	E1,R
2		연산	E1,T
2	수학	가족이야기로 만드는 덧셈	E2,T
1		뺄셈의 의미 알기	E1,R
2		연산	E1
2		가족이야기로 만드는 덧셈	E2,T
2		덧셈과 뺄셈평가	E2,T

<평가기준>

교과	영역	도달	미도달
수학	정확한 +, −하기	주어진 연산을 모두 정확하게 함	주어진 연산의 반 이상을 정확하게 하지 못함
	+, −의 의미 알기	그림을 보고 정확한 연산을 떠올려 계산함	그림을 보고 정확한 연산을 떠올리지 못함
		주어진 연산에 해당하는 가족그림을 완성할 수 있음	주어진 연산과 어울리지 않는 가족그림을 완성함

원래 계획은 가족이야기로 9 이내의 순차로 연산을 만들고 그 의미를 알아보는 것이었다. 방법은 나쁘지 않았다. 사탕 2개와 초콜릿 2개가 있으면 모두 몇 개인지 알아보기보다는 나와 언니가 있는 집에 아빠와 삼촌이 오는 상황을 떠올리며 나름 가족의 이야기로 풀어내기도 했다. 또 5가 넘어가는 연산들을 채워내기 위해 아이들은 친척들의 호칭을 사용해야만 했다. 주어진 연산의 의미를 알고 있는지를 그림을 통해 알아볼 수도 있는 유익한 시간도 있었다.

❯ 4로 만들 수 있는 덧셈식

공개수업을 마칠 때 있었던 일입니다. 덧셈식을 가족으로 표현하기 수업을 하였습니다. 아이들이 그린 그림을 하나 보여주었습니다.

"여기에서 찾을 수 있는 덧셈식은 무엇이 있을까요?"

사람이 네 명 그려져 있는 가족그림이었지요. 단순히 2+2=4, 3+1=4, 이정도만 나올 줄 알았습니다.

"2+2=4요."

"어떻게 그렇게 되지?"

"아빠, 엄마 어른 두 명이랑 애들 두 명 해서요."

"또 있을까?"

"3+1=4요."

"그건 어떻게 되는 건데?"

"아빠 남자 한 명이랑 엄마랑 언니랑 나까지 해서 여자 3명이에요."

여기까지가 제가 생각한 대답이었고 이제는 수업을 마무리해야겠다고 미리 생각하고 있던 지점이었습니다.

"맞아. 잘 찾았네. 이번시간까지 덧셈을 배웠으니까 다음시간에는 뺄셈을……"

말을 하고 있는데 앞에 있는 한 녀석이 팔이 빠져라 손을 높이 들고는 연신 흔들어 댑니다. 시켜주지 않으면 아쉬워할 것 같고 괜히 저도 수업이 끝나고 그거 한 번 시켜줄 걸 하는 생각이 들 것 같아 한 번 시켜주었습니다. 사실 아이들이 다른 친구들의 이야기를 듣지 않고 말하고 싶어서 똑같은 말을 하는 경우가 적지 않기에 그러려니 하고 말려고 했던 게 사실입니다.

"그래 그럼 또 뭐가 있지?"

"1+3=4요."

남자 하나와 여자 셋을 하겠구나 생각하며 "어떻게 그렇게 되지?" 건조하게 다시 물었습니다. 이미 마음은 수업을 마치고 있었고요.

"아~ 한명은 옷에 하트가 그려져 있고 다른 세 명은 안 그려져 있어요. 그래서 1+3이에요."

저는 어? 하며 그림을 다시 한 번 보고 뒤에 있던 선생님들도 아~ 하며 다시 그림을 보시고, 나머지 아이들도 또 뭐가 없나 눈을 더 크게 뜨고 찾아보더군요.

수업을 마치고는 아이들 생각이라는 게 참 제가 생각하는 것 보다 그 이상일 때가 많다는 것을 다시 한 번 느끼게 되더군요. 너무 지나칠 정도로 아무말대잔치가 벌어지기도 하지만 그 와중에 자신만의 확고한 생각으로 수업에 참여하고 있는 아이들이 있다는 점을 생각하니 괜히 다시 저를 돌아보게 됩니다.

2017.6.13 클래스팅에 쓴 글

2+2 개념알기

2+2의 오개념

하지만 이 과제가 계획한 통합단원에 맞지 않다는 점은 틀림없다. 수업을 하던 중간에 실패한 과제임을 깨닫고 이것은 수행과제에서 제외시켰다. 그 이유는 빅아이디어와 과제가 맞닿아있지 않았기 때문이다. 즉, 이 수행과제를 통해 이번 통합단원의 빅아이디어인 '나는 가족이랑 살고 있어요.'에 접근하기가 어려웠고 그 내용을 전혀 담지 못하였다. 단지 가족이라는 이야기만이 연산단원을 위한 수단으로써만 소비되고 있었다.

이 점을 통해 주제 중심 교육과정과 백워드 설계의 차별성을 확인할 수 있다.

만약 주제중심교육과정의 입장으로 생각한다면 위 설계는 실패하지 않은 것이다. 가족이라는 주제로 학생들의 흥미와 함께 수학의 성취기준 역시 이행해 나가고 있기 때문이다. 주제와 연관되어 있는 활동들로 교육과정을 설계했기 때문에 이것 역시 알맞거나 더 나아가서 성공한 사례로 남았을 수도 있을 것이다.

하지만 다시 한 번 말하면 위의 수행과제는 실패한 설계다. 백워드 설계의 경우 학습자들의 경험이 빅아이디어라는 지향점의 발견 또는 깨달음으로 연결이 되어야 한다. 그러나 가족이라는 이야기를 이용해 연산을 공부했다고 해서 자신의 가족을 설명하거나 그에 대한 자신만의 관점을 가질 수 있다고 생각하는 것은 교사의 착각이다. 따라서 안타깝지만 수행과제로써는 부적절한 설계였다.

목적을 잃은 수행과제는 그에 취한 교사만 뿌듯해할 뿐이다.

백워드 설계를 했다고 해서 수업 내용이 크게 달라지지 않는다. 많은 자료들이 등장하지도 않는다. 어쩌면 교과서 내용과 거의 비슷할 수도 있다. 굳이 교과서와 다른 것을 꼽자면 교과서에 없는 가족신문 만들기를 했다는 정도일 것이다.

수업의 방법도 다르지 않다. 자르고 붙이고 노래 부르고 얘기한다. 생각을 하는 시간이 비교적 많다는 것이 조금 다른 점일 수도 있다.

수업 내용만으로 백워드 설계의 특징을 알아보기 어렵다는 점을 강조하고 싶다. 이것은 획기적으로 수업을 바꾸어 주거나 아이들의 이목을 한눈에 끌고 관심을 주는 자료들을 많이 사용하지도 않는다. 흔히 하는 공개수업용 자료들이 남지 않을 수도 있다. 즉 백워드 설계용 수업자료는 따로 존재하지 않는다.

하지만 한 가지 확실하게 다른 점은 교사와 학생이 어디를 향해서, 무엇을 위해서 나아가고 있는지는 분명히 알고 있다는 것이다. 각각의 흩어져있는 경험들로 '어쩌면 애들이 배울 수도 있겠지'라는 희망보다는 무엇을 배울지 알고 경험들을 끈끈하게 묶어 나가는 과정이 백워드 설계의 핵심이다.

그래서, 1학년이라도, 1학년이라서 백워드 설계가 필요하다.

우리 가족의 재발견

"발견은 준비된 사람이 맞닥뜨린 우연이다."

- 알버트 센트 디외르디 -

Ⅰ 익숙한 것을 낯설게 보다 - 다시 고민의 시작

초등학교 저학년 교육과정의 가장 큰 특징은 통합 교과이다. 4년 전, 너무나 오랜만에 1학년을 맡아 통합교과서 '학교, 봄, 가족, 여름'을 받아보고 어리둥절했다. 바른생활, 슬기로운 생활, 즐거운 생활 교과서가 사라져버렸다. 아니 언제부터 교과서가 이렇게 바뀌었지? 그동안 통합 교과서는 교과와 이름이 같았는데 월별 주제 교과서로 나오다니. 참, 많이 변했구나 싶었다. 처음의 생소함과 호기심은 이후 호의로 이어졌다. 이전의 바른생활, 슬기로운 생활, 즐거운 생활은 저학년의 특성을 살린다는 의미는 있었지만 같은 주제가 바생, 슬생, 즐생에 분산되어 있어서 하나의 주제로 수업을 모으기가 어려웠다.

그런데 〈학교, 봄, 가족, 여름〉 등 주제로 묶인 통합 교과서를 따라가다 보면 '1＋1＋1 = 큰 하나의 주제'로 이어졌다. 전에 보이지 않았던 주제가 보이기 시작했다. 〈학교, 봄, 가족, 여름, 마을, 가을, 나라, 겨울〉 이 대주제는 1, 2학년 학생들이 배워야 할 통합 교과의 영역명이다. 그리고 그 주제는 아이들에게도 내게도 참 익숙한 말들이다. 내가 살고 있는 공간과 살아가는 시간인 계절, 나와 관계 맺고 있는 사람들에 관한 것 즉 생활세계의 경험이 배움으로 이어지는 것이다.

❱ 통합 교과를 다시 보다.

통합 교과에 고민은 2015 개정 교육과정이 1, 2학년부터 적용되면서 시작되었다. 통합 교과에 낯선 '구성 차시'가 들어왔다. 이는 '수업 만들기'라는 이름으로 교과서에 실렸는데 아이들과 함께 차시를 새로 만들어가라는 뜻이라고 한다. 몇 차시이지만 구성 차시를 짜면서 그동안 너무도 익숙했던 통합 교과의 주제에 대해 다시 생각해 보게 되었다.

새삼스레 질문을 던져보았다. "왜 통합 교과의 영역이 봄, 여름, 가을, 겨울, 학교, 나, 가족, 이웃, 나라일까?" "왜 1학년 우리나라 주제에서 통일을 가르칠까?" "왜 2학년에서 다른 나라를 가르칠까?" 나의 대답은 교과서에 있으니까 였다. 지금까지 나는 주제의 의미를 생각하기보다는 교과서 활동 위주의 수업을 했던 것은 아닐까? 한 달 동안 '바슬즐'을 한 권으로 운영했을 뿐 '학교', '봄', '가족'을 제대로 배우고 가르치진 못한 것이 아닐까? 이전의 나의 통합 교과 수업을 되돌아보았다. 그림 그리고, 만들고, 노래하고, 놀이를 열심히 하다보면 자칫 주제는 사라지고 기능 숙달과 재미에만 집중하기도 했다. 한편으로는 주제와 기능을 무리하게 연결하기도 하여 억지스럽게 느껴지기도 했다. 어쩌면 나는 통합 교과를 이미 너무나도 잘 알고 있는 주제로 이루어져 있다고 생각해서 더 이상 무엇을 새롭게 구성할 필요가 없는 교과로 여겼는지도 모른다.

교사와 학생 모두에게 너무 익숙한 주제, 그러나 그 익숙함이 곧 '이해함'은 아니었다. Merleau-Ponty는 '세계에 대한 기본적인 경험을 다시 일깨움으로써 세계를 보는 법을 다시 배우는 것이 체험'이라고 했다. 통합 교과의 영역에 대해 다시 살펴보며 아이들의 생활에서 경험이 어떻게 배움이 될 수 있는지 고민하기 시작했다. 여전히 주제를 이해하기 위해 그림 그리고, 만들고, 노래하고, 놀이하는 활동으로 수업을 구성할 수 있다. 하지만 아이들에게 그 경험이 이전과는 다르게 느껴질 수 있어야 한다. 작년에 이해했던 것과 올해 이해했던 것이 달라질 수 있어야 한다.

너무도 익숙한 주제에 대해 깊이 생각해 보면서 통합 교과서가 아니라 비로소 통합교육과정을 '발견'하게 되었다.

잠깐!

이미 주제통합되어 있는데 굳이 다시 재구성해야 하나요?

- -

"저학년은 생활 중심으로 교과서가 이미 잘 짜여져 있지 않나요?"

저학년 교육과정을 논의할 때 가장 많이 듣는 말입니다.

이미 교과서에 주제가 통합되어 있기 때문에 통합 교과를 교과서대로 가르치면 주제를 잘 배울 수 있을 것이라 생각하기 쉽습니다. 때문에 2년 동안 혁신 학교 1학년 부장으로서 늘 학년 교육과정에 대해 고민하면서도, 통합교과를 재구성할 필요성을 느끼지 못했습니다. 여러 학교의 교육과정을 살펴보고 교육과정 지도서를 밑줄 치며 공부하기도 하고, 학년 선생님들과 거의 매일 수업 이야기를 나누면서도 우리 학년은 월별 주제는 통합 교과의 대주제 그대로 짜고, 블록 수업은 움직임과 놀이를 통한 한글과 수학 교육을 중심으로 재구성했습니다. 그런데 아이들은 봄, 학교, 가족에 대해서 정말 이해했는가에 대한 아쉬움 때문에 또 다른 고민이 시작되었습니다. 교과의 틀을 깬 혁신적인 통합교과서였지만 여기에 익숙해질수록 이제는 또 다른 형식이 된 것은 아닐까, 지금까지 통합 교과가 아닌 통합교과서를 가르치고 있었던 것은 아닐까 고민해 봅니다. 교과서가 좋은 자료임에는 틀림없지만 정말 우리 반 아이들에게도 의미 있는 내용이었는가를 먼저 생각해보면 교과서를 그대로 운영하기에는 무리가 있습니다.

≫ 〈가족〉을 다시 설계하다.

학년이 시작되었을 때 가장 먼저 살펴본 것은 작년의 교육과정이었다. 이를 바탕으로 '가족의 발견'이라는 주제를 선정하고 교육과정을 짜면서 올해 학교 전체에서 함께하고 있는 온작품 읽기 활동과 학년 특색인 놀이 활동을 더하여 수업 만들기를 계획하였다.

그런데 단원을 시작하고 얼마 지나지 않아 고민이 생겼다. 교과서에서는 '외로운 고양이 까망이가 함께 살 가족을 찾아가는 이야기'로 단원 전체를 이끌어간다. 까망이의 고민을 듣고, 다양한 가족을 살펴보고, 우리 집과 가족의 모습을 보다가, 다시 까망이의 가족을 선택하고…. 교과서의 자료는 부족한데 내용은 반복되어 지루하게 느껴졌다.

근본적인 흔들림이었다. 익숙한 교과서, 익숙한 교육과정 그런데 왜 이렇게 낯설까? 작년에는 분명 괜찮았는데 올해는 왜 이럴까? 1학년을 4년간 가르치고 2학년을 이어서 맡으니 '어, 이것은 1학년에 있던 건데, 예전에는 이렇게 가르쳤는데...' 하면서 학년별 내용 요소나 성취 기준의 위계를 따져보게 되었다. 2년 전만 해도 1학년 아이들과 여러 형태의 집을 자세히 알아보았는데 올해 2학년 아이들과는 우리 주변의 집의 모양과 특징을 아주 간략하게 살펴보게 된 것이다. '그때는 맞고 지금은 틀린 것'이었다.

그래서 다시 고민을 시작하게 되었다. '익숙한 교과서의 낯섦'이 나를 당황하게 했고 교과서가 아닌 교육과정을 고민하게 했다. 그리고 근본적인 질문을 던지게 되었다. '왜 이렇게까지 다양한 가족의 형태를 알아보아야 할까?' '애초부터 이 소재로 40차시를 이끌어가는 통합 교과서의 틀이 무리인 것은 아닌가?' '우리가 정한 온작품을 어떻게 수업으로 녹여내야 할까?' 막연해졌다. 수업의 목표가 흔들렸다. 나는 '지금 우리 반 아이들과 〈가족〉을 왜 공부하려는 것인가?' 왜 무엇을 가르쳐야 하는지 스스로에 답할 수가 없었다. 왜 이 활동을 하는지 의미를 말할 수 없었다.

'아, 내가 주어진 통합 교과서에 너무 익숙해져 있었구나. 어떻게 활동할까에 대한 고민만 살짝 더했을 뿐 작년 재구성한 자료를 그대로 적용하고 있으니...'

그렇다. 주제통합학습의 형식을 갖추었을 뿐, 이 또한 주어진 교육과정인데... 〈가족〉 주제에 대한 교육과정을 다시 설계하기 시작했다. 그래서 교과서가 아닌 교육과정을 살펴보았다. 교육과정에서 〈가족〉은 어떻게 구성되어 있을까?

〈가족〉은 1학년과 2학년에 모두 나오고 3학년 도덕과 사회에도 이어지는 주제이다. 2015 개정 교육과정 통합교과의 내용체계를 보면서 학년별 연계를 고려하기 위해 가장 중심에 두고 살펴본 것은 핵심 개념과 일반화된 지식이다.

학년	1학년	2학년	3학년	
핵심개념	가족과 친척	다양한 가족	타인과의 관계	사회·문화
일반화된 지식	사람들은 가족과 친척의 관계 속에서 살아간다.	가족의 형태는 다양하며 구성원마다 역할이 있다.	가족 및 주변 사람들과 더불어 살아가기 위해 서로 존중하고 예절을 지키며 봉사와 협동을 실천한다.	가족 구성원의 역할 변화

학년별 핵심개념과 일반화된 지식

1학년에서 '가족과 친척의 관계'가 내용의 중심이라면 2학년에서는 '다양한 가족의 형태와 가족 구성원의 역할'에 초점이 맞추어져 있다. 1, 2학년에 걸친 통합 교과이기에 학년별로 연계성을 고려하지 않고 활동 중심으로만 교육과정을 설계하면 1학년과 2학년의 〈가족〉의 교육 내용이 같아질 수도 있다.

'1학년과 다른, 2학년 아이들에게 가족은 어떤 의미일까?', '2학년의 〈가족〉은 1학년의 가족 수업과는 어떤 차별성과 발전이 있는가?' 그리고 '3학년의 내용과는 어떻게 연결이 될 것인가?' 이 질문의 답을 찾아가는 과정이 곧 2학년 〈가족〉 단원 재구성의 시작이었다. 그리고 이 질문의 답이 곧 빅아이디어와 단원의 전이 목표가 되었다.

1. 교육과정 설계의 주요 내용 체계와 단원 성취기준

교과	핵심개념	일반화된 지식	내용 요소	단원	성취기준
바른생활	다양한 가족	가족의 형태는 다양하며 구성원마다 역할이 있다.	다양한 가족 배려, 다양한 가족 문화 존중	1. 이런 집 저런 집	바03-02 가족의 형태와 문화가 다양함을 알고 존중한다.
슬기로운 생활			다양한 가족의 형태, 가족 구성원의 역할		슬03-03 주변에서 볼 수 있는 여러 형태의 가족을 살펴본다. 슬03-04 가족의 형태에 따른 구성원의 다양한 역할을 알아본다.
즐거운 생활			집 안팎의 모습 표현, 가족 구성원 역할놀이		즐03-03 집 안팎의 모습을 여러 가지 방법으로 표현한다. 즐03-04 가족 구성원이 하는 역할에 대해 놀이를 한다.
국어	듣기·말하기의 과정	화자와 청자는 의사소통의 목적과 상황, 매체에 따라 적절한 전략과 방법을 사용하여 듣기·말하기 과정에서의 문제를 해결하며 소통한다.	• 일의 순서 • 자신 있게 말하기 • 집중하며 듣기	7. 친구들에게 알려요.	쓰기[2국03-03] 주변의 사람이나 사물에 대해 짧은 글을 쓴다. 읽기[2국02-03] 글을 읽고 주요 내용을 확인한다.
	정보 전달·설득 쓰기와 매체	의사소통의 목적, 매체 등에 따라 다양한 글 유형이 있으며, 유형에 따라 쓰기의 초점과 방법이 다르다.	• 주변 소재에 대한 글 • 겪은 일을 표현하는 글	10. 다른 사람을 생각해요.	듣기·말하기[2국01-03] 자신의 감정을 표현하며 대화를 나눈다. 쓰기[2국03-04] 인상 깊었던 일이나 겪은 일에 대한 생각이나 느낌을 쓴다.
수학	양의 측정	생활 주변에는 시간, 길이, 들이, 무게, 각도, 넓이, 부피 등 다양한 속성이 존재하며, 측정은 속성에 따른 단위를 이용하여 양을 수치화하는 것이다.	• 양의 비교 • 시각과 시간 • 길이(cm, m)	4. 길이 재기 (4)	[2수03-05] 길이를 나타내는 표준 단위의 필요성을 인식하고, 1cm와 1m의 단위를 알며, 상황에 따라 적절한 단위를 사용하여 길이를 측정할 수 있다. [2수03-07] 여러 가지 물건의 길이를 어림하여 보고, 길이에 대한 양감을 기른다.

"여러분, '여름' 교과서 펍니다."

언어는 사고를 지배한다고 합니다. 그래서일까요? 교사가 통합교과의 영역을 교과라고 잘못 인식하고 있는 경우를 종종 봅니다. 2015 개정 교육과정 초등학교 1,2학년의 통합교과서는 주제 중심-교과 연계 방식에 따라 교재를 여러 권으로 나눈 것입니다. 바른 생활, 슬기로운 생활, 즐거운 생활이라는 통합교과를 봄(학교/나, 봄), 여름(가족, 여름) 등으로 영역에 따라 엮은 것이지요. 교사는 학생들을 가르칠 때 영역이라는 생활 중심의 통합적 주제로 가르치지만, 그것이 그 안에 담겨 있는 교과의 특성을 간과해도 된다는 의미는 아닙니다. 오히려 무엇을 통합할 것인가? 라는 질문의 출발점이 되는 것이지요. 그렇기 때문에 교사는 각 통합교과의 성격이나 목표 등 교과의 특성을 이해하고 있어야 합니다. 용어와 각 교과에 대한 개념과 이해를 어디까지, 얼마나 하고 있는가는 교육과정을 어느 정도의 전문성과 자율성을 가지고 설계할 수 있는가를 결정합니다. 2015 개정 교육과정에서 제시하고 있는 통합교과의 영역, 핵심 개념, 일반화된 지식, 성취기준 등을 이해하고 통합단원을 설계하는 것은 오개념에 빠지지 않고 교육과정 설계의 주인이 되는 길입니다.

2. 빅아이디어

빅아이디어	• 집집마다 가족의 형태와 생활 모습은 다르다. • 우리 집은 가족이 함께 꾸려간다.

초등학생들에게 〈가족〉은 중요한 주제이다. 가족은 아이들 삶의 매우 중요한 기반이고, 아이들의 학교생활은 가족의 생활과 바로 직결되기 때문이다. 예전에 비해 가족의 형태와 생활 모습은 많이 달라졌고, 아이들은 새로운 가족 형태를 개방적으로 받아들이며 변화에 적응해가고 있다.

1학년에서의 '가족'이 우리 가족, 친척과의 관계에 초점을 둔다면 2학년에서는 다양한 가족의 형태와 그런 가족의 생활모습이 있음을 살펴보는 것에 초점을 맞춘다. 가족을 살펴본다는 것은 어떤 의미일까? 왜 같이 사는 가족을 살펴보아야 할까? 아이들에게 가족은 애정욕구를 충족시켜주고 나를 보살펴주는 존재이다. 그래서 저학년 아이들에게 가족은 자신과 같은 의미이다. 가족이 행복하면 내가 행복할 수 있다. 그러나 아이들에게 가족은 정말 행복을 주기만 할까? 아이들은 7세가 되면 논리적으로 생각할 수 있으나 그 논리는 구체적인 것에만 한정된다고 한다. 즉 자신이 직접 보고 읽은 것이 전부라고 생각하게 되는 것이다. 하지만 자신이 경험한 세계와 책에서 본 세계가 다를 때 아이들은 혼란스럽다.

가족의 다양한 형태를 이해한다는 것은 가족의 모습이 매우 다양하다는 것을 아는 것이고 그 앎을 통해 다른 모습이 '괜찮다'는 마음을 갖는 것이다. 가족은 늘 행복하기만 한 관계가 아니기에 어떨 때는 불안과 긴장이 존재하고, 그 불안과 긴장의 이유를 파악하지 못한 아이들이 그 원인을 자신에게 돌리기도 한다. 아이들은 자신의 가족을 표현하지 못하고 비밀을 간직하려고 하며, 때론 가족의 비밀을 간직한 채로 어른이 되기도 한다.

우리 엄마는 회사에서 일을 하지만 친구의 엄마는 일하지 않는다. 우리 아빠는 엄마와 함께 살지 않지만 친구들은 엄마, 아빠가 함께 산다. 우리 집에는 할머니가 계시지만 친구는 할머니가 계시지 않는다. 우리 엄마는 한국이 아닌 다른 나라가 고향이다. 이런 다양한 가족의 형태가 가족의 비밀이 되기도 한다. 그러나 가족의 형태는 문화이고 어떤 문화든 우월하거나 열등하지도 좋거나 나쁘지도 않은 것이다.

그래서 아이들은 다양한 가족의 형태를 알아보고 가족들의 행복을 위해 각 구성원들은 어떤 역할을 하는가를 살펴보아야 한다. 결국 이 단원을 통해 가족의 형태와 생활 모습은 달라도 가족의 행복은 가족 구성원이 함께 만들어 간다는 빅아이디어가 도출되었다.

학년의 연계를 고려해서 교육과정을 설계해요

우리나라 학교의 담임제도는 기본적으로 단임제를 따르고 있습니다. 교사들은 일반적으로 매년 새로운 아이들을 만나고 작년과 다른 학년을 맡게 되는 경우가 많습니다. 일 년을 단위로 교육과정을 설계하다보니 그 학년에서 다루고 있는 교과에 대해서는 비교적 충분히 소화하지만 이전 학년과 후속 학년의 계열성까지 깊이 있게 고려하여 교육과정에 반영하는 것은 쉽지 않습니다. 특히 통합교과의 경우, 교과서만 보고 활동 위주로 교육과정을 설계하다보면 1,2학년의 차이를 찾기 어렵고 그렇게 하면 아이들은 같은 활동을 2년 동안 반복해서 배우는 문제가 발생할 수 있습니다. 그렇기 때문에 교사는 연속하는 학년의 핵심개념과 일반화된 지식을 함께 분석하면서 이 학년에서 가르쳐야 할 내용이 무엇인지 분명하게 확인하는 작업이 필요합니다. 이 과정은 교사가 '무엇을 가르쳐야 하는가?' 라는 질문을 던지고 답을 찾아가는 길이기도 합니다. 각 교과가 가지고 있는 계열성을 확인하는 것은 지금 우리 아이들에게 가르쳐야 할 내용과 목적을 명료하게 하는 과정이지요. 교육과정의 위계와 맥락을 이해하면 숲을 볼 수 있고, 지금 우리 아이들에게 적합한 교육과정을 설계할 수 있습니다.

3. 핵심질문

- 가족이 있어서 좋은 점은?
- 모든 가족은 구성원이 같을까?
- 우리 주변에는 어떤 가족들이 있을까?
- 우리 가족은 함께 힘을 모아서 가정을 꾸려가고 있을까?
- 가족의 행복을 위해 나는 무엇을 할 수 있을까?

발견은 어떻게 이루어질까? 발견은 조각을 귀하게 여기는 자세에서 시작된다. 가족을 발견한다는 것은 가족의 조각을 살펴보는 것이다. 우리 가족의 구성원, 우리 가족이 하는 일, 우리 가족의 좋은 점과 나쁜 점 등 가족 문화라는 조각을 연결하여 가족을 이해하는 것이다. 우리 주변의 많은 현상들은 전체로서 자신의 모습을 한 번에 드러내기보다 조각조각 흩어져 존재한다. 그리고 우리는 그 조각들을 결합하고 선별하여 그 의미를 발견해낸다. 그것이 이해의 과정이다. 그리고 '이해'(Understand)란 말 그대로 'Under'(낮은 곳에)+'Stand'(서는) 일이다. 가장 낮은 곳에 서면 이해하지 못할 사람이 없고, 상대방의 고통을 이해하면 누구와도 공감하게 되는 것이다. 2학년 아이들이 가족을 이해하는 데 있어서 가족의 형태를 발견하는 것은 그래서 중요하다. 그리고 그 가족의 형태를 발견함으로써 다름을 이해하고 자신의 가족을 수용할 수 있게 되는 것이다.

저학년 아이들은 자기가 원하고 좋아하는 것을 옳다고 생각한다. 그래서 자신이 원하는 것을 들어주지 않는 가족, 원하지 않는 것을 시키는 가족을 옳지 않다고 생각할 수도 있다. 이때 적절한 도전이 필요하다. Brad Shaw는 적절한 도전을 주면 아이들은 자기가 원하고 좋아하는 것이 옳다는 생각에서 벗어나 일종의 구체적인 호혜성(서로의 등을 긁어주는 것과 같이 서로에게 돌아오는 이익)의 수준에 이를 수 있다고 하였다. 저학년에게 이타성은 어려운 일이다. 그러나 자신에게도 좋고 가족에게도 좋은 방법은 실천하기에는 충분하다. 따라서 한 번도 생각해보지 않은 '가족의 형태'에 대해 궁금증을 가지게 하는 질문을 만들었다.

가족으로서 소속감과 가족 간의 유대감은 저절로 생기지 않는다. 함께 생활하고 서로 위해주고 배려하며 함께 과제(문제)를 해결해가면서 돈독해진다. 가족과 함께하는 수행과제를 통해 2학년 아이들이 가족의 고마움을 느끼고 가족 구성원으로서의 역할을 찾아보는 활동은 매우 중요한 의미가 있다.

4. 전이 목표와 성취기준

주제	가족의 발견				시기	4.2. ~ 6.1.
전이 목표	• 우리 주변에는 다양한 가족이 있음을 알고 존중하는 태도를 갖는다. • 가족마다 생활 모습이 다르지만 가족의 행복을 위해 가족 구성원으로서 역할이 있음을 알고 내가 할 수 있는 일을 실천할 수 있다. • 우리 가족의 생활 모습에 대해 설명할 수 있다. • 가족과 함께 과제 해결을 할 수 있다.					
관련교과	국어	수학	바생	슬생	즐생	계
소요차시	8	4	10	10	16	48

성취기준	통합	바03-02 가족의 형태와 문화가 다양함을 알고 존중한다. 슬03-03 주변에서 볼 수 있는 여러 형태의 가족을 살펴본다. 즐03-03 집 안팎의 모습을 여러 가지 방법으로 표현한다. 슬03-04 가족의 형태에 따른 구성원의 다양한 역할을 알아본다. 즐03-04 가족 구성원이 하는 역할에 대해 놀이를 한다.
	국어	쓰기[2국03-03] 주변의 사람이나 사물에 대해 짧은 글을 쓴다. 쓰기[2국03-04] 인상 깊었던 일이나 겪은 일에 대한 생각이나 느낌을 쓴다. 읽기[2국02-03] 글을 읽고 주요 내용을 확인한다. 듣기·말하기[2국01-03] 자신의 감정을 표현하며 대화를 나눈다.
	수학	[2수03-05] 길이를 나타내는 표준 단위의 필요성을 인식하고, 1cm와 1m의 단위를 알며, 상황에 따라 적절한 단위를 사용하여 길이를 측정할 수 있다. [2수03-07] 여러 가지 물건의 길이를 어림하여 보고, 길이에 대한 양감을 기른다.

지식	다양한 가족형태, 가족구성원의 역할, 다양한 가족 배려, 가족문화 존중	기능	관찰하기, 무리짓기, 조사하기, 예상하기, 관계망 그리기, 되돌아보기, 스스로 하기, 내면화하기, 관계맺기, 습관화하기

5. 수행과제

　수행과제를 고민하면서 아이들이 충분히 가족에 대해 탐색하면서도 전이목표 달성이라는 방향을 잃지 않도록 신경을 썼다. 궁극적으로 빅아이디어를 향해 가는 수행과제의 필요성이 어느 학년보다 저학년에서 중요함을 깨닫게 되었다.

　첫 번째 수행과제는 다양한 가족을 알아보고 우리 가족의 생활 문화를 탐색하는 과정을 분절적이고 일회성으로 흐르지 않게 만들 필요가 있다는 고민으로 설계했다. 하나 하나의 활동이 차곡차곡 쌓여지고 점점 구체화되고 깊이가 더해져 이해에 도달하게끔 수행과제를 만들고 싶었다.

　전시회의 작가가 되어 저마다의 가족의 특성이 드러나는 전시물을 만들고 그간의 활동을 모아 설명하도록 하며, 다른 가족의 생활모습을 깊이 살펴볼 수 있는 기회를 갖고자 했다.

[수행과제 1] ○○네 전시회

여러분은 ○○네 전시회에 작품을 내는 작가입니다. 전시회의 주제는 '가족의 발견'입니다. 가족의 발견에 대해 우리가 함께 공부한 시간을 돌아보세요. 그리고 그동안 여러분이 공부하면서 만들어 온 집과 가족들의 생활을 주제로 한 작품을 전시해봅시다. 관람하는 친구들에게 작품을 설명해 보세요. 또 친구들의 작품을 감상해보세요.
　1. 무엇을 전시할까요? - 가족 시 / 우리 집안 꾸미기 / 우리 가족 이야기
　2. 어떻게 전시하고 설명할까요? - 친구들에게 우리 가족의 특징이 드러나게 설명해 보아요.
　3. 친구네 집을 보고 새롭게 알게 된 점과 느낀 점을 이야기해 보아요.

수행과제 평가 기준

평가내용	뛰어남		충실함		발전 중	
작가가 되어	○○네 작품을 만들어 주제에 맞게 준비하여 전시하고, 전시 내용을 친구들에게 자세하게 소개할 수 있다.		○○네 작품을 전시하고, 전시 내용을 친구들에게 소개할 수 있다.		전시한 작품이 적고, 전시 내용을 친구들에게 소개하지 못한다.	
	교사	나	교사	나	교사	나
관람자가 되어	친구들이 소개한 내용을 잘 듣고 전시물을 관람하며 다양한 가족을 존중하는 태도를 갖는다.		바른 자세로 친구들이 소개한 내용을 잘 듣고, 다양한 전시물을 관람할 수 있다.		친구들이 소개한 내용을 잘 듣지 못하고 전시물을 관람태도가 바르지 않다.	
	교사	나	교사	나	교사	나

두 번째 수행과제는 집안일을 알아보는 조사 활동 후에 아이들이 자발적으로 집안일을 하는 실천으로 이어지도록 했다. 그래서 가족의 역할에 대한 이해와 더불어 직접 집안일을 경험하는 데 초점을 두어 수행과제를 개발하였다.

[수행과제 2] 우리 집 우렁 각시가 되어

우리 가족을 위해서 내가 할 수 있는 집안일을 알아보고 실천해 보았습니다. 이제 여러분이 우리 집 우렁 각시가 되어볼까요? 가족이 모르게 우리 집에 필요한 집안일을 해 보세요. 잠깐! 다음의 약속을 꼭 지켜서 합니다.
  1. 안전 약속을 지켜요. 우렁 각시가 다치거나 위험에 빠지면 안 되겠지요? 여러분이 안전하게 할 수 있는 일을 정해요.
  2. 비밀 약속을 지켜요. 왼손이 한 일을 오른손이 모를 정도로 할 수 있겠죠? 가족이 모르게 하는 거예요.

수행과제 평가 기준

평가내용	도달		미도달	
우렁 각시 활동 일기	우렁 각시가 되어 가족을 위해 집안일을 하고 그 경험을 일기로 쓰고 가족과 친구들과 이야기를 나눌 수 있다.		가족을 위해 할 수 있는 집안일을 찾지 못하거나 하지 못한다.	
	교사	나	교사	나

6. 수업 계획

소주제	시수	학습내용	비고
주제 열기	3	– 주제 열기 – 가족 시 쓰기	H(hook and hold)
다양한 가족 이야기	2	– 그림책 읽기 〈이웃집에는 어떤 가족이 살까?〉 – 책에 나온 일곱 가족의 형태 알기 – 다양한 가정과 가족 이야기 나누기 – 주변의 다양한 가족에 대해 관심 갖기	E(explore and equip)

소주제	시수	학습내용	비고
	3	– 그림책 자세히 읽기 〈이웃집에는 어떤 가족이 살까?〉 – 모둠별로 가족의 생활 모습 조사하기 – 다른 모둠 자료 보고 각 가족의 특징 찾아보기 – 친구들이 쓴 글 읽기	H(hook and hold) E(evaluate)
	3	• 여러 형태의 집 살펴보기 • 우리 주변의 집의 모양 • 우리 집과 가족 소개	E(explore and equip)
	3	• 우리 가족이 살고 싶은 집 만들기 – 내가 살고 싶은 집 구상하기 – 다양한 재료로 만들기 – 발표하고 느낌 나누기	E(evaluate)

	3	• 가족 역할 놀이
		– 가족을 다양한 방법으로 만들기: 숟가락, 종이컵 등
		– 우리 가족(구성원)의 특징 살려 만들기
		– 가족 역할놀이하기
		  1) 만든 것으로 1인 다역 놀이하기
		  2) 모둠별로 가족 역할 맡아 놀이하기
			E(explore and equip)

○○네 이야기	3	• '만희네 집'을 읽고 집과 만희네 가족생활 모습의 특징 찾기 – 설명하려는 내용이 잘 드러나는 문장 찾기 – 만희네 집과 가족의 특징 정리하기	E(explore and equip)
	6	• 우리가족에게 딱! – 가족에게 필요한 집안 꾸미기 – 우리 집을 관찰하여 집안 꾸미기 – 우리 집의 특징 파악하기 • 우리 가족의 생활모습 그리기 – 우리 가족생활 모습을 생각해보기 – 우리 가족이 좋아하거나 자주 하는 일이나 장소 – 우리 가족의 생활 특징 파악해서 그림으로 그리기	E(explore and equip)
	4	• □□네 집 설명하는 글쓰기 – 우리 집과 우리 가족의 생활 모습을 설명하는 글 – 집안 꾸미기 설명하는 글 – 예시글 읽어주기 – 생활 모습 그림에 대한 소개하는 글쓰기	E(explore and equip)
우리 집에 우렁 각시가 왔어요	3	• 우리 가족이 집에서 하는 일 알아보기 – 집안일의 종류와 필요성 – 우리 집의 집안일과 가족의 역할 조사하기 • 내가 할 수 있는 집안일 – 집안일을 도왔던 경험 나누기 – 내가 할 수 있는 일 정하고 실천하기	R(reflect, rethink, revise)
	2	• 우리 집에 우렁 각시가 왔어요 – 우렁 각시의 약속 이야기하기 – 우렁 각시가 되어 하루에 한 가지씩 가족을 위해 집안일 하기 – 비밀 일기쓰기 – 가족과 함께 나누기	H(hook and hold)

소주제	시수	학습내용	비고
가족과 함께 길이를 재보자	1	• 집에서의 학습 과제 안내하기 – 가족 손, 발 길이와 집안의 물건 길이 재기 – 문장제 문제 만들어 풀기 – 가족 손, 발로 예쁜 모양 만들어 사진 찍기	집에서의 학습 과제 안내 E(evaluate)
	3	• 과제 학습 결과 확인하기 – 문제 같이 풀어보기 • 사진 이야기 쓰기 • 사진 같이 보면서 누구네 사진일까 맞춰보기	E(explore and equip)
○○네 전시회	5	• 전시회 준비하기 • 전시회 열기 – 전시 설명하기/관람하기	E(evaluate)
	2	• 전시회에 다녀와서 – 다양한 가족의 생활모습을 보고서 쪽지 사연을 보내기 – 관람소감 나누기	R(reflect, rethink, revise)
	2	• 단원 마무리하기	R(reflect, rethink, revise)

Ⅲ 수업 속으로

1. 우리 가족 살펴보기

우리는 가족을 자세히 살펴보는 것에서부터 단원을 시작했다. 아이들이 가족을 자세히 들여다보고 살펴보는 이유는 뭘까? 가족은 익숙한 것이고 이미 1학년 때도 배웠던 내용이다. 2학년이 아이들은 가족에 대해 어떤 생각을 갖고 있을까? 현재 내가 생각하는 가족의 모습에서 출발하여 다른 가족의 형태로 범위를 넓혀 가려 하였다.

1) 가족 시 쓰기 – 우리 가족 이야기하기

우리 가족에 관한 이야기를 하기 위해 아이들과 가족에 대한 시를 쓰기로 했다.

시 쓰기를 하자 하니 "뭐라고 써요?, 어떻게 써요?" 말들이 많다. 맞다. 시를 쓰자면 무엇을 쓸지, 어떻게 쓸지를 생각해야 한다. 우리 가족의 '무엇'을 쓰기 위해서 아이들과 함께 질문하고 답을 하며 우리 가족을 살펴본다. 그리고 시를 쓴다. 1차로 써보고 선생님과 같이 읽어보며 고치고 다시 가족을 생각하고 내용을 보충하고 고쳐 쓰는 과정을 거쳐 시를 완성한다.

이 과정은 시를 쓰는 과정이면서 우리 가족의 이름을 다시 불러보고 우리 가족들의 이야기를 꺼내는 과정이다. 그리고 다시 살핀 우리 가족의 모습을 시속에 담는 과정이다. 아이들의 시속에는 엄마와 아빠와 언니, 누나들의 이야기가 들어있다. 그리고 가족들의 역할도 담겨있다.

익숙한 이야기고 익숙한 사람들이지만 가족 한명 한명을 소개하며 제법 진지하게 쓴다. 그리고 완성한 시를 여름 공책에 옮겨 적었다. 하늘빛 여름 공책의 첫 장을 아이들의 가족 시로 꾸미니 예쁘다. 아이들이 살핀 우리 가족의 모습이 아이들 시처럼 예쁘고 따뜻하게 다가온다. 내 가족에 대한 관심은 친구들의 관심으로 이어진다. 그리고 그 모습을 궁금해하기 시작한다.

2) 그림책 '이웃집에는 어떤 가족이 살까?' – 다른 가족 살펴보기

우리 주변에서 다양한 가족의 모습을 실제로 살펴보기는 어렵다. 대부분의 가족 형태는 핵가족으로 이루어져 있고, 입양이나 재혼 가족의 형태는 겉으로 잘 드러나지 않는다. 가족의 형태를 솔직하게 말하고 싶지 않아서 실제와는 다른 이야기를 하고 쓰는 아이도 있다.

이렇게 실제 가족의 모습으로 다양한 가족을 배우기 어렵기 때문에 아이들이 쉽고 재미있게 접할 수 있는 그림책을 찾게 되었다. 그래서 선택한 책이 〈이웃집에는 어떤 가족이 살까?〉이다.

다음으로 〈만희네 집〉을 선택하였다. 가족하면 제일 먼저 떠올리는 것이 우리 집이다. 가족을 끈끈하게 묶어주는 이유 중 하나는 같은 공간을 사용한다는 것이다. 집이라는 공간은 내가 가족과 살아가는 장소이며 추억을 담을 수 있는 그릇과도 같다. 가족의 역할이 구체적으로 보이는 곳도 집이라는 공간을 통해서이다. 이것을 잘 나타내 주는 그림책이 〈만희네 집〉이다. 우리는 그 집에 가보면 그곳에서 사는 가족의 모습을 알 수 있다. 가족이 사는 공간, 집을 살펴보는 것 또한 가족을 깊이 있게 들여다보는 것이다. 만희네 집을 들여다보고 아이들은 각자 자신의 집을 들여다보고 살펴보게 될 것이다.

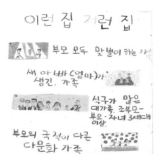 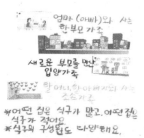

〈이웃집에는 어떤 가족이 살까?〉에서는 '미오'라는 고양이가 가족을 찾아 나서며 일곱 가족의 집을 살펴보면서 함께 살 가족을 정한다. 이 책의 장점은 '재혼 가정'을 '새 아빠가 생긴 재민이네 가족'식으로 나타내어 아이들에게 어려운 말을 쉽게 설명하고, 각 가족의 생활 모습을 이야기로 들려준다는 점이다. 모두 일곱 가족의 특징과 이야기가 대화 글과 그림으로 길지 않게 실려 있어서 2학년 아이들이 자연스럽게 가족의 형태를 이해하는 데 적당하다.

우선 책을 같이 읽고 우리 주변에는 참 다양한 가족이 있음을 이야기 나누었다. "우리 집도 맞벌이 가족이에요." 아이들과 각각 우리 집은 어디에 속하나 생각해보는 시간을 가졌는데 대부분 부모와 살고 있으며, 다문화 가족이나 조손 가족은 없었다.

이렇게 이야기를 나누면서 아이들은 "어떤 집은 식구가 많고 어떤 집은 식구가 적어요. 식구의 구성원도 다양해요."라고 말한다. 「이웃의 이웃에는 누가 살지?」 책 중에 나오는 구절 그대로였다.

다양한 가족의 생활 모습을 살펴보기 위해 〈이웃집에는 어떤 가족이 살까?〉 책을 활용한 조사 학습을 하였다. 먼저 책에 나오는 일곱 가족의 생활 모습과 특징을 모둠별로 나누어 조사하고 발표 자료를 만들어 전시하였다. 가족의 형태를 구체적으로 이름 지어 분류하고 개념을 정리하는 것까지 알 필요는 없었으나 각기 다른 가족의 형태에 따라 생활 모습이 다름과 모습은 달라도 공통된 점이 있다는 것을 깨닫게 할 필요는 있었다. 그래서 아이들이 전시를 보고 다른 모둠의 조사 내용을 읽은 후에 다른 가족에 대한 자기 생각을 쓰고 붙였다. 자기 모둠이 정리한 가족에 대한 생각을 1장에 쓰고, 다른 모둠 가족에 대한 생각은 2장에 썼다. 이 활동을 통해 아이들은 자연스럽게 나의 가족과 생활 모습이 다른 점, 어떤 가족은 이래서 좋고 어떤 가족은

이웃집에는 어떤 가족이 살까?
(출처: 유다정(아동문학가) 글,
오윤화 그림, 스콜라, 2012.11.23)

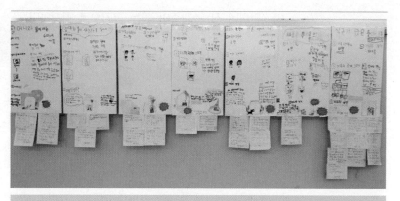

책을 활용한 조사학습

저래서 힘들다는 식으로 가족의 형태에 따라 살아가는 모습이 다름을 이해했다. 그리고 가족의 형태에 따라 가족 구성원의 역할이 달라짐을 이해했다.

2학년 아이들이 모둠별 조사학습을 기대 이상으로 잘 해내서 기특했고 가족 구성원의 역할을 쓴 내용을 보니 절로 웃음이 나왔다.

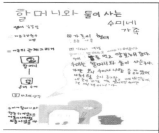	〈할머니와 둘이 사는 수미네 가족〉 ☺ 엄마 아빠가 일찍 돌아가셔서 슬프겠다. ☺ 할머니와 둘이 살아서 외롭고 슬프겠다. ☺ 수미네 가족은 할머니하고 살아요. 수미는 할머니한테 예의있게 해요. ☺ 할머니와 둘이 살아서 외롭게 지내겠구나. 수미는 생선을 좋아하고 양보를 한다. 할머니가 요리를 잘한다.
	〈부모가 맞벌이하는 현지네 가족〉 ☺ 현지네 엄마 아빠는 둘 다 직장을 다녀서 힘들겠다. 현지는 기분이 안 좋겠다. 엄마가 공개수업에 못 오셔서. ☺ 현지네 가족은 맞벌이가족이어서 가족이랑 같이 있으면 좋아한다. 엄마 아빠가 일을 해서 현지가 집 청소를 해서 힘들겠다.
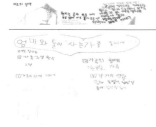	〈엄마와 둘이 사는 종미네 가족〉 ☺ 종미는 아빠를 자주 못 봐서 아빠가 보고 싶겠다. 종미는 엄마랑만 같이 있으니 심심하겠다. ☺ 종미는 엄마 아빠가 이혼해서 아빠가 보고 싶겠다. ☺ 종미는 좋아하는 아빠를 자주 만나지 못해 슬프겠다. 그치만 엄마가 더 자주 웃으니 괜찮겠다.

3) 〈만희네 집〉 – 가족이 있는 공간으로 확장하다.

그림책을 보면서 가족이 사는 문화(의,식,주)와 생활공간까지 가족의 의미를 확대
시켜 살펴보고자 했다. 〈만희네 집〉을 통해 집의 안팎을 살펴보고 우리 집을 그리고
만들어보는 과정과 국어의 설명하는 글쓰기를 통합했다. 국어 1단원에서 좋아하는
책 소개하기 활동을 하면서 설명하는 글을 써보았는데 무척 어려워했다. 2학년 아이
들에게 설명하는 글은 지식을 나누는 글이 아니다. 관찰하고 경험한 것을 자세히 나
타내는 글이다. 때문에 그 소재를 아이들과 가장 가까운 〈우리 집과 가족〉으로 했다.
막연하게 설명하는 글쓰기가 아니라 그림을 그리고 만들어 보았던 우리 집과 지금까
지 관찰하고 살펴본 가족의 모습을 설명하는 글로 쓰도록 했다. 그리고 이 글을 가지
고 이후 수행과제 'ㅇㅇ네 집 전시회'를 통해 소개하는 활동으로 이어지도록 계획하
였다.

〈우리 집과 가족〉 그림

우리 집과 가족 그림을 그린 후 우리 가족과 함께 살고 싶은 집 만들기를 하였
다. 이 활동을 정교화하기 위해서 〈만희네 집〉을 자세히 읽어보았다. '만희 네가 원
래 살던 집은 어떤 집일까요?', '어디로 이사를 갔나요?', '이 책에 숨겨져 있는 그림
의 비밀은 무엇일까요?' 등의 질문을 통해 그저 집의 겉모습뿐만 아니라 그림 속에
숨겨져 있는 가족들의 생활 모습을 찾아보도록 했다. 그리고 만희네 집과 우리 집을
비교해 보면서 내가 살고 싶은 집의 모습을 그려나가게 하였다.

만희네 집과 우리집 비교하면서 생각열기	
만희네 집	우리 집
▸ 안방－옛날부터 쓰던 물건이 많다. 증조할머니 때부터 쓰시던 가위가 있다. ▸ 부엌－ 맛있는 냄새와 이야기 소리가 있다. ▸ 현관－할머니께서 삼두매 부적을 붙이셨다. ▸ 만희방－놀 때는 마루까지 만희 방이 된다. ▸ 목욕탕－물놀이하는 것이 즐겁다. 아빠는 비누 거품으로 공룡 발톱을 만들어 보인다. ▸ 아빠방－책 냄새가 난다. 이불에서 나는 햇빛 냄새는 엄마 냄새만큼 고소하다. ▸ 광, 뒤꼍, 화단, 옥상이 있다.	* 우리 집에 있는 오래된 물건이나, 사연이 있는 물건은? * 우리 집 부엌에서는 주로 어떤 음식을 하나요? * 집에서 가족과 함께 한 놀이는? * 우리 집에서 이곳 하면 떠오르는 가족이 있는 장소가 있나요? 이 장소는 누가 주로 사용하나요?

끝으로 만희네 집을 참고하여 나만의 우리 집을 구상하였다. 자기의 생각만큼 작품이 완성되지는 않았지만 그림을 그리거나 만들기 활동 자체를 즐거워하면서 나만의 우리 집을 완성해 갔다. 활동이 끝나고 자신이 만든 '우리 집'을 설명하는 글을 쓰면서 새롭게 알게 된 가족의 모습을 구체화시켰다.

－ 내가 살고 싶은 집은 1층은 거실, 2층은 잠자는 데도 있고 옆에는 텐트를 치고 잘 수 있고 더울 땐 지붕을 열어서 잘 수 있다. 굴뚝에서 연기도 솔솔 난다. 그리고 돌집이다, 점토로 또 만들고 싶었다.
－ 오늘은 클레이로 내가 살고 싶은 집을 만들었다. 나는 2층집이다. 1층에는 집 2층에는 TV와 벤치가 있다. 내 생각에는 내 집이 제일 멋진 거 같았다.

〈내가 가족과 함께 살고 싶은 집〉 설명하는 글쓰기

우리 집을 관찰하여 집안 꾸미기

2학년 설명하는 글쓰기 지도는 어떻게 할까요?
- -
　　2학년에게 설명하는 글쓰기는 어렵습니다. 그냥 소개하는 것처럼 쓰라고 해도 '어떻게요?'라고 전혀 쓰지 못하는 아이들도 많습니다. 제일 처음 할 일은 소재를 주변에서 잘 아는 것으로 고르는 것입니다. 무언가를 배워서 쓰거나 알고 있는 지식을 설명하는 것은 아이들에게 글을 쓰고 싶은 마음이 생기지 않습니다. 그래서 내가 좋아하는 것, 알려주고 싶은 것, 늘 보고 들어서 친숙한 소재를 말하듯이 쓰게 합니다. 그 다음에는 아이들에게 글쓰기를 돕는 적절한 질문이 필요합니다. 알고 있고 경험했지만 어떻게 쓸지 시작을 못하는 아이들 곁에서 교사는 물꼬를 트는 질문을 해줍니다. 아이들이 대답하면 더 구체적으로 물어보면서 이 과정을 글로 나타내도록 이끕니다. 글로 쓰기보다는 먼저 말로 하는 것이 쉽기 때문입니다. 또 책이나 다른 사람의 글에서 잘 설명된 문장을 찾아보고 자신의 상황에 적용해 보게 합니다.
　　우리 집과 생활 모습을 설명하는 글을 쓸 때 다음과 같은 질문을 할 수 있습니다.

"여기는 어디인가요? 주로 누가 사용하지요?" / "우리 가족이 집에서 주로 하는 말과 행동은?" / "우리 가족이 자주 가는 장소는 어디인가요? 음식점, 운동하는 곳, 놀이터, 친척집 등등요. 가족에게 고마웠거나 너무나 서운했던 일을 한 가지씩 골라보면?" 등의 질문은 아이들의 생각을 글로 표현하기에 좋은 질문이 됩니다.

2. 가족의 의미를 재발견하다.

1) 나의 가족, 너의 가족, 우리 가족 – ○○네 집 전시회 이야기

보통 아이들이 가족이야기를 꺼낼 때는 다른 가족의 이야기를 들을 때이다. "어, 너희 집도 그래? 우리 집도 그런데."라던가 "너희 엄마는~ 근데 우리 엄마는~" 하고 말을 한다. 그리고 아이들은 새롭게 발견한 것이 많을수록 말이 많아진다. 2학년 아이들이 '가족의 발견' 주제를 통해 가족에 대해서 많은 이야기를 나누길 바랐다.

아이들은 이야기를 나누면서 새로운 생각을 갖게 되고 생각도 정리한다. 말하거나 들으면서 새로운 사실도 깨닫게 된다. 관련된 그림책을 읽고 다양한 활동을 하면서 아이들은 가족을 새롭게 살펴보았고 그 과정에서 새롭게 알게 된 사실이나 깨달음을 친구들과 이야기를 나누는 것이 2학년 아이들에게는 자기만의 의미를 형성하는 과정이 되지 않을까하는 생각이었기 때문이다.

아이들은 나의 가족 이야기를 하고 그리고 같은 반 친구의 가족 이야기를 들으면서 행복해 한다. '나의 가족이 이러이러한데... 어, 너의 가족도 그렇구나! 아하! 우리 반 친구들 가족 모두 그렇구나! 우리는 모두 가족과 함께 이렇게 살아가는구나! 다 다른 것 같지만 우리는 모두 똑같구나!' 아이들이 가족 이야기를 하면서 서로 확인하고 깨달은 것이 이런 것이 아닐까? 처음엔 나의 가족 이야기로 시작했지만 친구의 가족을 발견하고 다양한 우리들 가족으로까지 확대되는 것이다.

아이들이 활동 중에 발견한 이러한 이야기를 마음껏 펼칠 수 있도록 준비하였다. 그것이 첫 번째 수행과제 '○○네 집 전시회'이다. 이 수행과제 속에서 아이들이 자신의 가족 이야기를 하고 친구들의 가족 이야기를 듣고 공감하고 이해한다면 아이들은 우리가 설정한 목표에 도달한 것이 아닐까 한다.

수행과제인 '○○네 집 전시회'는 두 가지 활동으로 진행되었다.

① 작품 전시회의 작가와 관람자가 되기

먼저 '○○네 전시회'에 출품할 작가가 되어 집과 가족들의 생활을 주제로 만들어 온작품을 전시한다. 그리고 친구들에게 작품을 설명한다. 두 번째는 관람자가 되어 친구들의 작품을 보고 설명을 들으며 친구들 가족의 생활 모습을 살펴보는 것이다.

2학년 아이들이 잘 할 수 있을까? 우려 반 기대 반으로 드디어 '○○네 집 전시회' 날이 왔다. 우리 교실은 전시회장이 되고 아이들은 자기 책상에 그동안 만든 작품을 잘 보이게 올려 놓았다. 작가로서 어떻게 설명할까 생각하며 글쓰기 수첩에 글을 썼다. 전시회 직전이라 그런지 아이들 표정은 심각하고 진지했다.

모둠 안에서 돌아가면서 작품설명을 하였다. 아이들은 글쓰기 수첩에 적은 글을 읽으며 자기집 이야기를 한다. 내 방에 있는 자기가 좋아하는 인형 이야기와 주방에 대한 이야기를 한다. 그 곳에는 엄마가 있고 엄마가 무엇을 하는지 설명한다. 내가 우리 집을 이야기하는 것은 바로 나의 가족이 있기 때문이다. 그 곳은 다른 집과 같은 것 같지만 다르다. 나에게는 특별한 의미가 있다. 우리 가족이 함께 사는 집이기 때문이다. 그리고 친구들의 집 이야기를 듣는다. 그리곤 "우리 집도 좋은데 너희 집도 좋구나."하고 공감한다. 아이들은 어설프지만 우리 집을 설명하면서 이미 나의 가족을, 친구의 다른 가족을 다시 발견하고 있는 것이다.

○○네 전시회

– 여기는 내방이다. 나는 그 침대에 누우면 잠이 스르륵 온다. 그리고 더 잠이 스르르 오게 하는 것은 내 곰돌이 때문이다. 곰돌이는 내가 제일 좋아하는 인형이다. 마지막으로 책꽂이가 있다. 내 책꽂이는 책이 엄청 많다. 나는 이제까지 그 책을 다 읽었다.
– 내방은 내가 씁니다. 내 방엔 책이 많습니다. 친구들이 도서관이라고 합니다. 거실엔 피아노도 있습니다. 엄마가 사용합니다. 그리고 거실엔 티비가 있습니다.
– 우리 가족은 모두 멋져요. 우리가족 최고! 그리고 아빠가 제일 멋져요. 엄마는 요리왕입니다. 요리를 너무너무 잘합니다. 짱짱짱!

내 방 소개서

② '우리 가족의 생활 이야기' 발표

전시회에서 아이들은 작가로서 우리 집안 작품 소개를 재미있게 하였지만 가족의 생활 모습을 서로 잘 전달하지는 못하였다. 생활 모습을 구체적으로 소개하기엔 모둠별 발표 방식이 적당하지 않았다. 전시회를 통해서 친구들의 가족생활 모습을 알아보는 활동이 중요한 수행과제인데 모둠별 발표로는 한계가 있었다. 다른 모둠원과 바꾸어서 설명하려던 원래 계획을 전체 발표로 형식을 바꾸었다. 〈우리 가족생활 이야기〉를 나누면서 가족에 대한 의미를 좀 더 확장할 수 있었다. 한 명씩 친구들의 이야기를 듣고 각자 세 가족을 골라서 '○○네 가족은 ~해요' 쪽지를 써서 그 친구에게 붙였다. 자신이 깨달은 점, 자신이 발견한 점을 한 번 더 나누기 위해서이다. 대부분 '~좋겠다'는 표현이 많았는데 친구들의 발표를 들으면서 가족의 다른 모습과 역할에 대해 자신만의 언어로 이해했음을 알 수 있었다. 쪽지가 붙여있는 작품을 다시 전시하면서 친구들의 이야기를 다시 살펴보았다.

〈우리 가족의 생활 이야기〉 발표와 작품

아이들이 기록한 생각들

- 도*이는 여행을 자주 가는구나. 도*이네 가족은 공부를 열심히 하는구나. 그래서 똑똑하구나.
- 도*이네 가족은 여행을 많이 다닌다. 그리고 사실은 외국인이다. 비행기를 탈 때 울렁거린다.
- 예*이네 가족은 도서관에 많이 가요. 책을 좋아하기 때문이에요. 그리고 교회를 많이 다닌다. 좋겠다
- 윤*는 동생이 있어서 좋겠다. 동생이 시끄럽고 장난치고 방해해서 힘들겠구나.
- 윤*네 가족은 여행을 좋아한다. 자주 나가서 좋겠다. 윤*는 동생 윤* 때문에 힘들겠다.
- 태*이네 가족은 엄마, 아빠, 언니가 있다. 공원을 자주 가서 킥보드를 탄다. 또 영화를 자주 봐서 지겨워한다.
- 채*이네는 좋겠다. 제주도도 가고 웅진플레이도시도 가서 파도풀을 타서 정말 즐거웠겠다.
- 채*이는 엄마 아빠와 공원에서 인라인을 타는구나. 나보다 잘 탈까?
- 예*네 가족은 일요일마다 교회에 가는구나. 예*는 3부 예배까지 드려서 힘들겠다. 열심히 예배 드려.

이로써 첫 번째 수행과제인 ○○네 집 전시회가 끝났다. 이 과제 해결을 위해 여러 활동을 계획하였다. 실제 수업 장면에서 어떤 활동을 어떻게 구조화할 것인지를 결정하는 것은 교육과정 설계를 완성하는 열쇠이다. 특히 발달 특성상 형식적 사고가 어려운 초등학교 저학년 학생들에게는 어떤 경험을 제공하느냐가 교육의 성패를 가를 수도 있는 중요한 요소이다. 분절적이고 일회적인 활동이 아니라 하나 하나의 활동이 차곡차곡 쌓여져 〈가족의 발견〉 목표에 도달하고자 했기에 처음에 설계한 활동이 중간에 바뀌기도 했다. 백워드 설계는 여러 활동 끝에 한 번의 평가를 하는 구조가 아니다. 활동 중 지속적인 피드백을 통해 수정과 보완을 반복하며 의미 있는 활동이 될 수 있도록 진행된다. 이것이 백워드 설계의 장점이다.

2) 가족과 함께 길이 재기

아이들이 가족에 대해서 다시 배우는 이유는 가족은 아이들에게 가장 중요한 사람과 삶의 공간을 나타내기 때문일 것이다. 아이들에게 있어 가장 중요한 가족의 의미는 사랑일 것이다. 가족에 대해 배우면서 우리는 아이들이 가족의 사랑을 듬뿍 느끼길 바랐다. 가족과 함께 할 수 있는 활동으로 수학 교과의 길이 재기 단원을 통합하였다.

수학의 '길이 재기' 단원을 〈가족〉 단원과 통합할 때 많은 고민이 있었다. 수학을 재구성이라는 목적 아래 억지로 갖다 붙이는 건 아닐까하는 우려 때문이었다. 그러나 수학의 길이 재기 활동을 가족과 함께 하면 가족에 대한 사랑을 잘 느끼게 될 거라는 생각이 들었다. 또한 길이 재기는 무엇보다 실생활에서의 측정 능력이 중요한 목표인데 교실에서 하는 것보다 가족과 함께 길이 재기 활동을 하는 것이 이 단원의 목표를 성취하는 데에도 유용하지 않을까 하는 생각이 들었다.

가족과 함께 공부하고 가족의 도움을 받아서 수학 문제를 풀기도 하고, 가족과 즐거운 추억 쌓기를 하면서 '가족과 함께 길이 재기' 과제를 하도록 했다. 어려운 과제 해결을 통해 가족 간의 유대감과 사랑이 더 커지는 경험을 아이들이 갖게 하였다. 가족과 함께 길이를 재고, 함께 손과 발을 이용해서 사진을 찍는 과정을 통해 아이들은 가족과 더 가까워질 것이고 소중함도 느끼게 될 것이다. 또한 자신의 가족을 소중히 여길 줄 아는 사람만이 다른 가족도 존중하고 소중하게 여길 수 있을 것이다. 가족과 보낸 소중한 시간을 친구들과 나누면서 또한 친구들의 가족도 소중함을 알게될 것이다.

과제 안내

1. 〈가족과 함께 길이 재기〉 학습지하기
    ① 가족의 손이나 발 길이 재기
    ② 가족과 함께 집안의 물건 길이 재기
    ③ 위 문제에서 잰 숫자를 넣어서 덧셈과 뺄셈 문제를 만들어보고 풀어보세요
       문제의 예) 언니, 엄마, 나의 손 길이를 모두 더해보면?
                아빠의 발 길이와 나의 발 길이의 차이는?
2. 가족의 손이나 발 대고 그리고 오려오기
3. 가족과 함께 길이재면서 가족의 손이나 발로 멋있는 사진 찍어 클래스팅에 올리기

〈가족과 함께 길이 재기〉 학습지

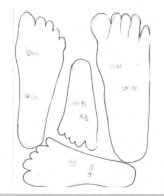

가족의 손이나 발 그림

가족 손발로 사진 찍기

잠깐!

우리 학급만의 통합은 언제든 필요해요

　　4차 교육과정 시기에 처음으로 등장한 통합교과는 지금까지도 우리나라 교육과정 변천사에서의 주목할 만한 큰 변화 중 하나로 꼽힙니다. 초등학교 1~2학년 학생들의 발달 단계와 학습자의 흥미, 관심 등을 고려하여 탈학문적인 접근의 통합교과를 도입하였습니다. 더 나아가 2009 개정 교육과정부터는 봄, 여름, 학교, 가족 등 대주제를 제시하였고 2015 개정 교육과정에서는 2개의 대주제를 한 권에 담아 계절별로 묶어 교과서로 나왔습니다. 학습자들이 경험하는 시간과 공간을 통합교과의 주제 및 내용으로 삼고 있지요. 여기서 이미 통합된 것을 다시 재구성해야 하는가? 라는 질문이 생길 수 있습니다. 하지만 기억해야 할 것은 교과서는 어디까지나 그러한 방향성을 가지고 표준적인 통합수업의 예시를 제시한 것이라는 점입니다. 그렇기 때문에 선택과 조정이 필요합니다. 우리 반 아이들만이 가진 특성이 분명히 있을 것이고, '나'라는 교사가 특별히 추구하는 가치나 교육적 의도가 있을 것입니다. 주어진 내용을 활용하는 것과 그것이 정답이라고 생각하는 것에는 분명한 차이가 있습니다.

3. 가족을 위한 선택 – 나도 할 수 있어요.

● [수행과제] '우리 집에 우렁 각시가 나타났어요.'

가족 구성원들은 함께 생활하면서 저마다 역할이 있다. 두 번째 수행과제는 이 역할에 관한 것이다. 집안일의 종류와 우리 집에서 누가 무슨 일을 하는지 살펴보고 내가 할 수 있는 집안일을 알아보는 데 그치지 않고 실제의 실천으로 이어질 수 있도록 두 번째 수행과제를 계획하였다. 이는 첫 번째 수행과제 활동과도 연결된다. 아이들은 '우리 엄마는 어디에서 무슨 일을 주로 하며 우리 아빠는 무엇을 좋아하며 어디에서 어떤 행동을 한다', '우리 가족은 무엇을 좋아하며 무엇을 잘 한다'라는 이야기를 하면서 구체적으로 나의 가족의 모습을 발견해간다. 이 과정은 가족의 소중함을 좀 더 깊게 느끼도록 해주는 것 같다. 아이들은 사랑하는 가족을 위해서 무언가를 하고 싶고 실제로 할 수 있다.

그동안 받아온 다른 가족의 도움에 고마움을 느끼고, 나도 사랑하는 가족을 위해 가족 몰래 우렁 각시가 되어 집안일을 실천하는 수행과제에 대한 아이들의 반응은 폭발적이었다.

이 수행과제를 하기 전에 내가 할 수 있는 집안일을 알아보고 일주일간 집에서 해보기 과제를 냈던 적이 있다. 집안일을 한 날에 스티커 붙이기를 했는데 일주일 뒤 아이들이 가져온 과제 학습지를 보았을 때 집안일을 실천한 비율이 60% 정도밖에 안 되었다. 그러나 이 수행과제는 시작부터 달랐다. 가족 모르게 집안일을 한다는 설정이 아이들에게 무척 흥미롭게 다가갔으며 나도 가족의 구성원이며 가족의 소중함을 발견한 아이들에게 집안일은 무척이나 기쁜 일이 되어있었던 것이다. 우리는 가족이 모르게 해야 하기 때문에 알림장에도 쓰지 않고 우리 반끼리 비밀로 하기로 약속했다.

아이들은 무척 흥미로워했지만 교사에게는 안전 문제가 마음에 걸렸다. 그래서 아이들에게 가장 강조한 점은 안전이었다. 아이들이 가족을 위해 하고 싶은 마음에 무리한 일을 하지 않도록 여러 번 이야기를 했다. 아이들은 "마니또가 되는 거네요.", "몰래카메라를 찍는 것 같아요." 하면서 어떻게 해야 몰래 할 수 있을까 즐거운 고민을 하면서 집으로 갔다.

그 다음날 아침 아이들이 교실에 들어오자마자 이야기를 하느라 바빴다. "선생님, 엄마가 계속 같이 있어서 들켰어요.", "엄마가 내가 방 치운 거 몰라요.", "선생님 어제 못했는데 오늘하면 안돼요?"

아직 과제를 하지 못한 아이들을 위해서 하루를 더 연장시켰다.

"우렁 각시가 하루 더 온다고 해요. 할 수 있겠어요?", "네."

그러곤 학부모들에게 아이들 몰래 다음을 안내하였다.

학부모 안내 글	아이들이 〈우리 집 우렁 각시가 되어〉 집에서 부모님 몰래 집안일 하기를 했습니다. 알아차리셨나요? 아이들이 무슨 일을 했는지 같이 이야기해보시고 칭찬해주세요.

이 수행과제를 마치고 쓴 아이들 글과 학부모들의 글 속에서 이 수행과제가 얼마나 아이들에게 매력적이었는지, 이 과제를 통해 가족의 역할을 어떻게 이해했는지를 알 수 있었다. 그리고 '가족은 사랑이다'라는 의미와 가족에 대한 '감사와 고마움'의 마음이 아이들 가슴 속에 가득 찼음을 느낄 수 있었다. 교사로서 뿌듯하고 기분 좋은 순간이었다.

'우리 집에 우렁 각시가 나타났어요.' 수행과제를 하고 난 후	
아이들 글 중에서	학부모 글 중에서
나는 신발장 정리를 하려고 했다. 너무 두근두근했다. 엄마가 자고 있을 때 정리를 했다. 엄마가 신발정리를 누가 했는지 물었다. 나는 아니라고 했다. 그리고 또 신발정리를 했다. 너무너무 두근두근했다.	
선생님이 부모님을 몰래 도우라고 하셨다. 나는 숟가락 젓가락을 정리하려고 마음먹었다. 집에 왔을 때 밥을 먹고 나서 숟가락 젓가락을 치웠다. 엄마가 물었다. "평소에 안하던 짓을 왜 해?" 내가 말했다. "그냥요." 내 생각에는 성공한 것 같다.☺	저는 그냥 도와 주는 건 줄 알았는데 마니또 한 거였다며 이불 정리를 하고 신발 정리를 하고 방 정리를 했었대요.~~^^ ㅎㅎ 그냥 하는 건 줄 알았다고 하니 내가 마니또 한 거 몰랐지~? 하며 즐거워하네요 고맙다고 이야기 해 주었답니다.~

Ⅳ 단원을 마무리하며

단원의 마무리 단계에서 가장 중요하게 생각했던 부분은 아이들과 함께 이 단원에서 무엇을 배우고 어떻게 느끼고 생각하는지를 나누는 것이다. 여러 활동을 했다는 것이 꼭 배움으로 남지는 않는다. 그래서 그동안의 활동과 시간을 되돌아보면서 우리 가족에 대해 다시 이야기 나누고 질문을 통해 단원을 정리했다.

"우리는 그동안 여러 가족의 형태와 생활모습을 살펴보았죠. 책에 나온 일곱 가족과 우리 반 친구네 집 이야기를 보고 들었어요. 가족의 역할을 살펴보고 내가 할 수 있는 일을 살펴보기도 했고, 내가 살고 싶은 집의 안팎도 만들어 보았어요. 이 단원을 마치며 수업에서 재미있고 새롭게 배운 것을 생각해보세요. 내가 잘했거나 어려웠던 것이 있었지요? 다시금 우리 가족을 생각해보아요. 우리 가족이 있어서 좋은 점, 가족의 행복을 위해 앞으로 내가 하고 싶은 일, 가족에게 고맙거나 서운하고 바라는 점 등 여러 가지요."

- 나는 가족이 있어 좋은 점을 알았다. 가족이 있으면 같이 살 수 있고 행복하기 때문이다(항상은 아니지만 흠). 우리 가족에게 바라는 점은 항상 아프지 않고 건강했으면 좋겠다. 아빠는 일하면서 다치지 않았으면 좋겠다.
- 우리 가족 공부를 끝냈다. 가족에 대해 알려고 선생님이 여러 책을 읽어주셨다. 그 중에 나는 세 엄마 이야기가 제일 기억난다. 그 이야기는 가족이 협동하는 이야기다. 우리는 여러 가지 가족을 봤다. 맞벌이 가족, 대가족, 새 가족, 이혼 가족 등을 보았다. 우리 가족의 장점은 똑똑한 것이다. 가족한테 바라는 점은 나는 가족이 자주 안아주면 좋겠다.
- 가족을 하고나서 가족에 대해 잘 알게 되었다. 가족이랑 함께 사니까 가족이 꼭 있어야겠다. 나는 전시회 때 설명을 잘한 것 같다. 가족의 행복을 위해 앞으로 내가 엄마 아빠 말을 잘 들어야겠다.
- 나는 발표하는 게 제일 힘들었고 제일 재미있었던 것은 집 만들기다. 나는 사실 동생 때문에 혼나서 늘 싫었다. 그치만 가족의 행복을 위해서 열심히 동생을 봐야겠다.
  만희네 집을 읽고 집에 대해 더 잘 알게 되었다. 그리고 이웃집에는 어떤 이웃이 살까를 읽고 이웃에 대해 알았다. 대가족이 제일 좋아보였다. 그 다음 맞벌이도 좋다. 엄마, 아빠는 나에게 사랑이다. 동생 윤*는 나에게 좋음이다.
- 우리 가족이 담배를 안 피워서 좋다. 언니가 웃긴 걸 해서 재밌고 나를 간지럽혀서 힘들다. 언니가 공부할 때는 심심하다. 아빠가 놀아줘서 고맙고 맛있는 걸 해줘서 좋다. 하지만 아빠가 쉬는 날에도 일하러 가서 서운하다. 엄마가 날 사랑해줘서 좋다. 근데 엄마가 짜증내서 속상하다. 엄마가 날 낳아줘서 좋다. 가족이 행복하기만 바란다.

아이들과의 마무리 활동 후 생각해보았다. '우리는 과연 가족을 발견했을까? 한 달 동안 여러 책을 읽고, 만들고, 그림 그리고, 글 쓰고, 발표하면서 우리는 저마다의 가족의 형태와 문화는 다 다르지만 존중받아야 함을 알고 실천할 수 있게 되었을까?

우리 아이들은 가족의 역할을 알고 가족의 구성원으로서의 역할을 해낼 수 있게 되었을까? 우리는 목표를 잊지 않고 목표에 맞게 수업을 계획하고 진행했을까?'

'가족의 의미는 결국 사랑과 고마움이다.' 어찌 보면 너무나 당연하여 진부하게 느껴지는 결론을 위해 해마다 학교에서는 '가족'에 대해 가르친다. 그런데 그 수업은 설계 의도에 따라 다 다르다.

첫 번째 빅아이디어 '집집마다 가족의 형태와 생활 모습은 다르다.'에 따라 책과 전시회를 통하여 우리 주변의 여러 가족을 살펴보았다. 여러 책을 읽고 조사하면서 아이들은 집집마다 가족 구성원이 다르고 생활도 다름을 알 수 있었다. 그렇지만 정작 내 친구들의 가족에 대해 알기는 쉽지 않았다.

따뜻한 가족의 아이들은 쉽게 가족 이야기를 드러낸다. 의도하지 않아도 자랑하게 된다. 우리 가족은 어디를 갔다 왔고, 부모님이 무엇을 사주었고, 나를 아껴주시고 사랑한다고 표현한다. 이를 보는 어떤 아이들은 부러운 마음이 들지만 우리 가족에 대해 딱히 하고 싶은 말이 없다. 남들과 다른 가족의 구성이나 깊은 속사정은 드러내기가 싫다. 좋은 것뿐만 아니라 속상하고 어려운 것까지를 드러낼 수 있어야 수업은 살아난다. 가족의 공동체성이 교실에서도 발현되어야 아이들은 속 이야기를 한다. 그러나 여기까지 가려면 시간이 필요하다.

나는 '○○네 집 전시회'를 가장 중요한 수행과제로 정했고 아이들은 열심히 자기 작품을 준비했다. 그러나 대부분의 아이들은 뭘 그리고 뭘 쓸지 몰랐다. 가족 사이에서 특별한 일이 없기 때문이다. 집을 만들 때도 그러했다. 우리 집은 소개할 게 없다고들 생각했다. 아파트에 살지 않는 아이들은 아파트에 대한 부러움이 있고, 부모님이 바빠서 늦게 들어오는 아이들은 특별히 할 이야기가 없다고 생각했다.

그래서 아이들에게 계속 질문을 던졌다. 가족과 같이 자주 하는 일, 우리 가족이 자주 가는 음식점, 같이 하는 운동 등을 생각해보라고. 한 번이라도 여행을 갔다면 그 기억을 떠올려보거나 걱정되거나 싸웠거나 속상한 일도 떠올려보라고. 〈만희네 집〉처럼 우리 집의 장소를 관찰하고 거기서 있었던 가족과의 이야기를 써보라고.

전시회를 열었던 이유는 잘 만든 작품과 특별한 이야기가 담긴 그림을 보고자 함이 아니었다. 대부분의 아이들은 어느 집에나 있는 것, 그 평범한 것을 드러내었는데 다른 친구들의 집도 비슷함을 알게 되었다. 어떤 친구네가 부럽기도 했지만 그래도 우리 가족이 소중하다고 말했다.

아마도 그냥 활동만 했더라면 발견할 수 없었을 것이다. 아이들은 처음에는 1학년 때처럼 우리 가족은 몇 명이고 어디에 살고 등등 가족에 대해 간단하게 소개하는 정도에 그쳤다. 그러나 수업이 한 방향을 가지고 흘러감에 따라 우리는 더 깊이 '가족'이라는 주제에 들어가게 되었다.

지금의 가족이 마음에 들지 않는다고 가족을 바꿀 수는 없다. 그래서 교과서나 그림책에서는 혼자 사는 고양이를 주인공으로 내세운다. 처음에는 참 생뚱맞다고 생각했는데 아이들의 가족에 대한 본심을 고양이를 통해서 드러내게 함을 알았다.

책에 나오는 고양이처럼 가족을 선택할 수는 없지만 가족에 대한 바람은 누구나 가지고 있다. 우리 아이들은 다양한 가족의 형태보다도 제일 중요한 것은 서로 위해 주고 따뜻한 가족이라고 했다. 경제적으로 풍요로운 가족이길 바라기도 하지만 이조차도 첫 번째 기준은 아니었다.

가족을 위해 스스로 집안일을 한 우렁 각시 수행과제는 그래서 더 특별한 의미가 있었다. 이 과제를 통하여 두 번째 빅아이디어인 우리 집은 가족이 함께 꾸려 감을 조금이나마 느끼게 되었기 때문이다.

아이들은 집안일을 조사하면서 생각보다 집안일이 많고 이를 가족 누군가가 하고 있음을 다시 생각하게 된다. 수행과제를 하면서 자신도 가족을 위해 뭔가를 할 수 있다는 기쁨을 느낄 수 있었다. 여느 때처럼 하던 일도 우렁 각시가 되어 하니 특별하게 다가왔다.

가족과 함께 길이 재기 과제는 이벤트처럼 즐겁게 할 수 있었다. 아이들은 자신을 위해 과제를 함께 해주는 가족이 있음을 고마워했다. 자신을 돌보아주는 든든한 울타리이자 늘 함께 생활하는 가족에 대해 평소에는 그 소중함을 느끼고 고마움을 표현하기 어렵다. 생일이나 어버이날 같은 기념일을 챙기는 것은 매일 반복되는 생활 속에서 놓치기 쉬운 서로의 사랑을 특별하게 확인하고 표현하기 위해서다. 가족과 과제를 같이 하는 날은 아이들에게는 특별한 기념일처럼 다가갔다. 그리고 지금까지 당연하게 여겼던 일들이 새삼스럽게 다시 보이고 고맙게 여겨진다면 그것이 바로 가족의 재발견이 아닐까?

그러나 과제를 함께 하기 어려운 가족도 있었다. 수행과제를 너무나 버거워하는 아이도 있었다. 가족 수업을 할 때 교사들은 그 아이들 때문에 고민에 빠지게 된다. 이번 수업을 하면서도 역시 같은 문제가 있었지만 그 아이들이 보여주는 것을 그대로 인정하려고 노력했다.

그 동안의 공부를 아이들과 같이 되돌아보면서 아이들도 교사인 나도 무척 뿌듯했다. 의미 있게 공부할 내용을 아이들과 함께 정하고 모둠 친구들과 가족들과 함께 하면서 공부가 즐거웠다. 2학년 아이들이 할 수 있을까 의문이 들었던 조사 학습과 설명하는 글쓰기를 기대 이상으로 해내는 과정을 보면서 우리 반이 서로 도우며 높은 산을 하나 넘은 것 같았다.

사실 나에게 이미 주제통합 되어있는 통합교과는 그리 많이 고민하지 않았던 교과였다. 특히 저학년에서 국어, 수학은 도구교과가 아닌 독립교과로서 따로 재구성되어야 한다고 생각했다. 그러나 국어, 수학도 통합교과와 다시 통합하고 재구성하면서 좀 더 아이들 생활과 밀접해지고 풍부해지며 성취기준에 잘 도달할 수 있음을 알게 되었다.

또한 이렇게 구성함으로써 차시 목표 도달에만 그치는 것이 아니라 좀 더 큰 목표(학교비전이나 학년 비전까지)까지 염두에 두고 수업을 진행할 수 있다는 것을 알았다. 흔히 저학년 수업은 활동만 잘해도 성공이라는 인식이 있다. 1학년 아이들이 뭘 그렇게까지, 2학년 아이들이 이 정도면 됐지 라고 생각하기 쉽다.

그러나 나는 그 활동이 배움으로 이어지는지에 관심을 갖게 되었다. 기본적인 지식과 기능을 익히는 것은 저학년에서 중요한 활동 요소이다. 그러나 그 자체만으로는 목표가 될 수 없다.

또한 정해진 주제, 짜여진 교육과정은 교사인 나도, 우리 아이들도 수업에 수동적으로 임하게 한다. 아이들의 삶에 밀접한 주제에 필요한 교과를 통합하고, 단원 계획을 세우고, 수업을 하는 백워드 설계가 통합교과에도 유효했다.

아무리 잘 짜여 있어도 **주어진** 것은 통합교과는 **나의** 교육과정이 아니었다. 내 손으로 다시 설계하는 통합 수업이었기에 〈가족〉이 우리 모두에게 의미 있게 다가왔다. 아이들은 가족을, 그리고 나는 나의 교육과정을 재발견했던 소중한 시간들이었다.

06
나비를 만나다! 사랑을 배우다!
- 더 나은 삶을 위하여, 더 나은 교육과정을 위하여 -

"자세히 보아야 예쁘다. 오래 보아야 사랑스럽다. 너도 그렇다."

- 나태주 -

I 고민의 시작

새로운 친구들을 만나 새로운 관계를 맺으며 시작한 3학년 첫 번째 주제 '함께 하는 즐거움'이 끝났다. 10살이 되어 맞이하는 어버이날을 의미 있게 보내자며 계획 한 두 번째 주제 '내가 준비하는 가족 행사'도 끝나가고 있었다. 하지만 세 번째 주제 에 대한 나의 고민은 계속되고 있었다. '생명의 소중함'이라는 주제로 도덕, 국어 등 여러 교과에서 엮을 수 있는 단원과 시수를 확보하기는 했지만 어떤 빅아이디어로 이 많은 시간들을 이끌어 가야 할지 막연하기만 했다. 과학에서 배우는 '동물의 한살 이'를 중심으로 동물에 대한 노래를 배우고 그림을 그리며 동물에 대한 지식과 단순 한 재미로 시간들을 채울 수는 있었다. 하지만 아이들과 내가 지속적으로 흥미를 느 끼며 새롭게 의미를 깨달을 수 있는 매력적인 빅아이디어를 찾기가 쉽지 않았다.

우선 책의 도움을 받아보기로 했다. 지도서 구석구석에 있는 내용들을 읽어보고 동물이나 생명과 관련된 책들을 학교 도서관과 근처 서점, 공공도서관에서 찾아보았 다. 동물에 대한 호기심을 갖게 하는 짧은 그림책, 동물에 대한 지식을 전달하는 과 학도서, 환경교육과 관련하여 멸종 위기에 있는 동물들을 소개하는 책들을 찾을 수 있었다. 수업에 활용하면 아이들의 흥미를 유발하고 수업의 폭을 넓힐 수 있는 책들 이 많았다. 하지만 이 단원 전체를 이끌어갈 수 있을 만큼 다양한 이야깃거리와 깊이 있는 생각할 거리를 담고 있는 책을 찾기는 힘들었다.

다음엔 아이들에게도 물어보기로 하였다. 세 번째 주제인 '생명'을 소개하고 어떤 것들을 배우고 싶은지 물어보았다. 아이들은 생명이라는 말보다는 동물이라는 말에 더 많은 관심을 보였다. 처음에는 키우고 있는 동물을 그려서 소개하거나 도서관에 가서 책을 찾아보자는 단순한 이야기들이 나왔지만 아이들이 할 수 있는 선택의 폭을 넓혀주는 예를 여러 가지 들어주자, "동물을 실제 크기로 크게 그려 보고 싶어요, 동물이 나오는 연극을 하고 싶어요, 집에 있는 동물을 친구들에게 소개시켜 주고 싶어요." 등 교사가 생각하지 못했던 부분들도 찾으며 새로운 주제에 대한 흥미와 호기심을 보였다. 아이들이 이미 경험했거나 경험해 보고 싶은 활동 위주의 내용들이 많았다. 수업의 내용을 넓히고 아이들의 수준을 파악하는 데 많은 도움이 되었다.

마지막으로 선생님들에게 도움을 청했다. 나와 같은 고민을 하고 있는 3학년 선생님들과 이미 이런 고민을 해 보았을 연구소 선생님들에게 물어보았다. 나의 질문은 빅아이디어였지만 내 질문은 3학년 교육과정의 기본 개념과 원리, 요즘 3학년 아이들이 좋아하는 것과 필요로 하는 것, 어떤 자료가 효과가 있었는지까지 꼬리에 꼬리를 물고 펴져 나갔다. 그리고 3학년 아이들이 얼마나 많은 변화를 겪고 있는 시기인지, 부모님의 울타리 안에서 곱게 크던 아이들이 조금씩 자아가 생기고 주변의 사회와 자연에 관심을 갖게 되면서 얼마나 달라지고 있는지에 대하여 들을 수 있었다. '총을 거꾸로 쏜 사자 라프카디오'와 '나는 3학년 2반 7번 애벌레', '꽃들에게 희망을' 등의 책도 추천받았다.

책, 아이들, 선생님들의 도움을 받고서야 '생명'이라는 주제를 좀 멀리 떨어뜨려 놓고 넓어진 관점으로 교육과정을 바라볼 수 있었다. 그제서야 나의 고민은 조금씩 풀리기 시작했다. 여기저기 흩어져 있던 수업 계획들을 하나의 끈으로 묶을 수 있을 것 같다는 희망이 보였다. 나와 아이들이 새로운 경험을 통해 가질 수 있는 의미 있는 관점과 전체를 아우를 수 있는 큰 그림이 조금씩 그려지기 시작했다.

잠깐! **단원의 주제가 너무 막연하다고요?**

교과의 일반화된 지식과 학년의 성취기준을 중심으로 주제는 정했는데, 빅아이디어를 만들거나 수행과제를 만들기 어려울 땐 책과 아이들, 주변 선생님들의 도움을 받아보세요. 지도서에 있는 참고자료와 관련 사이트는 물론 아이들이 쉽게 찾을 수 있는 학교 도서관과 서점에 있는 책들은 주제로 다가갈 수 있는 생각의 폭을 넓혀 줍니다. 아이들과 함께 공유한 주제는 아이들은 물론 교사에게 하고 싶다는 희망으로 다가옵니다. 같은 고민을 하고 있는 선생님들의 조언은 교사가 미처 보지 못했던 아이들의 모습과 폭넓은 수업 자료를 찾게 해 주고, 교육과정을 조금 더 깊고 넓게 바라볼 수 있게 도와줍니다.

1. 단원명: 나비를 만나다! 사랑을 배우다!

교실에 새 식구가 들어왔다. 케일 화분 잎자루에 붙어 있는 아주 작은 노란 알, 그리고 꿈틀거리며 케일 잎을 갉아먹는 초록색 애벌레. 배추흰나비의 알과 애벌레였다. 너무도 작아 알인지 먼지인지 한참을 보아야 찾을 수 있는 배추흰나비의 알이었다. 평소 같으면 징그럽다고 소리를 지르며 저 멀리 도망을 갔을 털 많은 애벌레였다. 하지만 아이들은 교실에 들어오자마자 배추흰나비의 알과 애벌레의 안부를 먼저 살핀다. 저 멀리 등교하는 친구에게 달려가 새 식구의 변화를 먼저 알려준다.

눈을 크게 뜨고 한참을 살펴야 볼 수 있는 알과 애벌레였지만 자세히 보았기에 그 꿈틀거리는 모습도 신기하고 귀엽게 여겨졌을 것이다. 이 애벌레뿐만 아니라 자세히 보면 모든 생명이 예쁘다는 것을 깨닫게 해 주고 싶었다. 관심을 갖고 오랫동안 살펴보면 모든 생명이 아름답고 소중하다는 것을 느끼게 해 주고 싶었다. 그 아름다운 생명과 우리가 함께 어울려 살아가야 하고 그러기 위해서는 우리의 관심과 노력이 필요하다는 것을 알고 이를 실천하려고 하는 의지를 갖게 하고 싶었다.

2. 교육과정 설계의 주요 내용 체계

교과	핵심개념	일반화된 지식	내용 요소
도덕	성실	인간으로서 바르게 살아가기 위해 자신에게 거짓 없이 정성을 다하고 인내하며, 스스로 자신의 욕구를 다스린다.	왜 최선을 다해야 할까? (인내)
	책임	인간으로서 도덕적 책임을 다하기 위해 인간의 생명과 자연, 참된 아름다움과 도덕적 삶을 사랑하고, 긍정적인 삶의 자세를 가진다.	생명은 왜 소중할까? (생명 존중, 자연애)
국어	▶듣기·말하기의 구성요소 •화자·청자·맥락 ▶듣기·말하기의 과정 ▶듣기·말하기의 전략 •표현 전략 •상위 인지 전략	화자와 청자는 의사소통의 목적과 상황, 매체에 따라 적절한 전략과 방법을 사용하여 듣기·말하기 과정에서의 문제를 해결하며 소통한다.	인과 관계 표정, 몸짓, 말투 요약하며 듣기
	▶읽기의 구성 요소 •독자·글·맥락 ▶읽기의 과정 ▶읽기의 방법 •사실적 이해	독자는 배경지식을 활용하며 읽기 목적과 상황, 글 유형에 따라 적절한 읽기 방법을 활용하여 능동적으로 글을 읽는다.	중심 생각 파악 내용 간추리기 추론하며 읽기 사실과 의견의 구별

교과	핵심개념	일반화된 지식	내용 요소
	• 추론적 이해 • 비판적 이해 • 창의적 이해 • 읽기 과정의 점검		
과학	생식	생물은 유성 생식 또는 무성 생식을 통해 종족을 유지한다. 다세포 생물은 배우자를 생성하고 수정과 발생 과정을 거쳐 개체를 만든다.	동물의 한살이 완전·불완전 탈바꿈 동물의 암·수 동물의 암·수 역할
음악	• 소리의 상호 작용 • 음악의 표현 방법	다양한 음악 경험을 통해 소리의 상호 작용과 음악의 표현 방법을 이해하여 노래, 연주, 음악 만들기, 신체표현 등의 다양한 방식으로 표현한다.	음악의 구성 자세와 연주법
	• 음악의 활용 • 음악을 즐기는 태도	음악을 생활 속에서 활용하고, 음악이 삶에 주는 의미에 대해 이해함으로써 음악을 즐기는 태도를 갖는다.	음악과 행사 음악과 놀이
미술	발상	주제를 다양한 방식으로 탐색, 상상, 구상하는 것은 표현의 토대가 된다.	다양한 주제 상상과 관찰
	제작	작품 제작은 주제나 아이디어에 적합한 조형 요소와 원리, 표현 재료와 용구, 방법, 매체 등을 계획하고 표현하며 성찰하는 과정으로 이루어진다.	표현 계획 조형 요소 표현 재료와 용구

3. 빅아이디어

> * 자세히 보아야 예쁘다. 오래 보아야 사랑스럽다. 모든 생명이 그렇다.

3학년은 사회성과 지적 호기심이 한창 자라나는 시기이다. 사물에 대한 관찰력이 높아지고 주변에서 생기는 일에 관심이 많아진다. 새로운 지식을 앎의 즐거움으로 받아들이며 열정이 생기기도 하지만, 친구와의 관계가 중요해지면서 갈등이 심하게 발생하기도 한다. 그리고 어느 정도 학교생활에 익숙해진 3학년 아이들은 이젠 마냥 선생님과 부모님의 말을 잘 듣는 착한 아이가 아니다. 자신의 미래에 대한 관심과 호기심이 많아지는 시기로, 엄마와 아빠의 울타리에서 벗어나 조금씩 세상을 향해 스스로 서기 시작하는 아이들이다. 이런 아이들에게 긍정적인 자아정체성을 가지고 세상의 아름다움을 바라볼 수 있는 교육의 시간을 갖게 하고 싶었다.

일반화된 지식 중에서 '인간으로서 도덕적 책임을 다하기 위해 인간의 생명과 자연, 참된 아름다움과 도덕적 삶을 사랑하고, 긍정적인 삶의 자세를 가진다.'는 것을 큰 그림으로 하여 단원을 설계하였다. 교실에 찾아온 나비의 알을 지속적으로 관찰하여 글과 그림으로 표현해보는 것을 시작으로, 생명이 얼마나 소중하고 아름다운 것인지 깨닫고 생명을 지키기 위해서는 많은 관심과 끊임없는 노력이 필요하다는 것을 수행과제를 통해 실천해볼 수 있도록 하였다. 보이지도 않는 작은 알에서 시작된 관심과 사랑이 나비뿐만 아니라 나 자신, 내 옆에 있는 친구, 우리 주변에 있는 동물에 대한 관심과 성찰로 이어지게 하였다. 나아가 생명의 아름다움을 발견하는 놀라움과 기쁨이 사랑으로 커갈 수 있도록 단원을 설계하였다.

4. 핵심질문

* 생명은 왜 소중할까?
* 생명을 사랑한다는 것은 어떤 것일까?
* 생명이 아름답다는 것은 무슨 의미일까?
* 생명의 아름다움을 어떻게 표현할 수 있을까?
* 생명은 어떻게 태어나 자라나고 유지될 수 있을까?

이 단원에서 가장 근본적인 질문은 '생명은 왜 소중할까?'이다. 생명이란 것이 무엇인지, 생명의 아름다움이란 무엇인지, 생명이 소중한 이유는 무엇인지, 그 소중함을 지키기 위해 어떤 노력이 필요한지에 대한 답을 스스로 찾아갈 수 있도록 많은 질문을 접할 수 있도록 하였다. 그리고 이 질문에 대한 답을 찾기 위해 아이들이 생명을 자세히 오랫동안 들여다볼 수 있도록 여러 가지 활동을 계획하였다.

5. 단원 학습 목표

* 생명의 소중함을 이해하고 참된 사랑을 실천할 수 있다.
* 생명을 자세히 관찰하여 다양한 재료와 용구를 사용하여 표현할 수 있다.
* 생명의 아름다움과 소중함을 표현한 노래를 다양한 방식으로 표현할 수 있다.
* 동물의 한살이 과정을 관찰하고 다양한 방법으로 종족이 유지됨을 이해할 수 있다.
* 글을 읽고 중심 생각을 파악하고 내용을 간추릴 수 있다.

배추흰나비의 한살이를 가까이에서 지켜보면서 생명의 변화에 호기심을 갖게 하고 지속적인 관찰로 생명의 아름다움을 발견하는 기쁨을 누릴 수 있도록 하였다. 능동적인 책 읽기와 다양한 방법의 토의 활동을 통해 생명을 자세히 들여다볼 수 있도록 하였고, 아주 작은 생명으로 시작된 사랑이 우리 반 친구, 우리 주변 동물에 대한 사랑으로 커질 수 있도록 하였다. 단원을 통해 생명의 소중함과 아름다움을 깨닫고 그 생명을 지키기 위한 작은 사랑을 생활 속에서 실천할 수 있도록 하였다.

6. 단원 학습 계획

관련교과	국어	도덕	과학	음악	미술	창체	계
소요차시	27	8	12	8	8	4	67

교과	단원명	성취기준	주요 학습 내용
도덕	2. 인내하며 최선을 다하는 생활	[4도01-03] 최선을 다하는 삶을 위해 정성과 인내가 필요한 이유를 탐구하고 생활 계획을 세워본다.	- 인내하며 최선을 다하는 삶의 의미와 중요성 알기 - 인내하며 최선을 다하는 삶을 살기 위한 다짐하기 - 최선을 다하는 삶과 관련된 상황에서 바르게 판단하는 힘 기르기 - 최선을 다하는 생활 실천하기
	6. 생명을 존중하는 우리	[4도04-01] 생명의 소중함을 이해하고 인간 생명과 환경 문제에 관심을 가지며 인간 생명과 자연을 보호하려는 태도를 가진다.	- 생명을 소중히 여겨야 하는 까닭 알기 - 생명을 소중히 여기는 태도 기르기 - 생명을 대하는 올바른 태도가 무엇인지 바르게 판단하기 - 생명의 가치를 느끼고 실천하기
국어	5. 중요한 내용을 적어요.	[4국01-05] 내용을 요약하며 듣는다. [4국02-02] 글의 유형을 고려하여 대강의 내용을 간추린다. [4국04-02] 낱말과 낱말의 의미 관계를 파악한다.	- 내용을 간추리는 방법 알기 - 이야기를 듣고 내용 간추리기 - 글을 읽고 내용 간추리기 - 책을 읽고 내용 간추리기 - 책 소개하기
	6. 일이 일어난 까닭	[4국01-03] 원인과 결과의 관계를 고려하며 듣고 말한다. [4국03-02] 시간의 흐름에 따라 사건이나 행동이 드러나게 글을 쓴다.	- 원인과 결과 알기 - 원인과 결과에 따라 말하는 방법 알기 - 원인과 결과 생각하며 경험 말하기 - 원인과 결과 생각하며 이야기 꾸미기
	8. 의견이 있어요.	[4국02-01] 문단과 글의 중심 생각을 파악한다. [4국02-02] 글의 유형을 고려하여 대강의 내용을 간추린다. [4국03-03] 관심 있는 주제에 대해 자신의 의견이 드러나게 글을 쓴다.	- 의견의 뜻 알기 - 글을 읽고 인물의 의견과 그 까닭 알기 - 글쓴이의 의견을 파악하는 방법 알기 - 의견을 파악하며 글 읽기 - 알림 활동하기
과학	3. 동물의 한살이	[4과10-01] 동물의 암·수에 따른 특징을 동물별로 비교해 보고, 번식 과정에서 암·수의 역할이 다양함을 설명할 수 있다. [4과10-02] 동물의 한살이 관찰 계획을 세우고, 동물을 기르면서 한살이를 관찰하며, 관찰한 내용을 글과 그림으로 표현할 수 있다.	- 동물의 암·수 특징 비교하기 - 배추흰나비를 기르기 위한 계획 세우기 - 배추흰나비알, 애벌레, 번데기, 어른벌레의 특징 관찰하기 - 곤충의 한살이 알기 - 알을 낳는 동물의 한살이 알기

교과	단원명	성취기준	주요 학습 내용
		[4과10-03] 여러 가지 동물의 한살이 과정을 조사하여 동물에 따라 한살이의 유형이 다양함을 설명할 수 있다.	- 새끼를 낳는 동물의 한살이 알기 - 여러 가지 동물의 한살이 비교하기 - 동물의 한살이 만화로 표현하기
음악	2-6. 종달새의 하루 2-8. 안전한 세상	[4음01-01] 악곡의 특징을 이해하며 노래 부르거나 악기로 연주한다. [4음01-03] 제재곡의 노랫말을 바꾸거나 노랫말에 맞는 말붙임새로 만든다.	- 악곡의 특징 이해하기 - 가사의 뜻을 살려 노래 부르기 - 노랫말 바꾸어 부르기 - 바른 자세와 주법으로 악기 연주하기
미술	1-6. 관찰하고 표현해요. 1-4. 생활 속 주제를 찾아서	[4미01-02] 주변 대상을 탐색하여 자신의 느낌과 생각을 다양한 방법으로 나타낼 수 있다. [4미02-01] 미술의 다양한 표현 주제에 관심을 가질 수 있다.	- 대상 관찰하기 - 그리기 재료로 표현하기 - 찰흙으로 나타내기 - 책 읽고 인상 깊은 장면 표현하기

7. 수행과제 및 평가 계획

온작품 읽기를 한 '꽃들에게 희망을'의 주인공인 호랑 애벌레가 변화하는 과정인 애벌레-고치-나비의 흐름으로 수행과제 1, 2, 3을 설계하였다. 그리고 나비가 되어 찾아간 동물원이라는 주제로 수행과제 4를 설계하였다.

수행과제 1은 애벌레에게 배우는 우정이라는 주제로 잡았다. 호랑 애벌레를 곁에서 기다려주고 응원해 준 노랑 애벌레처럼 아이들도 학급에서 비밀 친구를 만들어 일주일이라는 긴 시간 동안 친구를 자세히 살펴보고 도와주며 그동안 알지 못했던 친구들의 참된 아름다움을 발견해 보도록 하였다. 수행과제 2는 고치에게서 배우는 인내라는 주제이다. 꿈에 대한 간절함으로 애벌레의 편안함을 버리고 오랜 기다림을 선택한 고치처럼 아이들도 간절히 원하는 것을 찾아 구체적인 계획을 세워 끈기 있게 실천해 보도록 하였다. 그러면서 내 안에 숨어있는 아름다움과 나도 할 수 있다는 자신에 대한 믿음을 찾을 수 있도록 설계하였다. 수행과제 3은 꽃과 꽃을 연결시켜주며 새로운 생명을 만드는 나비에게 배우는 생명의 소중함이라는 주제이다. 알에서부터 나비가 되기까지의 오랜 시간 동안 나비를 자세히 지켜보면서 나비에 대한 사랑을 배우고, 나비를 위한 진정한 사랑은 옆에 두고 보는 것이 아니라 나비가 원하는 삶을 선물하는 것이라는 것을 깨달을 수 있도록 하였다. 수행과제 4는 나비가 되어 찾아간 동물원이라는 주제로, 동물원의 동물들을 자세히 관찰하여 그 아름다움을 커다란 그림으로 표현해 보는 것으로 시작하였다. 동물들의 특징이 나타나 있는 책을 읽고 내용을 간추려 친구들에게 소개해 보며 동물에 대한 사랑을 키울 수 있도록 하였다. 동물의 입장에서 동물들의 눈으로 동물원을 바라보는 활동을 통해 전시동물의 눈물과 아픔을 이해하도록 하고, 사람들을 위한 동물원이 아니라 동물들을 위한 동물원을 상상해 보고 꾸며 보며 생명에 대한 참된 사랑이 무엇인지에 대해 생각해볼 수 있는 기회를 갖게 하였다.

눈에 잘 보이지도 않는 작은 알에서 시작된 생명에 대한 단순한 호기심이, 자세한 관찰과 깊은 성찰로 오랫동안 이어지며 그 생명에 대한 참된 사랑으로 커져갈 수 있기를 바랐다. 나아가 그 생명을 지키기 위한 작은 실천의 첫걸음이 되기를 바랐다.

* 자세히 보아야 예쁘다. 오래 보아야 사랑스럽다. 모든 생명이 그렇다.

[수행과제 1] 애벌레에게 배우는 우정

'꽃들에게 희망을'에서 노랑 애벌레는 호랑 애벌레 속에도 나비가 들어있다고 믿었습니다. 호랑 애벌레가 자신을 알아보지 못했지만 나비가 될 수 있도록 기다려주고 도와주었습니다. 우리도 노랑 애벌레처럼 친구들 속에 숨어있는 좋은 점을 찾아보고 친구들을 도울 수 있는 일을 찾아 실천해 봅시다.
  1. 친구에게 관심을 갖고 일주일이라는 오랜 시간 동안 자세히 살펴봅니다.
  2. 친구가 가지고 있는 좋은 점(말이나 행동, 성격, 특기, 생활 태도, 습관 등)을 찾아 매일 기록합니다.
  3. 친구를 위해 내가 도와줄 수 있는 일을 찾아 매일 1가지 이상씩 실천하고 기록합니다.
  4. 일주일 뒤에 나를 도와준 친구를 찾아보고, 그동안 내가 기록한 것을 선물합니다.
  5. 쉿! 내가 누구에게 관심을 갖고 도와준다는 것은 일주일 동안 비밀입니다.

교과	단원명	평가내용	평가방법	평가기준					
				잘함		보통		노력요함	
도덕	6. 생명의 소중함	친구를 자세히 오랫동안 살피며 친구의 좋은 점을 찾고, 친구를 위해 할 수 있는 일을 찾아 실천할 수 있다.	보고서	친구를 자세히 오랫동안 살피며 친구의 좋은 점을 찾고, 친구를 위해 할 수 있는 일을 다양하게 찾아 실천함.		친구를 자세히 살피며 친구의 좋은 점을 찾으며, 친구를 위해 할 수 있는 일을 찾아 실천함.		친구에게 관심을 갖고 자세히 살피지 못하고, 친구를 위해 할 수 있는 일을 찾아 실천하지 못함.	
				교사	학생	교사	학생	교사	학생

[수행과제 2] 고치에게 배우는 인내

'꽃들에게 희망을'에서 고치가 나비가 될 수 있었던 까닭은 무엇일까요? 우리 주변에도 여러 가지 어려움을 참고 견디며 자신의 꿈을 이루기 위해 꾸준히 노력하는 사람들이 있습니다. 우리도 그 분들을 본받아 인내하며 최선을 다하기 위해 노력해 봅시다.

1. 인내하며 최선을 다하는 사람들의 이야기를 찾아보고, 본받을 점을 생각해 봅니다.
2. 내가 간절히 원하는 것을 찾아보고, 실천 계획을 세워 부모님께 약속합니다.
3. 내가 세운 계획을 꾸준히 실천한 후 그 내용을 정리합니다.
4. 내가 노력한 내용을 부모님께 말씀드리고 내가 얼마나 자랐는지 살펴봅니다.

교과	단원명	평가내용	평가방법	평가기준					
				잘함		보통		노력요함	
국어	6. 일이 일어난 까닭	인내하며 최선을 다한 사람을 찾아 그들이 목표를 이룰 수 있었던 까닭을 말할 수 있다.	서술형	인내하며 최선을 다한 사람을 찾아 그들이 목표를 이룰 수 있었던 까닭을 말함.		인내하며 최선을 다한 사람을 찾으나 목표를 이룰 수 있었던 까닭을 말하지 못함.		인내하며 최선을 다한 사람을 찾지 못함.	
				교사	학생	교사	학생	교사	학생
도덕	6. 인내하며 최선을 다하는 생활	자신이 간절히 원하는 것을 찾아 실천계획을 세워 인내하며 꾸준히 실천할 수 있다.	자기 평가	자신이 간절히 원하는 것을 찾아 실천계획을 세워 인내하며 꾸준히 실천함.		자신이 간절히 원하는 것을 찾아 실천계획을 세우나, 인내하고 꾸준히 실천하지 못함.		자신이 원하는 것을 찾아 인내하고 꾸준히 실천하려는 의지가 부족함.	
				교사	학생	교사	학생	교사	학생

[수행과제 3] 나비에게 배우는 생명의 소중함

드디어 너무도 작아 잘 보이지도 않았던 알이 길고 긴 애벌레와 고치의 단계를 거쳐 화려한 무늬를 가지고 있는 나비가 되었습니다. 망 안에서 이리저리 날아다니는 나비의 생김새를 자세히 관찰하여 기록하고, 나비와 관련된 노래를 부르며 나비를 어떻게 해야 할지 생각해 봅시다. 그동안 정들었던 나비를 계속 볼 수도 있고, 우리 속에서 키우면 더 안전하기 때문에 우리가 키워야 할까요? 나비가 더 넓은 세상에 가서 친구들도 만나고 자유롭게 날 수 있도록 놓아주어야 할까요?

1. 배추흰나비를 기르면서 한살이 과정을 자세히 관찰하고 꾸준히 기록해 봅시다.
2. 나비를 키우는 것과 놓아주는 것에 대한 글을 읽고 여러분은 어떻게 생각하는지 의견을 써 봅시다.
3. '나는 나비' 노래의 노랫말의 뜻을 이해하고 느낌을 살려 자신있게 노래를 불러 봅시다.

교과	단원명	평가내용	평가방법	평가기준		
				잘함	보통	노력요함
국어	8. 의견이 있어요.	나비를 키우는 것에 대한 글을 읽고 의견과 까닭을 찾고, 자신의 의견과 까닭을 들어 글로 쓸 수 있다.	서술형	나비를 키우는 것에 대한 글을 읽고 의견과 까닭을 찾고, 자신의 의견을 까닭을 들어 글로 씀.	나비를 키우는 것에 대한 글을 읽고 의견과 까닭을 찾으나, 자신의 의견을 까닭을 들어 글로 쓰지 못함.	나비를 키우는 것에 대한 글을 읽고 의견과 까닭을 찾지 못하고 자신의 의견과 까닭을 글로 쓰지 못함.
				교사 / 학생	교사 / 학생	교사 / 학생
과학	3. 동물의 한살이	배추흰나비 애벌레와 어른벌레의 특징을 자세히 관찰하고 글과 그림으로 꾸준히 기록할 수 있다.	보고서	배추흰나비 애벌레와 어른벌레의 특징을 자세히 관찰하고 글과 그림으로 꾸준히 기록함.	배추흰나비 애벌레와 어른벌레의 특징을 관찰하나 글과 그림으로 꾸준히 기록하지 못함.	배추흰나비 애벌레와 어른벌레의 특징을 관찰하나 자세하지 않고 꾸준하지 않음.
				교사 / 학생	교사 / 학생	교사 / 학생
음악	2. 느낌을 담아	'나는 나비' 노래의 노랫말의 뜻을 이해하고 느낌을 살려 자신 있게 노래 부를 수 있다.	관찰	'나는 나비' 노래의 노랫말의 뜻을 이해하고 느낌을 살려 자신 있게 노래 부름.	'나는 나비' 노래의 노랫말의 뜻을 이해하나 느낌을 살려 자신 있게 노래 부르지 못함.	'나는 나비' 노래의 노랫말의 뜻을 이해하지 못하고 노래를 자신 있게 부르지 못함.
				교사 / 학생	교사 / 학생	교사 / 학생

[수행과제 4] 나비가 되어 찾아 간 동물원

호랑 애벌레와 노랑 애벌레는 나비가 되어 친구들이 많은 동물원에 갔습니다. 코끼리, 사자, 곰 등 우리가 좋아하는 동물들이 참 많습니다. 그런데 우리에 있는 동물 친구들의 눈이 슬퍼 보입니다. 구석에 가만히 웅크리고 있거나 친구들을 이유 없이 공격하기도 합니다. 이 동물원에 어떤 이야기가 숨어 있는 걸까요? 우리 교실을 동물원으로 꾸미고 동물들의 이야기를 들어봅시다.
1. 동물의 생김새를 자세히 관찰하여 그림으로 나타내 봅시다.
2. 동물에 관한 책을 읽고 중요한 내용을 간추려 봅시다.
3. 사육사가 되어 친구들에게 동물의 특징과 생김새를 설명해 봅시다.

교과	단원명	평가내용	평가방법	평가기준		
				잘함	보통	노력요함
국어	5. 중요한 내용 간추리기	동물에 관한 책을 읽고 중요한 내용을 간추려 친구들에게 발표할 수 있다.	서술, 발표	동물에 관한 책을 읽고 중요한 내용을 간추려 친구들에게 발표함.	동물에 관한 책을 읽으나 중요한 내용을 간추리지 못함.	동물에 관한 책을 읽지 않아 중요한 내용을 간추리지 못함.
				교사 / 학생	교사 / 학생	교사 / 학생
미술	1-6. 관찰하고 표현해요.	동물의 생김새를 자세히 관찰하여 특징을 그림으로 나타낼 수 있다.	관찰	동물에 관심을 갖고 자세히 관찰하여 특징을 그림으로 잘 나타냄.	동물에 관심을 갖고 자세히 관찰하나 특징을 그림으로 잘 나타내지 못함.	동물에 관심이 있으나 자세히 관찰하지 못하고 특징을 그림으로 나타내지 못함.
				교사 / 학생	교사 / 학생	교사 / 학생

Ⅲ 수업 속으로

1. 온작품 읽기로 단원열기

주제	교과	단원명	주요 활동 내용
온작품 읽기	창체	꽃들에게 희망을	• 책의 내용 예상하기 • 영상으로 만나는 '꽃들에게 희망을' • 선생님과 만나는 '꽃들에게 희망을' • 내용 파악하기 • 질문 만들어 친구들과 묻고 답하기 • 나비가 되어 인터뷰하기 • 나비에게서 배울 점 찾기 • 느낀 점 나누기

선생님들로부터 '꽃들에게 희망을'이라는 책을 소개받았을 때 나에게는 의구심이 먼저 들었다. 많은 생각과 깨달음을 주었던 책이었지만, 애벌레의 치열했던 삶을 통해 진정한 삶의 의미를 생각하게 하는 어른들을 위한 그림책으로 기억하고 있었기 때문이다. 이제 10살이 된 3학년 아이들에게 과연 이 책이 의미 있게 다가갈 수 있을까라는 걱정을 하며 책을 다시 펼치게 되었다. 하지만 그 걱정은 드디어 찾았다는 큰 기쁨으로 다가왔다. 아이들의 눈으로 보려고 했음에도 이 책이 주는 감동과 배움은 너무도 많았다. 한 달 동안 나비를 관찰하고 있을 아이들과 할 수 있는 많은 이야깃거리를 주고 있었다.

읽기 전 활동으로 책 표지를 보여주자 우리 집에도 있다며 아는 척을 하는 아이들이 3~4명 나왔다. 책을 읽어보았다는 아이도 있었지만 책의 내용을 기억하지는 못했다. 표지와 그림을 보며 책의 내용을 예상해 보았다. '150쪽이나 되는 책인데 우리가 읽을 수 있을까?'라고 묻자 아이들은 쪽수에 놀라기도 하고, 당연하다며 지나친 자신감을 보이기도 했다. 아이들의 이해에 도움이 될까 싶어 책을 소개하는 EBS 클립뱅크 영상 '꽃들에게 희망을' 편을 보여주고 나서 함께 읽기를 시작했다.

아이들이 책의 내용을 이해할 수 있도록 글에 대한 여러 가지 질문을 하고 그림 여기저기를 살펴보며 아이들이 흥미를 잃지 않도록 하였다. 책의 2/3쯤 읽었을까? 너무 조용한 분위기에 역시나 3학년 아이들에게는 너무 어렵고 긴 내용이 아닐까 싶어 다음에 계속 읽을까 하고 물었다. 하지만 아이들은 이미 책의 내용에 푹 빠진 모양이었다. 노랑 애벌레와 호랑 애벌레가 어떻게 될지 궁금해 한다. 걱정을 한다. 그래서 계속 읽기로 했다. 노랑 애벌레가 나비가 되는 장면에서는 '와!'라는 환호성을 질렀

CHAPTER 6. 나비를 만나다! 사랑을 배우다___149

고, 노랑 애벌레와 호랑 애벌레가 모두 나비가 되어 함께 날아가고 알을 낳아 놓은 장면에서는 박수를 치는 아이들도 있었다.

책의 내용을 이해하기 위해 몇 가지 질문에 대한 답을 짝과 함께 이야기 나눈 후, 조금 더 깊이 있게 이해하도록 질문을 만들어 짝끼리 주고받는 활동을 했다. 짝 활동이 끝나고 빈 의자 기법으로 한 명이 나와 호랑 애벌레와 노랑 애벌레가 되어 친구들이 하는 질문에 대답을 해 주는 인터뷰도 해 보았다. 왜 기둥에 올라갔냐고 질문하는 아이들, 기둥 꼭대기에 아무 것도 없다는 것을 알았을 때 기분이 어땠냐고 질문하는 아이들, 핵심을 꿰뚫고 예리한 질문을 하는 아이들이 기대했던 것보다 훨씬 많았다. 그렇게 나비의 입장에서 질문을 주고받으니 책의 내용이 더 가깝게 느껴지는 것 같았다.

책을 모두 읽고 아이들에게 제목에 대해 물었다. '나비에 대한 책인데 왜 '꽃들에게 희망을'일까?' 대부분의 아이들이 '어? 그러네.'라며 이상하다는 반응을 보였다. 하지만 모둠별로 이야기를 나눈 후 발표하게 하자, 한 마리의 나비가 되어 날아간 것은 이 꽃에서 저 꽃으로 꽃가루를 옮겨줄 수 있기 때문에 꽃들에게 희망을 준 것이라며 제목의 뜻을 찾아냈다.

노랑 애벌레와 호랑 애벌레에게 어떤 점을 배울 수 있을지 이야기해 보았다. 단원을 이끌어 갈 중요한 질문이었다. 과연 내가 찾은 것들도 아이들이 찾을 수 있을지 걱정이 되기도 하였다. 하지만 놀랍게도 아이들은 이 짧은 책에서 인내, 끈기, 최선, 노력, 생명존중, 기다림, 우정, 믿음, 용기, 도전, 희망, 판단력 등을 찾아냈다. 덕분에 수행과제를 아이들에게 설명해 주기가 쉬워졌다.

▸ 노랑 애벌레가 호랑 애벌레를 위해 한 행동은?
  – 나비가 될 수 있도록 도와주었다.
  – 고치를 만드는 방법을 알려주었다.
  – 애벌레에서 번데기가 될 수 있게 도와주는 것과 쓸쓸하지 않게 함께 있어준 것
▸ 나비가 아름다운 이유는?
  – 꽃들에게 희망을 주니까
  – 하늘과 땅을 이어주니까
  – 힘든 시기를 잘 이겨냈기 때문에
▸ 기억에 남는 인물의 말이나 인상 깊었던 장면은?
  – 넌 할 수 있어! 나비가 될 수 있어!
  – 우리 같이 가요.
  – 노랑나비가 호랑 애벌레에게 나비가 될 수 있는 힘을 줄 때 인상적이었다. 힘든데도 불구하고 잘 기다렸기 때문이다.

'꽃들에게 희망을' 책을 읽고 아이들이 나눈 질문과 답

EBS 클립뱅크에서 책을 소개하는 영상을 본 것과 우리가 책을 넘기며 자세히 읽은 것에 대한 차이점을 이야기해 보았다. 아이들은 움직이는 동영상보다도 시간이 더 걸리지만 찬찬히 살펴보며 함께 읽은 책이 더 좋다고 했다. 자세히 보면 예쁘다는 빅 아이디어를 아이들이 느끼기 시작한 것이다.

- 좀 더 자세히 파고드는 느낌이었다.(오*은)
- 동영상으로 보았을 때는 가짜 같았는데, 선생님과 읽으니 더 내용을 이해하기 쉬워 좋았다. (이*흔)
- 동영상으로 볼 땐 재미있지도 않고 뭐가 뭔지 몰랐는데 책으로 볼 때가 더 재미있고 인상 깊었다. 다음에 100번을 더 볼 것이다.(오*준)

2. 애벌레에게 배우는 우정

수행과제	교과	단원명	주요 활동 내용
수행과제 1. 애벌레에게 배우는 우정	도덕	6. 생명을 존중하는 우리	〈수호천사가 되어주세요〉 – 수호천사 계획 세우기 – 친구에게 줄 선물 만들기 – 친구 자세히 살펴보고 도움 주며 기록하기 – 친구에게 하고 싶은 말 쓰기 – 내가 발견한 친구의 좋은 점 이야기하기 – 내가 친구에게 받은 도움 이야기하기 – 나의 수호천사 찾기

'꽃들에게 희망을'에서 노랑 애벌레는 호랑 애벌레 속에도 한 마리 나비가 들어 있다고 믿었다. 호랑 애벌레가 자신을 알아보지 못했지만 나비가 될 수 있도록 기다려주고 도와주었다. 얼핏 보면 털이 많고 꿈틀거리는 애벌레가 징그럽게 여겨질 수 있지만, 애벌레는 생명에 대한 진정한 사랑을 실천하는 멋있는 나비가 될 수 있는 소중한 존재였다는 것을 아이들과 이야기했다. 혹시 우리도 친구의 얼굴이나 외모 때문에 언젠가는 하늘을 나는 아름다운 나비가 될 소중한 친구들의 참된 모습을 놓치고 있는 것은 아닐까? 비밀 친구가 되어 일주일동안 친구에게 관심을 갖고 자세히 살피며 친구의 성격, 장점, 특기 등에서 좋은 점을 찾아보도록 하였다. 그리고 노랑 애벌레가 호랑 애벌레에게 보여준 우정처럼 우리도 우리 반 친구들에게 노랑 애벌레와 같은 우정을 실천해 보자고 약속했다.

일주일동안 관심을 갖고 살펴 볼 친구의 이름을 제비뽑기 하고 그 친구에게 어울리는 그림으로 작은 책을 만들었다. 첫째 날부터 다섯째 날까지 일주일동안 친구를 자세히 관찰하고 친구가 가지고 있는 좋은 점을 찾아 기록하도록 하였다. 그리고 친구를 위해 내가 도울 수 있는 일을 찾아 매일 1가지 이상씩 실천하고 기록하자고 했다. 친구에게 주는 세상에 단 하나뿐인 선물이라는 말에 아이들은 정성들여 작은 책을 만들었다. 그리고 매일 친구들을 관찰했다. 친구들을 도와줄 수 있는 시간이 없다고 하소연하는 아이들도 있었지만 그럴 때마다 다른 아이들이 명쾌하게 해결방법을 알려주었다. 역시나 아이들은 멋있는 대답을 해 준다. 그 친구가 1인 1역 활동할 때, 수학 문제 풀 때, 청소할 때, 인사할 때 등 찾아보면 많다고.

일주일이라는 시간이 지나고 나의 수호천사를 찾는 시간이 왔다. 비밀이라는 것이 아이들에게 큰 흥미를 유발했지만 그 비밀을 지키고 있기가 너무 힘들었나 보다. 이제야 속이 시원하다는 아이들이 나온다. 그동안 내가 기록했던 내용을 보며 친구에게 편지를 쓰기로 했다. 그리고 내가 친구에게 받은 도움이나 친구에게 해 준 도움을 이야기했다. 교사가 준비한 사탕 몇 개를 내가 만든 책에 정성껏 붙이고 한 명씩 나의 수호천사를 공개하였다. 아직은 순진한 3학년이라서 가능했을까? 4~5명을 제외하고는 모두 비밀을 지키고 있었다. 아이들은 비밀의 수호천사가 공개될 때마다 놀라움의 환호성을 보냈다. 그동안 모른 척, 아닌 척하며 친구를 도와주었던 3학년 아기들의 순수함에 나도 많이 놀랐다. 아이들은 내가 의도한 것보다 더 자세히 친구들을 살피고 있었고, 더 많이 친구들을 도와주며 우정을 키우고 있었다.

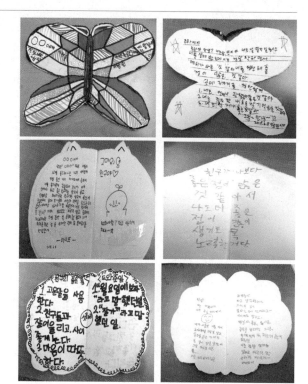

- 너랑 예전에는 많이 싸웠는데, 너의 비밀친구가 되면서 너의 좋은 점을 조금씩 알아가고 있더라고. 앞으로도 싸우지 말고 친하게 지내자!(차*)
- 내가 너를 그냥 본 날과 일주일 동안 자세히 본 날이 정말 달라. 그냥 보았을 땐 음.. 그냥 우리 반에 있는 귀염둥이(?)라고 생각했는데, 자세히 보니 잘 하는 것이 많더라고. 미니카도 잘 하고 책 읽기, 공부, 독서록, 급식을 다 먹으려는 노력, 친구의 말에 귀 기울이며 듣는 것 모두! 너는 정말 멋져. 앞으로 싸우지 말고 사이좋게 지내자!(홍*원)
- 몰래 도와줘야 하니까 긴장되고 힘이 들었다. 하지만 나를 도와주는 수호천사가 또 나를 도와주고 있으니 이건 마치 돌도 도는 부메랑 같았다. 이제 밝히는 날이니 속이 다 뚫리네.(이*민)

3. 고치에게 배우는 인내

수행과제	교과	단원명	주요 활동 내용
수행과제 2. 고치에게 배우는 인내	국어	6. 일이 일어난 까닭	〈나비가 된 사람들〉 - 김연아 선수가 피겨여왕이 될 수 있었던 까닭은? - 박지성 선수의 발, 강수지 발레리나의 발 - 장애인 빌 포터가 판매왕이 될 수 있었던 까닭은? - 다시랏 만지가 홀로 산을 깎을 수 있었던 까닭은? - 꿈을 이룬 사람들의 공통점은?
	도덕	2. 인내하며 최선을 다하는 생활	〈나도 나비가 되고 싶어요.〉 - 인내하며 최선을 다하는 사람들 찾아보기 - 내가 간절히 원하는 것 찾기 - 내가 버려야 하는 것 찾기 - 계획 세워 꾸준히 실천하기 - 나의 성장일기 책 만들기

아이들도 인내의 의미를 알까? 도덕 2단원 '인내하며 최선을 다하는 생활'이라는 제목을 처음 접했을 때 나는 당황하지 않을 수 없었다. 이제 갓 3학년이 된 아이들에게 어떻게 '인내'를 가르쳐야 하냐며 동학년 선생님들에게 하소연을 하기도 했다. 하지만 나비가 되기를 간절히 원했던 애벌레 이야기를 하면 아이들이 이해할 수 있을 것 같았다. 편안한 애벌레의 삶을 포기하고 인내와 끈기로 고치를 만들어 나비가 되기를 기다린 그 고치처럼 목표를 세우고 인내하며 최선을 다해 노력해볼 수 있을 것 같았다.

국어 6.일이 일어난 까닭 단원에서 인내하며 최선을 다하는 삶을 살았기에 꿈을 이룬 사람들의 사례를 들어주며 원인과 결과를 찾아보았다. 아이들이 모두 알고 있는 김연아 선수의 어릴 적 부상 투혼으로 이야기를 시작했다. 무서울 정도로 이상하게 변해버린 축구 선수 박지성과 발레리나 강수지의 발 사진은 그들의 인내와 끈기가 얼마나 강한지 느끼게 해 주었다. 뇌성마비 장애인의 몸으로 판매왕이 된 빌 포터 이야기와 죽은 아내를 위해 22년 동안 망치와 정만으로 산을 뚫어 길을 만든 다시랏 만지의 뉴스 영상은 인내와 끈기의 오랜 시간이 얼마만큼인지를 아이들도 가늠하게 해 주었다.

우리 주변에서 여러 가지 어려움을 참고 견디며 자신의 꿈을 이루기 위해 꾸준히 노력하는 사람들의 모습에서 본받을 점을 찾아보고, 우리도 나비가 되기 위한 계획을 세웠다. 자신이 간절히 원하는 것을 찾아 이야기 나누고 구체적인 계획을 세워 꾸준히 노력해 보기로 하였다. 노력이 지속적으로 끈기있게 이루어질 수 있도록 친구들 앞에서 약속하고 부모님의 응원을 받도록 하였다.

나비를 만나다! 사랑을 배우다!

고치에게 배우는 인내

3학년 ( )반 ( )번 이름 (   )

♣ '꽃들에게 희망을'에서 고치가 나비가 될 수 있었던 까닭은 무엇일까요? 우리 주변에도 여러 가지 어려움을 참고 견디며 자신의 꿈을 이루기 위해 꾸준히 노력하는 사람들이 있습니다. 우리도 그 분들을 본받아 인내하며 최선을 다하기 위해 노력해 봅시다.
1. 인내하며 최선을 다하는 사람들의 이야기를 찾아보고, 본받을 점을 생각해 봅니다.
2. 내가 간절히 원하는 것을 찾아보고, 실천 계획을 세워 부모님께 약속합니다.
3. 내가 세운 계획을 꾸준히 실천한 후 그 내용을 정리합니다.
4. 내가 노력한 내용을 부모님께 말씀드리고 내가 얼마나 자랐는지 살펴봅니다.

< 인내하며 최선을 다하는 사람 >		< 인내하며 최선을 다하는 삶을 꿈꾸는 나 >	
이름		이름	
간절히 원하던 것		간절히 원하는 것	
원하던 것을 이룰 수 있었던 까닭		원하는 것을 이루기 위한 방법	
포기했던 것		내가 포기해야 할 것	
인내하고 최선을 다했던 점		꾸준히 노력할 점	1. 2.

아이들은 밥 잘 먹기, 줄넘기 잘 하기, 피아노 곡 완성하기 등 생활 속 작은 목표부터 수의사라는 꿈을 이루기 위해 노력하기 등 다양한 목표를 세워 실천하기 위해 노력했다. 매일 꾸준히 실천하고 그 결과를 기록해야 한다는 것이 부담이 되기도 했지만 활동이 끝나고 되돌아보니 그 힘든 것을 해낸 자신이 너무도 기특하게 여겨졌다고 한다. 친구와 부모님께 칭찬을 많이 받아 뿌듯함도 많이 느끼고 있었다. 부모님들은 노력하는 아이들의 모습을 보고 많이 대견스러웠나 보다. 아이들에 대한 사랑이 가득한 좋은 말씀들을 정성스레 써 주신 분들이 많았다.

- 처음엔 내가 이 활동을 잘 할 수 있을까?라고 생각했는데, 드디어 내가 해냈다. 나 자신을 되돌아 볼 수 있게 만들어 주신 선생님께 감사하다.(정*민)
- 처음에 줄넘기를 잘 못했는데, 아빠가 '어제보다 실력이 늘었네.'라고 하시고, 친구가 '줄넘기 잘 한다.'하고 말해 주었다. 칭찬을 듣고 나니 뿌듯했다.(진*혜)
- 내가 이루고 있는 것이 무엇인지 분명히 알게 되었고, 앞으로는 다른 계획도 세워서 실천해 보고 싶다.(김*희)
- 간절히 원하는 것을 위해 계획을 세워 실천해 나가려는 우리 **의 모습을 보니 참 대견하고 많이 큰 것 같구나. 원래 무슨 일이든 행동으로 옮기는 건 많은 노력이 필요한 거야. 노력해 줘서 고마워. 사랑해.(마*우의 부모님)
- 꿈꾸는 사람이 행복한 사람이야. **의 꿈이 이루어지게 하려면 정말 자기가 좋아하고 즐거운

가를 생각하고 항상 꿈을 향해 노력해야 해. 도전해 보고 실패를 한다고 걱정할 필요는 없어. 또 다른 많은 꿈을 생각하고 경험해 보면 언젠가는 우리 **이 꿈을 꼭 이룰 거라고 믿어. 지금처럼 즐겁게 축구하는 모습이 자랑스럽다.(김*원의 부모님)

< 인내하며 최선을 다하는 사람 >	
이름	빌 포터
간절히 원하던 것	직업을 얻어서 손님이 자기 물건을 사길 바랐다
원하던 것을 이룰 수 있었던 까닭	인내를 갖고, 계속해 손님의 피부를 관찰해 손님에게 딱 맞는 제품을 권했다.
포기했던 것	그냥집에서 편하게 있는것을 포기했다.
인내하고 최선을 다했던 점	손님들이 이상한사람으로 생각해도, 그냥 무시했을 때 참고, 상품을 팔려고 노력했다.

< 인내하며 최선을 다하는 삶을 꿈꾸는 나 >	
이름	정다민
간절히 원하는 것	좋은 몸을 가지기 (튼튼한)
원하는 것을 이루기 위한 방법	간식을 먹지 않고 골고루 먹기, 운동 하기
내가 포기해야 할 것	군것질 하기, 고기만 먹기
꾸준히 노력할 점	1 운동 열심히 하기 2 식단 조절하기

< 인내하며 최선을 다하는 삶을 꿈꾸는 나 >	
이름	진은혜
간절히 원하는 것	줄넘기 잘하는것
원하는 것을 이루기 위한 방법	열심히하기, 밝게서 모습이하게
내가 포기해야 할 것	연습하기 싫은 마음, 비교는마음, 시작하기 싫은마음
꾸준히 노력할 점	1. 누가 뭐라고 하든 신경쓰지 않는다 2. 적당히 하기(너무 많이 하면 힘들기[때문])

이름	마사회
간절히 원하는 것	부모님의 말씀을 잘 듣고 싶다.
원하는 것을 이루기 위한 방법	부모님한테 착한 말하고 부모님의 원하는대로 해야겠다.
내가 포기해야 할 것	동생이랑 싸우는 것과 부모님의 말씀을 잘 안듣는 것
꾸준히 노력할 점	1. 부모님한테 화내지 않기 2. 부모님이 좋아하는 행동 하기, 말을 들오 동생이랑 싸우지 않기

♣ 내가 노력한 내용을 부모님께 말씀드리고 해주신 말씀을 적어봅시다.

꿈꾸는 사람이 해봐 사람이야. 지금 꿈이 이뤄지지 하려면 정말 서서 최하고 즐거웠음을 생각하고 항상 꿈을 향해 노력해야해. 도전해 보고 실패를 한다고 걱정할 필요 없이. 포다른 많은 꿈을 생각하고 경험해 봐면 언짠가는 우리 지금이 꿈을 꼭 이루지 적어라 믿어. 지금처럼 즐겁게 축구하는 모습이 자랑스럽다. 화이팅 화정훈!

4. 나비에게 배우는 생명의 소중함

수행과제	교과	단원명	주요 활동 내용
수행과제 3. 나비에게 배우는 생명의 소중함	국어	8. 의견이 있어요.	〈행복한 동물원 만들기〉 • 의견의 뜻 알기 • '양들은 지금 파업 중' 책 읽고 인물의 의견 파악하기 • '동물원' 책 읽고 인물의 의견과 그 까닭 알기 • '동물원의 월요병' 영상보고 의견과 그 까닭 알기 • 행복한 동물원을 만들기 위한 알림활동하기
	과학	3. 동물의 한살이	• 배추흰나비를 기르기 위한 계획 세우기 • 배추흰나비알, 애벌레, 번데기, 어른벌레의 특징 관찰하기 • 나비 자세히 관찰하여 그리기 • 곤충의 한살이 알기 • 알을 낳는 동물의 한살이 알기 • 새끼를 낳는 동물의 한살이 알기 • 여러 가지 동물의 한살이 비교하기 • 동물의 한살이 만화로 표현하기
	음악	2. 느낌을 담아	〈나는 나비〉 • 노랫말의 뜻 이해하기 • 노랫말의 뜻을 살려 노래 부르기 • 노랫말 바꾸어 부르기 • 리코더 연주하기

'와~' 교실 가득 아이들의 환호성이 퍼졌다. 너무도 작아 잘 보이지도 않았던 알이 길고 긴 애벌레와 고치의 단계를 거쳐 화려한 무늬를 가지고 있는 나비가 되었다.

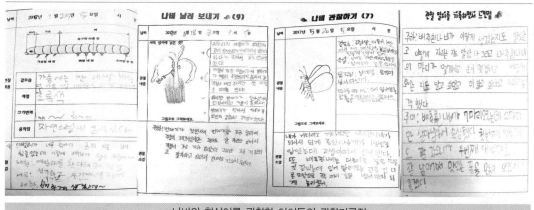

나비의 한살이를 관찰한 아이들의 관찰기록장

망 안에서 이리저리 날아다니는 나비를 보며 한 아이가 나비를 어떻게 할 거냐고 묻는다. 우리가 키우면 안 되냐고 한다. 다른 아이들에게 물어보니 꿀이나 설탕물을 주면 되니까 우리가 키우자고 한다. 그동안 정을 많이 주었나 보다. 아이들과 나비를 어떻게 할 것인지 토론해 보기로 했다. 자신의 생각을 자유롭게 이야기해 본 후, 자신의 생각을 정리하여 피라미드 토론 기법으로 우리 반 전체의 의견을 정해보기로 했다. 교실을 돌아다니다 친구를 만나면 서로 자신의 생각을 이야기하고 하나의 의견으로 생각을 모았다. 둘이 된 친구들은 손을 잡고 다니며 다른 친구들과 생각을 나누고 4명이 하나의 의견으로 생각을 모았다. 아이들은 어느 새 커다란 원 하나를 만들고 있었다. 물론 나비를 세상 밖으로 날려 주어야 한다는 의견이다. 동그랗게 모여 돌아가면서 나비를 날려 보내야 하는 이유를 말해 보았다. 아이들에게 놀라운 이야기들이 나왔다. '자연에서 태어났으니까 다시 자연으로 돌려보내야 해요. 망 안은 너무 좁아서 넓은 자연으로 돌아가야 해요. 생명이니까 하고 싶은 활동을 할 수 있어야 해요.'

'꽃들에게 희망을' 책 제목에 대해 다시 이야기를 나누었다. 우리가 날려준 나비 한 마리가 이 꽃과 저 꽃을 다니면서 씨앗을 맺게 하고, 그 씨앗과 열매를 먹는 또 다른 동물을 자라게 한다. 우리는 나비 한 마리를 날려 준 것이 아니라 이 세상을 모두 구한 것이 될 수 있다는 이야기를 하게 되었다. 그러자 한 아이가 말했다. '그럼 나비 한 마리가 죽으면 이 세상 모든 것이 죽을 수 있겠네요?'

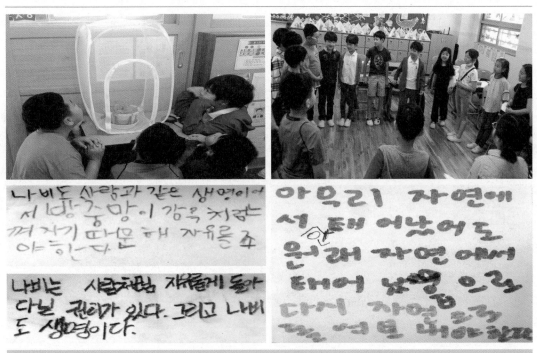

나비를 날려주어야 하는 이유에 대한 생각 나누기 활동

나비와의 이별식을 준비하기로 했다. 나비를 자세히 관찰하고 그림으로 그려 바람에 움직일 수 있도록 교실 천장에 매달아 놓았다. 윤도현 밴드의 '나는 나비'라는 노래의 가사 내용을 생각하며 불러 보았다. 엄마 차에서 들었다며 많은 아이들이 음을 알고 있었지만 그 노랫말의 뜻에 대해서는 새롭게 알게 되었다. '날개를 활짝 펴고 세상을 자유롭게 날거야. 노래하며 춤추는 나는 아름다운 나비' 노래 가사의 의미를 생각하며 아이들이 힘차게 불렀다.

나비에게 하고 싶은 말을 적어 보기로 했다. 자유롭게 훨훨 날아다니고 친구들도 많이 만나라며 인사를 전한다. 가끔씩 우리를 만나러 와 달라는 귀여운 말과 함께. 나비가 들어 있는 망을 조심스레 들고 밖으로 나갔다. 나비가 좋아할 만한 장소를 찾았다. 날개를 팔랑거리며 나비가 좁은 망을 빠져나왔다. 아이들은 박수를 쳤고 날아가는 나비를 향해 손을 흔들어주었다.

나비에게 하고 싶은 말 | 나비에게 손을 흔들어 주는 아이들

자세히 관찰하여 그리고 교실 천정에 매달아 놓은 나비

5. 나비가 되어 찾아 간 동물원

수행과제	교과	단원명	주요 활동 내용
수행과제 4. 나비가 되어 찾아 간 동물원	국어	5. 중요한 내용을 적어요.	〈사육사가 되어 동물 소개하기〉 • 내용을 간추리는 방법 알기 • '사육사' 이야기를 듣고 내용 간추리기 • '아주 작은 생명 이야기' 글을 읽고 내용 간추리기 • 동물에 관한 책을 읽고 내용 간추리기 • 친구들에게 동물 소개하기 • 친구의 설명 듣고 중요한 내용 간추리기 • '동물원' 책 읽고 느낀 점 말하기 • '동물원 월요병' 영상 보고 캠페인 활동하기
	미술	1-6. 관찰하고 표현해요.	〈동물 세밀화 그리기〉 • 동물의 생김새 관찰하기 • 동물의 특징이 잘 드러나도록 그림으로 나타내기 • 내가 그린 동물의 특징 소개하기 〈동물 찰흙으로 표현하기〉 • 동물의 꿈 생각하기 • 동물의 꿈을 찰흙으로 표현하기 • 동물에게 편지쓰기
	음악	2-8. 안전한 세상	〈동물보호동물사랑〉 • 노래의 특징 이해하기 • 노래에 맞는 율동 만들어 부르기 • 노랫말 바꾸어 부르기

마지막 수행과제는 나비가 되어 찾아간 동물원이라는 주제로 구성하였다. 우리가 날려 준 나비가 친구들을 찾아 동물원에 가서 여러 동물들을 보고 느낀 것들에 대해 생각해 보자고 하였다. 나비에게 느낀 생명의 소중함을 아이들이 좋아하는 동물들로 넓혀갈 수 있기를 바라는 의도에서 설계되었다.

1) 동물원 꾸미기

우리 교실을 동물원으로 꾸미기로 했다. 동물들을 실물과 비슷하게 자세히 큰 그림으로 그리고, 그 동물들의 특징을 조사하여 다른 친구들에게 소개해 주기로 했다. 동물원에서 들을 수 있는 동물에 관한 노래도 찾아 불러 보기로 하였다. 아이들이 좋아하는 동물에 관한 것이라 그런지 아이들이 하고 싶은 것들이 쏟아져 나왔다.

3학년 아이들은 주변에 대한 관심이 높아지고 한 가지 일에 집중하고 싶어 하는 경향이 크다고 한다. 관찰력이 높아져 사물을 세밀하게 그릴 수 있어 비교적 정확하게 표현하는 시기라고도 한다. 그래서인지 아이들이 표현한 세밀화는 교사인 나보다도 더 자세하고 더 실감났다. 큰 그림을 그리는데 비례나 균형 등에 어려움을 느낄 것 같아, 나눠찍기 방식으로 전지 크기 그림을 인쇄하여 주었다. 그림이 커서인지 아이들의 흥미도 그만큼 커진 것 같았다. 기린을 그리는 모둠은 기린의 기다린 목과 얼룩 모양에 중점을 두었고, 악어를 그리는 모둠은 악어의 날카로운 이빨과 거친 가죽을 표현하기 위해 여러 가지 의견을 냈다. 황제펭귄의 화려하면서도 부드러운 털은 파스텔로 칠하고 손으로 문지르기도 하였다. 사슴벌레와 같은 곤충을 그리는 모둠을 위해 교실 뒤 게시판에 거미줄을 만들어 주었다. 아이들은 그 작은 줄 하나에 정말 살아있는 것 같다, 이 곤충이 있으면 더 좋겠다 하며 더 큰 관심을 보였다.

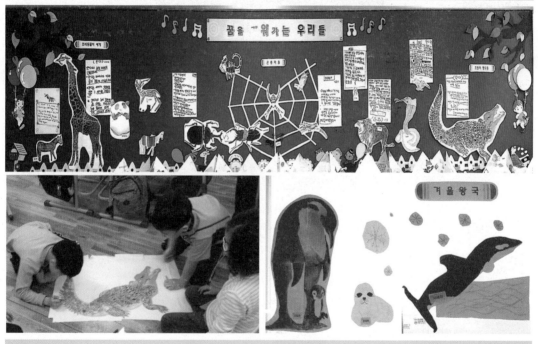

모둠 친구들과 함께 동물 자세히 그리기

아이들이 직접 그린 동물들에 대해 자세히 조사하기로 하였다. 아이들 눈높이에 맞게 설명이 되어 있고 세밀화로 표현되어 있어 더 실감나게 읽을 수 있는 시리즈의 책을 안내해 주고 그 안에서 찾아보도록 했더니 책을 여러 번 다시 골라 오는 시간을 줄일 수 있었다. 중요한 내용을 간추리는 방법을 배운 뒤라 아이들이 동물들의 특징을 찾아 간단하게 정리하는 것을 어렵지 않게 하였다. 친구들에게 내가 그린 그림과 함께 설명을 한다고 하니 더욱 더 열심히 하였다.

이제 아이들이 사육사가 되어 동물의 특징을 설명할 차례다. 지시봉 하나를 쥐어 주자 아이들은 쑥스러워하기도 했지만 많은 아이들이 모두 자신을 보고 있다는 것에 뿌듯해했다. 교실 동물원에 온 아이들은 작은 책을 만들어 친구의 설명을 듣고 중요한 내용을 간추려 간단히 정리해 보았다.

중요한 내용을 간추린 글

사육사가 되어 동물 설명하기

활동 후 느낀 점

2) 동물원의 월요병

앤서니 브라운의 '동물원'이라는 책을 아이들과 함께 읽었다. 엄마, 아빠와 함께 즐거운 마음으로 동물원에 갔지만, 동물원에 있는 동물들은 좁은 우리에서 콘크리트 바닥에 무기력하게 누워 있거나 의미 없는 행동을 반복하는 불쌍한 모습을 보이고 있다. 엄마는 그런 동물들을 보며 '동물원은 동물을 위한 곳이 아닌 것 같아. 사람들을 위한 곳이지.'라고 말한다. 엄마가 그렇게 말한 까닭이 무엇일지, EBS '하나뿐인 지구' 프로그램의 '동물원 월요병'이라는 영상을 보며 찾아보았다. 그리고 동물을 위한 동물원은 어떤 동물원일지 자신의 의견을 말해 보았다.

동물들을 위해 어떻게 동물들을 행복하게 해줄 수 있을지 생각해 보았다. 그리고 행복해 하는 동물들의 모습을 찰흙으로 만들어 보았다. 동물들과 함께 살아가는 동물원과 지구를 위해 우리가 해야 할 일을 찾아 다른 사람들에게도 알리기로 했다. 모둠

동물을 위한 동물원 만들기

친구들과 손팻말을 만들어 다른 반 친구들과 다른 학년 학생들에게 알리는 캠페인 활동을 했다.

6. 단원 마무리하기

네 개의 수행과제를 통해 우리가 했던 것들을 떠올려 보고 활동을 통해 변화된 자신의 모습을 찾아 이야기를 나누며 단원을 마무리했다.

[수행과제 1] 애벌레에게 배우는 우정

- 이 세상 모든 생명은 소중하다.
- 우리도 소중한 생명이다.
- 친구에 대해 더 자세히 알게 되었다.
- 나한테 화만 내는 친구인 줄 알았는데, 자세히 관찰해 보니 웃기도 한다. 자세히 보아야 한다.
- 나에 대해 나도 모르는 점을 친구가 알려줘서 기뻤다.
- 내가 누군가를 도와주고 있다는 것이 자랑스러웠다.
- 친구들과 더 친해진 것 같다.

[수행과제 2] 고치에게 배우는 인내

- 고치처럼 인내를 가지면 무엇이든 할 수 있다는 것을 알았다.
- 나를 믿는 힘이 강해졌다.
- 내가 노력을 해서 뿌듯했고 노력을 하는 내가 큰 것 같다.
- 처음에는 '아, 못하겠는데.'라고 생각이 들었는데, 노력하다 보니 실천하기 쉬워졌다.
- 표를 그려 표시하면서 하니 더 쉽게 할 수 있었다.
- 칭찬을 받아 정말 기뻤다.
- 끝없이 노력했던 김연아에 대해 알게 되었고 많이 배웠다.
- 빌 포터 영상을 보고 포기하지 않고 인내를 갖고 노력해야 내 꿈을 이룰 수 있다고 느꼈다.

[수행과제 3] 나비에게 배우는 생명

- '나비'라는 생명에 한 걸음 더 다가간 것 같다.
- 생명이 소중하다는 것을 알았다. 우리도 소중한 생명이라는 것을 알았다. 이 세상 모든 생명은 소중하다.
- 운동장에서 우리가 날려 보낸 나비를 보았다. 너무너무 기뻤고 잘 살아 있어 정말정말 고맙고 행복했다. 마치 내 아이처럼 대견했다.

[수행과제 4] 나비가 찾아 간 동물원

- 친구들과 함께 그리니 크고 멋있는 동물을 자세히 그릴 수 있었다.
- 직접 그린 동물들을 보고 친구가 하는 설명을 들으니 많은 지식을 쌓은 것 같아 기분이 좋았다.
- 실제로 동물원에 온 것 같았다.
- 친구들이 다 잘 해서 모두 살아있는 나비 같았다.
- 생명은 이 세상에 1개 밖에 없는 소중한 것입니다. 누가 뭐래도 내 생명과는 무엇도 바꿀 수 없지요. 왜냐하면 나는 소중한 삶을 살고 있거든요.

<애벌레에게 배우는 우정> 활동을 마치고 느낀 점	<고치에게 배우는 인내> 활동을 마치고 느낀 점	<나비에게 배우는 생명의 소중함> 활동을 마치고 느낀 점	<나비가 찾아 간 동물원> 활동을 마치고 느낀 점
마니또가 몰러 도와주고 내가 또도 내가 도와주고 자 그려워나 그리고 나를 비뚤가 나오는 그런 것을 알아내어 기뻤다. 마니또을 좋아하고 싶은 마음이 크게 들었다	내가 미루고 싶은 것이 무엇인지 분명히 무것인 지 알았고, 앞으로 따 른 계획도 세워서 실 천해 보고 싶다.	한 달 후, 날려 보낸 배추흰나비를 봤다. 너무나 기뻐고 잘 살아서 서 정말 고깝고 행복했고 마치 내 아이처럼 대견했다.	생명은 이세상 에 1개 밖에 없는 소중한 것 입니다. 누가 뒤대도 내 생명과는 무엇도 바꿀수 없지요. 왜냐하면 나는 소중한 삶을 살고 왔거든요.

아이들이 쓴 글을 읽으면서 많이 놀랐다. 많이 고마웠다. 많이 행복했다. 수 없이 생명존중교육을 했던 나보다 아이들이 생명에 대해 더 많은 것을 느끼고 있다니 놀라웠다. 이 단원을 통해 내 안에 있는 자신과, 옆에 있는 친구와, 주변에 있는 생명들에 관심을 갖고 자세히 보려고 하는 마음들이 생긴 것 같아 고마웠다. 이렇게 순수하고 기특한 아이들과 함께여서 행복했다.

Ⅳ 교사의 고민만큼 아이들은 자란다.

꽃

– 김춘수 –

내가 그의 이름을 불러주기 전에는
그는 다만
하나의 몸짓에 지나지 않았다.
내가 그의 이름을 불렀을 때
그는 나에게로 와서
꽃이 되었다.

쉬는 시간에 한 아이가 나에게 다가와 말을 걸었다. 어제 운동장에서 우리가 날려 보낸 나비를 보았다고 한다. 하얀색 바탕에 검은 점이 있는 배추흰나비. 흔하게 볼 수 있는 나비인데도 그 나비가 우리가 날려준 나비라고 생각한 아이의 순진함에 미소가 나왔다. 그런데 놀랍게도 주변에 있던 아이들이 자기도 보았다며 목소리를 키웠다. 나비가 다치지 않고 잘 살아줘서 기특하다고 하는 아이들의 말에 나의 마음도 따뜻해졌다.

김춘수의 '꽃'에 나오는 것처럼 한 마리 나비의 팔랑거림은 이제 몸짓이 아니라 꽃이 되어 아이들에게 다가간 것이다. 그 나비처럼 아이들이 그리고 보았던 수많은 생명들이 아이들에게 의미 있는 꽃이 되어 마음속에 자리 잡고 있을 것이다.

할 수 있을까라는 의구심으로 시작된 주제였다. 하지만 아이들은 내가 생각했던 것보다 훨씬 더 많은 것을 받아들였다. 수업을 위해 고민했던 시간이 길수록 아이들은 용케도 그 수업에 더 열심히 빠져들었다. 이것을 이해할까 하는 의구심에 보란 듯이 나보다 더 많은 것들을 찾아냈고 그것을 표현하려고 애썼다.

이런 변화를 겪은 아이들은 이제 내가 생각하는 것보다 훨씬 더 크게 변화된 모습으로 이 세상을 살 것이다. 자신뿐만 아니라 옆에 있는 친구들, 주변의 작은 생물들에게도 관심을 갖게 될 것이다. 그리고 자세히 오랫동안 보면 모두가 소중한 사랑이라는 깨달음을 실천하며 살아갈 것이라고 기대해 본다.

CHAPTER

|

07

내가 아니라 우리를 믿고 가는 교육과정 여행
- 우리가 할 수 있어요! -
목적이 있으면 가는 길도 즐겁다

"당신이 진정으로 믿는 일은 반드시 이루어진다. 그 믿음이 그것을 실현시킨다."

- 프랭크 로이드 라이트 -

I 출발 준비

2월의 마지막 주. 새롭게 동학년이 된 교사들은 교육과정 운영을 계획하기 위해 모였다. 계획이라는 것은 말 그대로 앞으로 할 일들을 '어떻게' 실행해 나갈지에 대한 내용과 관련된 고민의 과정이다. 계획이 진정한 가치를 지니기 위해서는 먼저 '무엇'과 '왜'에 대한 분명한 이해와 합의가 필요하다는 것에 뜻을 모으고, 1년간 함께 떠날 여행의 방향과 목적지에 대해 생각해 보았다. 우리 학교의 학교 목표는 '꿈을 키우며 함께 성장하는 도림 배움터'이다. 6년간 도림초등학교에서 배움을 마친 학생들이 가지기를 희망하는 이상적인 모습을 말한다. 그렇다면 현재 4학년이 되는 아이들이 1년 동안 무엇을 배우고 어떤 모습을 가져야 할까? 우리는 학교의 교육 비전, 지역적 특성, 우리 학년 교사들이 가지고 있는 교육철학, 마지막으로 4학년 국가 교육과정 내용을 분석하고 서로의 연계성을 고려하여 학년 목표를 설정하였다.

먼저 우리 학교는 자기주도적으로 학습하며 미래의 꿈을 키우고, 몸과 마음이 건강하게 더불어 함께 성장하는 것을 비전으로 삼고 있다. 혁신 학교로 교사들이 창의적으로 교육과정을 운영할 수 있는 분위기가 조성되어 있고 지역에서도 교육 활동에 필요한 자원을 비교적 풍부하게 얻을 수 있다. 올해 동학년이 된 교사들은 아이들이 지·덕·체가 조화롭게 성장하고, 혼자가 아니라 함께 공부하는 과정이 재미있는 교육과정이 필요함에 동의했다. 4학년 국가 교육과정에서 다루고 있는 내용에서는 우리가 살고 있는 인문·자연·사회 환경, 변화, 균형, 참여, 의사소통, 성찰, 몰입 등의 키

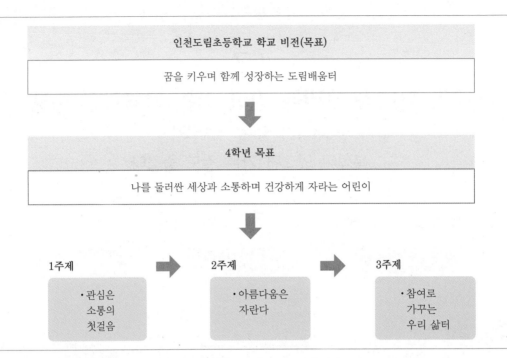

인천도림초등학교 학교 비전(목표)

꿈을 키우며 함께 성장하는 도림배움터

4학년 목표

나를 둘러싼 세상과 소통하며 건강하게 자라는 어린이

1주제
• 관심은 소통의 첫걸음

2주제
• 아름다움은 자란다

3주제
• 참여로 가꾸는 우리 삶터

워드를 추출하였다. 협의 과정에서 일반화된 지식 중 '개인은 사회를 통해서 성장하고 사회는 개인의 역할 수행을 통해 유지, 존속된다.'가 핵심적인 열쇠로 다루어졌다. 4학년 사회 교과의 주요 내용은 민주주의, 지역사회, 공공기관, 주민 참여, 지역문제 해결이다. 이전까지는 많은 사고와 경험이 나와 가족에 머물러 있었다면, 4학년이 되어서는 지역 사회로 삶의 영역을 확장해서 배우게 된다. 사회에 속해 있는 나를 발견하고, 나, 우리가 그 안에서 어떤 역할을 하고 있는지 배워본다. 이처럼 나와 영향을 주고받으며 관계를 맺는 대상과 소통하며 성장하는 것을 중점 과제로 삼고 학년 미션을 '나를 둘러싼 세상과 소통하며 건강하게 자라는 어린이'로 설정하게 되었다. 나를 둘러싼 세상이란 사회 교과에서의 우리 지역(고장), 도시와 촌락의 인문·자연환경부터 도덕 교과의 가족, 친구와 상호 작용을 하는 인간관계까지 포함한다. 1주제에서는 나를 둘러싼 세상에 관심을 가지고 무엇이 있는지 살펴보면서 자연 환경, 친구에 대해 알아보고, 2주제에서는 아름다움이라는 눈으로 세상을 세밀하게 탐구해 보았다. 본 장에서 다룰 3주제는 '참여로 가꾸는 우리 삶터'로, 우리 지역에서 일어나는 일에 관심을 가지고 참여하면 나와 환경에 어떤 변화가 일어나는지 확인해 본다. 또한 내가 공동체의 구성원으로서 참여를 할 때 어떤 태도와 마음가짐이 필요한지를 교육과정 내용 요소의 '협동-함께하면 무엇이 좋을까?'를 접목하여 수행과제를 만들고 전체적인 교육과정을 설계하였다.

1. 교육과정 설계의 주요 내용 체계

교과	핵심개념	일반화된 지식	내용 요소
국어	목적에 따른 담화의 유형 설득	의사소통의 목적, 상황, 매체 등에 따라 다양한 담화 유형이 있으며, 유형에 따라 듣기와 말하기의 방법이 다르다.	회의
	듣기·말하기의 전략 표현전략	화자와 청자는 의사소통의 목적과 상황, 매체에 따라 적절한 전략과 방법을 사용하여 듣기·말하기 과정에서의 문제를 해결하며 소통한다.	인과 관계 표정, 몸짓, 말투
	듣기·말하기의 태도 공감적 소통의 생활화	듣기·말하기의 가치를 인식하고 공감 협력하며 소통할 때 듣기·말하기를 효과적으로 수행할 수 있다.	예의를 지켜 듣고 말하기
	목적에 따른 글의 유형 설득	의사소통의 목적, 매체 등에 따라 다양한 글 유형이 있으며, 유형에 따라 쓰기의 초점과 방법이 다르다.	의견을 표현하는 글
	작품의 수용과 생산 작품의 내용·형식·표현 작품의 맥락 작가와 독자	문학은 다양한 맥락을 바탕으로 하여 작가와 독자가 창의적으로 작품을 생산하고 수용하는 활동이다.	인물, 사건, 배경 작품에 대한 생각과 느낌 표현
도덕	배려	가족 및 주변 사람들과 더불어 살아가기 위해 서로 존중하고 예절을 지키며 봉사와 협동을 실천한다.	친구와 사이좋게 지내기 위해 어떻게 해야 할까?(우정) 함께하면 무엇이 좋을까?(협동)
사회	정치과정과 제도	현대 민주 국가는 정치과정을 통해 시민의 정치 참여가 실현되며, 시민은 정치 참여를 통해 다양한 정치 활동을 한다.	민주주의, 지역사회 공공기관, 주민 참여 지역문제해결
미술	연결	미술은 타 학습 영역, 다양한 분야와 연계되어 있고, 삶의 문제 해결에 활용된다.	미술과 생활 조형요소
체육	협동 수행	대인 관계 능력은 공정한 경쟁과 협력적 상호 작용을 통해 발달한다.	규칙 준수, 협동심 게임의 기본 방법과 기본 전략

2. 빅아이디어

* 협력하여 참여하면 변화가 일어난다.

　본 단원의 빅아이디어를 설정하는 데 있어 주된 생각으로 삼은 것은 사회, 도덕 교과의 일반화된 지식이다. 사회과의 '민주 국가는 정치과정을 통해 시민들의 정치 참여가 실현되며, 참여를 통해 다양한 정치 활동을 하게 된다', 도덕과 '가족 및 주변 사람들과 더불어 살아가기 위해 서로 존중하고 예절을 지키며 봉사와 협동을 실천한다'는 것이 그것이다. 정치 활동을 한다는 것은 삶의 과정에 참여한다는 것이고, 참여는 가족 및 주변 사람들과 함께 협력하면서 실천해 갈 수 있는 것이라고 보았다.

결국 참여의 근본적인 이유는 내가 살아가는 곳을 더 좋은 방향으로 변화시키는 데 있고, 그 힘은 여러 사람이 힘을 합쳐 노력하는 것으로부터 온다고 보고 빅아이디어를 '협력하여 참여하면 변화가 일어난다'로 설정하게 되었다. 본 단원에서는 먼저 협력의 필요성과 협력의 과정에서 겪게 되는 어려움, 이를 극복하기 위해 노력하면서 알게 되는 것들을 다루어보는 수행과제1을 제시한다. 그런 다음 실제로 지역 사회에 관심을 가지고 지역의 문제 해결을 위해 친구들과 협력하여 문제점을 찾고 해결 방안을 탐색·제안해 보는 참여 활동을 하는 과제를 제시하고 그 과정을 통해 빅아이디어를 이해하는 학습을 해 보고자 한다.

3. 핵심질문

총체적 핵심질문	한정적 핵심질문
• 협동은 무엇이고 어떻게 하는가? • 진정한 참여란 무엇인가? • 변화는 어떻게 일어나는가? • 내가 배운 것은 무엇인가?	• 문제 해결을 위해 우리는 어떻게 해야 할까? • 참여하지 않는 관심도 관심일까? • 사람들은 어떤 영향을 주고받으면서 살아갈까? • 지역의 특성은 내가 사는 방식에 어떻게 영향을 미칠까?

핵심질문은 중요하고 가치 있는 전이 가능한 생각임과 동시에 이를 탐구하는 도구이다. 핵심질문을 고려하면서 단원을 설계하면 교사로서 학생들에게 가르치고자 하는 목표를 명확히 할 수 있다. 또한 질문을 학생들에게 계속 던짐으로써 학생들이 끊임없이 사고하고 자신의 생각을 정립해가는 과정에 이르게 할 수 있다. 문제를 해결해 가는 과정에 교사가 답을 제시하지 않고, 학생들이 스스로 참여하며 변화하고 발전하는 과정을 경험할 수 있도록 본질적 질문을 계속적으로 제시하고자 하였다. 따라서 핵심질문을 중심으로 활동을 구조화하고 조직하여 단원을 설계하였다. 핵심질문은 그것이 가리키는 크기와 범위에 따라 총체적 핵심질문과 한정적 핵심질문으로 나눌 수 있다. 총체적 핵심질문은 특정 주제나 기능을 뛰어넘는 보편적 질문이다. 반면 한정적 핵심질문은 그에 비에 좀 더 특정 화제에 초점을 맞추고 있다. 단원의 설계 과정에서 빅아이디어와 전이목표라는 지향점을 추구하기 위해 총체적 핵심질문을 개발하는 것이 말 그대로 가장 핵심적이지만, 실제 수업에서 아이들에게 좀 더 현실적이고 구체적인 질문을 던지고 사고를 촉진하는 과정 또한 밟아가야 하기 때문에 한정적 핵심질문도 함께 제시한다.

참여라는 것은 단순히 그 자리에 있는 것만이 아니라 나름의 방식으로 그 일에 기여하는 행위가 동반되어야 한다. 참여의 진정한 의미를 찾아가기 위해서는 그것의 의미가 무엇인지에 대해 사고할 수 있는 핵심질문이 필요하다. 또한 참여는 단순한 지식이 아니라 경험하는 과정으로서, 함께 살아가는 구성원과의 연대, 즉 교육과정 상에서는 협동이라는 핵심 가치를 포함하는 것도 필수적이라고 보았다. 그래서 먼저 아이들 삶 속에서 협동이 왜 필요한지, 어떻게 할 수 있는지 탐구하는 질문을 만들었다. 결국 이러한 배움의 과정이 자신에게 어떤 변화를 가져오는지, 어떤 의미가 있는지 생각할 수 있는 질문을 제시하고 이를 통해 변화하는 학생들의 다양한 생각을 발견하고 나누어 보았다.

4. 단원목표 및 성취기준

주제	참여로 가꾸는 우리 삶터				시기	5월 3주~6월 3주	
전이목표	• 우리의 문제를 스스로 해결하기 위해 노력할 것이다. • 내 주변에 있는 것들이 나에게 미치는 영향을 느끼며, 관심을 가지고 삶의 변화 과정에 참여할 수 있다.						
관련교과	국어	도덕	사회	미술	체육	창체	계
소요차시	25	4	15	8	6	7	65
성취기준	• 4도02-04. 협동의 의미와 중요성을 알고, 경청·도덕적 대화하기·도덕적 민감성을 통해 협동할 수 있는 능력을 기른다. • 4국01-02. 회의에서 의견을 적극적으로 교환한다. • 4국01-04. 적절한 표정, 몸짓, 말투로 말한다. • 4국01-06. 예의를 지키며 듣고 말하는 태도를 지닌다. • 4국03-03. 관심 있는 주제에 대해 자신의 의견이 드러나게 글을 쓴다. • 4국04-03. 기본적인 문장의 짜임을 이해하고 사용한다. • 4국05-04. 작품을 듣거나 읽거나 보고 떠오른 느낌과 생각을 다양하게 표현한다. • 4사03-05. 우리 지역에 있는 공공 기관의 종류와 역할을 조사하고, 공공 기관이 지역 주민들의 생활에 주는 도움을 탐색한다. • 4사03-06. 주민 참여를 통해 지역 문제를 해결하는 방안을 살펴보고, 지역 문제의 해결에 참여하는 태도를 기른다. • 4체03-02. 단순한 규칙으로 이루어진 게임을 수행하며 경쟁에 필요한 기본 기능을 탐색한다. • 4체03-08. 공동의 목표 달성을 위해 협동의 필요성을 알고 팀원과 협력하여 게임을 수행한다. • 4체03-04. 경쟁의 과정에서 규칙의 필요성을 알고 합의된 규칙을 준수하며 게임을 수행한다. • 4미02-05. 조형 요소의 특징을 탐색하고, 표현 의도에 적합하게 적용할 수 있다. • 4미01-03. 생활 속에서 다양하게 활용되고 있는 미술을 발견할 수 있다.						
지식	협동-함께하면 무엇이 좋을까? 회의, 의견을 표현하는 글 지역 사회, 공공기관 주민참여, 지역 문제해결 규칙 준수, 협동심 게임의 기본 방법과 기본 전략			기능	경청·도덕적 대화하기 문제 발견하기, 자료 수집하기 공유·소통하기, 조사하기, 참여하기 토론하기, 의사소통하기, 협동하기		

5. 수행과제 및 평가 계획

본 단원에서 학생들이 이해하기를 바라는 목표—협력하여 참여하면 변화가 일어난다—는 지속적인 탐구와 숙고의 결과로 터득하기를 바라는 것이다. 따라서 학생들이 이것에 이르렀는지에 대한 증거를 수집하기 위한 평가 설계는 학생들이 충분한 시간을 들여 도전하고 과제를 해결하는 내용으로 구성해야 한다. 그 과정에서 교사는 학생들이 맥락적으로 지식을 활용하고 실제적 문제 상황 속에서 기능을 적절히 적용하는지를 관찰할 수 있어야 한다. 그러한 목적을 달성하기 위해 두 가지 수행과제를 설정하였다.

첫 번째 수행과제는 협력이 무엇인지와 그것이 필요한 이유에 대해 생각해 볼 수 있는 내용이 무엇일까? 라는 고민으로 제시한 과제이다. 아이들은 협동의 당위성에 대해서는 이미 오랜 학습을 통해 충분히 알고 있다. 하지만 진짜 그것을 경험으로 이해하고 있는가? 라는 질문의 답은 물음표에 가깝다. 그래서 아이들이 과제를 수행해 가는 과정 속에서 협동의 필요성과 가치를 느낄 수 있도록 설계했다. 4학년이 된 학생들은 주도성과 논리성이 함께 발달하면서 주어진 것을 그대로 따라하기보다는 자신만의 방식으로 변형 발전시키려는 시도를 한다.

체육 교과의 '공동의 목표 달성을 위해 협동의 필요성을 알고 팀원과 협력하여 게임을 수행한다.'는 성취기준을 고려하여 학급 친구들이 함께 할 수 있는 게임(놀이)을 계획하고 실천하는 활동을 과제로 제시하였다. 게임의 기본 방법과 전략을 모둠 친구들과 협력하여 개발하고, 또 그것을 학급 친구들에게 구체화시켜 설명하면서 실제로 게임을 수행하는 것이다. 모둠, 학급 전체 친구들과 상호작용하면서 느끼는 것들을 협력과 관련지어 생각해 보고 발견할 수 있는 변화가 있는지 관찰해 보려고 했다. 아이들이 분명한 목적과 이유를 인식하고 수행하면서 배우는 내용을 계획했다. 듣는 것은 잊어버리고, 본 것은 기억하며, 해 본 것은 이해한다는 유명한 문장에 비추어 아이들이 몰입하여 실천하는 과정에서 이해에 이를 수 있는 의미있는 활동을 만드는 것이 목표였다.

[수행과제 1] 놀이대장이 되었어요!

여러분이 놀이동무의 놀이대장이 되었어요. 놀이대장은 우리 학급 친구들이 모두 함께 협동하여 즐겁게 참여할 수 있는 놀이를 만들고 안내를 해 주어야 합니다. 따라서 놀이대장은 모둠별로 학급 친구들이 협동하여 할 수 있는 놀이를 찾고 (만들고), 계획서를 만든 후 놀이의 절차를 소개하는 안내서를 작성합니다. 우리 반의 많은 친구들이 즐겁게 참여할 수 있도록 가르치고 실제로 놀이를 해 보도록 합니다.
  1. 놀이계획서 만들기 – 참여 인원, 규칙, 방법, 필요한 준비물 등이 포함되게
  2. 절차를 소개하는 안내서 작성하고 발표하기
  3. 협동을 통한 게임 수행 – 많은 친구들이 즐겁게 참여할 수 있는 방법은 무엇일까?

수행과제 평가기준			
평가 내용	탁월함	양호함	부족함
절차를 소개하는 안내서 만들기	놀이의 방법과 절차를 구체적이고 체계적으로 표현함	놀이의 방법과 절차를 순서에 맞게 표현함	놀이의 방법과 절차를 순서에 맞게 표현하지 못함
협동을 통한 게임 수행	놀이의 규칙을 준수하고 적극적으로 상호작용하며 게임에 즐겁게 참여함	놀이의 규칙을 준수하면서 친구들과 협동하여 놀이에 참여함	놀이에 소극적으로 참여함

두 번째 수행과제는 우리 지역의 문제 해결에 직접 참여하는 것이다. 그러기 위해서는 먼저 우리 지역 사람들이 하는 일, 공공기관에서 하는 일에 대해 알고, 실제로 자신이 이용해 본 경험을 살펴보아야 한다. 그리고 나뿐만 아니라 부모님, 지역의 다른 사람들이 지역사회에서 서로 도움을 주고받으며 살아가는 삶에 대해 조사하고 이를 통해 알게 된 자료를 분석하는 학습이 필요하다. 이렇게 사람들이 살아가는 모습을 살펴보면서 더 나은 우리 지역사회가 되기 위해 필요한 것은 없을까? 라는 문제를 제기하고 그것을 해결하기 위해 아이들의 목소리를 내어 보는 것이다. 관심을 가지고 친구들과 협력하여 지역 살펴보기, 문제 발견하기, 그것을 해결하기 위해 우리의 의견을 제시하는 방법 알아보기, 구청의 누리집에 우리의 의견을 담은 제안서를 제출하기 등의 과정을 거쳐 직접 우리 사회의 문제에 주민으로서 참여하면서 느끼는 점에 대해 나누어 보았다.

[수행과제 2] 우리 지역을 더 좋게 바꾸기 위한 제안서 제출하기

여러분은 우리 지역의 주인으로서 더욱 살기 좋은 우리 지역이 되기를 희망하는 사람들입니다. 따라서 현재 우리 지역에서 주민들이 겪고 있는 문제점을 조사하고 이를 해결하기 위한 방안을 제시하는 제안서를 작성하여 구청 누리집에 올리려고 합니다. 실제로 문제 해결에 참여하고 느낀 변화를 발견하는 시간이 될 것입니다. 여러분은 다음 조건에 따라 조사하고 제안하는 글을 써야 합니다.
   1. 우리 지역의 문제점을 조사한 자료의 분석 − 설문지 작성
   2. 예상되는(겪고 있는) 지역의 문제점에 대한 설명
   3. 실행 가능한 해결 방안 제시

수행과제 평가기준			
평가 내용	탁월함	양호함	부족함
지역문제해결	자료 분석을 통해 예상되는 지역 문제를 바르게 찾고, 지역 문제의 해결 방안을 잘 생각해 냄	자료 분석을 통해 예상되는 지역 문제를 찾고, 지역 문제의 해결 방안을 비교적 잘 생각해 냄	자료 분석을 통해 예상되는 지역 문제를 찾지 못하고, 지역 문제의 해결 방안을 알아내지 못함
제안하는 글	제안하는 글을 쓰는 방법에 따라 읽는 이를 고려하여 제안하는 내용과 이유를 정확하게 표현함	제안하는 글을 쓰는 방법에 따라 읽는 이를 고려하여 제안하는 글을 썼으나, 내용이 다소 미흡함	읽는 이를 고려하며 제안하는 글을 쓰는 방법을 알지 못함

6. 그 밖의 평가 계획

교과	평가 내용 및 방법
국어	▸ 독서감상문 쓰기 　　　　　　　 ▸ 역할극하기 ▸ 제안하는 글쓰기 　　　　　　　 ▸ ox퀴즈 ▸ 공책 정리
사회	▸ 공공기관 사용설명서 만들기 　 ▸ 공공기관 사용경험 설문지 작성 ▸ 관계도 만들기
미술	▸ 포스터 그리기 　　　　　　　　 ▸ 사진 꾸미기 ▸ 팀 마스코트 꾸미기

7. 수업 계획

◎─자료 / ★─질문

차시	교과	학습경험 및 수업 계획	WHERETO	학습자료 및 평가
1	국어	▸ 단원열기 – 우리 학급의 모습 생각해보기 • 더 좋은 우리 반이 되기 위해서 필요한 것은 무엇인가? 문제를 해결하기 위해서는 어떻게 해야 하는가? 　– 회의 필요성 도입(참여, 관심, 협동)	H	◎ 학생 사진
2	국어	▸ 문제상황 브레인스토밍 　– 예. 급식 남겨요, 실내화 신고 밖에 나가요, 복도에서 뛰어요, 비오는 날 노는 방법, 우리가 바라는 반 등(수행과제1 안내) 　– 회의를 통해 해결해 갈 수 있음을 알아보기	E1	
3	국어	▸ 회의의 절차와 방법 익히기	E1	★ 회의에 알맞은 절차와 규칙을 알고 있는가?–공책정리
4	국어	▸ 절차와 방법에 맞게 회의 실시하기1	R	★ 절차와 규칙을 지켜 회의에 참여하는가?
5	국어	▸ 절차와 방법에 맞게 회의 실시하기2		
6	국어	▸ 협동이란 무엇일까? 　– 학교에서 협동이 잘 안되어 힘들었던 경험 이야기 나누기 　– 횡단보도 건너기, 규칙 지키기도 협동일까? 　– '도둑들' 포스터로 가치 명료화하기 ▸ 우리가 바라는 반–서로 존중하고 배려하며 건강하게 자라는 반 　–이 되기 위해서 협동하여 할 수 있는 놀이 만들기 • 무엇을 고려해야 하는가? 　– (예시)모두 함께 할 수 있어야 한다, 순위가 중요하지 않다	R E1	★ 수행과제1 안내
7–8	도덕	▸ 협동이 필요한 이유 알아보기 　– 혼자 vs 여럿이 함께 게임하기 ▸ 사칙연산토의토론으로 협동하기 위해 필요한 것 알아보기 　– 더 필요한 것, 새롭게 추가할 것, 방해하는 것, 내가 노력하는 것, 잘하고 있는 것, 내가 할 수 있는 것, 발전시켜 나가야 하는 것 의견 나누기	E2	◎ 포스트잇 ★ 모둠 활동에 적극적으로 참여하는가?

차시	교과	학습경험 및 수업 계획	WHERETO	학습자료 및 평가
9–10	도덕	▸ wm게임하기	R	◎ 협동의 중요성 영상
11–12	국어 체육	▸ 모둠별로 놀이 만들기1 – 절차 방법 개발하기 – 하나하나 구체적으로 계획하고 역할 나누어 실행하기	E1	
13–14	국어	▸ 모둠별로 놀이 만들기2 – 연습하고 수정하기 – 문제점 발견하고 더 잘 가르칠 수 있는 방법(해결 방안) 알아 보기	R	
15–16	미술	▸ 팀 마스코트 만들기	T	★ 나타내고자 하는 대 상의 특징을 살려 표 현하였는가?
17–18	미술	▸ 규칙 안내서 만들기	T	
19	국어	▸ 놀이 소개하기(모둠별 발표)	R E1	★ 놀이의 규칙을 준수 하고 적극적으로 참 여하는가? ★ 놀이의 전략을 세울 수 있는가? ★ 친구와 협동하는가?
20	체육	▸ 놀이 가르치고 실시하기 1모둠		
21	체육	▸ 놀이 가르치고 실시하기 2모둠		
22	체육	▸ 놀이 가르치고 실시하기 3모둠		
23	체육	▸ 놀이 가르치고 실시하기 4모둠		
24	체육	▸ 놀이 가르치고 실시하기 5모둠		
25–26	사회	▸ '우리가 박물관을 바꿨어요' 도서 및 신문 기사 읽기 • 우리는 무엇을 할 수 있는가? 그러기 위해서 어떻게 해야 하는 가? 변화는 어떻게 일어나는가? 참여가 왜 필요한가? (수행과제 2 안내) ▸ 내용 파악하기 – 공공기관 정의하고 우리 주변에 있는 공공기관 알아보기	W H O	◎ 도서 우리가 박물관 을 바꿨어요 및 신문 기사 ★ 수행과제2 안내
27–29	사회	▸ 공공기관에서 하는 일 조사하기(여기에서 이런 일도 해요!) – 공공기관 사용설명서 만들기	E1	◎ 공공기관 활용 사례
30–31	사회	▸ 구슬이 서말이라도 꿰어야 보배! – 실제 공공기관 사용 경험 조 사하기 – 어른들에게 공공기관 사용 경험을 조사하는 설문지 만들기 – 설문지에 필요한 내용 생각하기 • 알아보고 싶은 것은 무엇인가?	E1	★ 설문지 작성에 적극적 으로 참여하는가? 자 신의 생각을 기록하고 질문과 대답하는 과정 에 참여하는가?
32	사회	▸ 우리 지역 사람들은 어떻게 살아갈까? – 마을탐색활동에 참여하는 어른들에게 질문할 내용 생각해서 만들기 • 내가 받은 도움은?	R	
33–38	창체	▸ 마을탐색활동	E1	
39	창체	▸ 마을탐색활동 후 알게 된 점 쓰고 발표하기	E2	★ 자신의 생각을 자신 있게 표현하고 전달 하는가?
40	사회	▸ 우리 지역 사람들의 관계도 만들기 – 무엇을 알 수 있는가?	R	★ 모둠별 의사소통 과 정에 적극적으로 참 여하는가?

차시	교과	학습경험 및 수업 계획	WHERETO	학습자료 및 평가
41-42	국어	▸ 기호3번 안석뽕 읽기1 – 인물의 성격 짐작하기	H	◎ 도서 '기호3번 안석뽕'
43-44	국어	▸ 기호3번 안석뽕 읽기2 – 사건 정리하기	E1	★ 이야기에 몰입하는가?
45-46	국어	▸ 기호3번 안석뽕 읽기3 – 문제 해결하기1		
47-48	국어	▸ 기호3번 안석뽕 읽기4 – 문제 해결하기2		
49-50	국어	▸ 역할극 하기	T	★ 인물의 상황을 이해하고 표현하는가?
51-52	사회	▸ 우리 지역의 문제 상황 찾아보기(사전 조사 및 설문지 참고) • 문제를 발견하고 해결하기 위해서 필요한 것은 무엇인가?	H	◎ 전차시에 작성한 설문지
53-54	사회	▸ 우리가 참여할 수 있는 방법 생각해보기 – 다양한 방법 다짐하고 게시하기(의견 전달·표현하는 방법 글쓰기 도입)	E1	
55	국어	▸ 제안하는 글 쓰는 방법 익히기	R	★ 제안하는 글쓰기 방법을 알고 있는가? –OX퀴즈
56-57	미술	▸ 지역문제, 참여와 관련된 홍보 포스터 그리기 – 지역의 문제를 해결하기 위해 우리가 할 수 있는 일 중 캠페인을 벌이기 위해 참여 홍보 포스터 만들기	R	★ 알리고자 하는 내용이 잘 드러나게 표현하는가?
58-59	사회	▸ 지방선거 홍보물 분석하기	E1	◎ 지역 선거 출마인 홍보물
60	사회	▸ 내가 선거에 출마한다면? – 제안하는 글쓰기 • 내가 선거에 참여한다면 어떤 사람을 뽑을까?	R	
61-62	미술	▸ 지방선거 참여 인증샷 찍은 사진으로 미술 작품 만들기	T	◎ 선거 참여 인증샷
63-64	국어 사회	▸ 지역의 문제를 해결하기 위한 제안하는 글 쓰기 – 구청 누리집에 올리고 민원 결과 확인하기	E2	★ 수행과제1
65	국어	▸ 소감문 작성하기 • 무엇을 배웠는가? 이전과 달라진 점이 있는가? – 내가 배울 때와 가르칠 때 같은 점과 다른 점은 무엇인가? 어떻게 해야 하는가? ▸ 주제 마무리 – 빅아이디어, 핵심질문에 대한 생각 정리하기	E2	

1. 수행과제 1 – 우리 학급으로

첫 번째 수행과제는 학급에서 학생들이 협력하고 참여하는 경험을 할 수 있는 과제를 선정하였다. 아이들의 요구를 반영하고, 매일 일어나는 일상 속에서의 참여를 온 몸으로 느낄 수 있는 과제를 아이들에게 주는 것이 목표였다. 참여의 과정에서 발생할 수 있는 갈등을 발견하고, 이를 해결하는 과정에서 필요한 협동, 소통, 행함 등의 가치를 이해하고 생활 속에서 실천할 수 있는 기회를 만들고자 하였다. 이를 통해 '진정한 참여'가 무엇인지 생각해 보는 것이다. 그래서 설계한 수행과제1은 〈놀이대장이 되었어요!〉다. 아이들은 놀이를 정말 좋아한다. 놀이 과정을 지켜보고 있으면 아이들 사이의 엄청난 상호작용을 발견하게 된다. 놀이를 이끄는 아이, 의견을 수용해 주는 아이, 반짝이는 아이디어를 제공하는 아이, 소극적이지만 상황을 모두 파악하고 있는 아이, 자신의 주장을 강하게 내세우는 아이 등 개인이 가진 특성들이 다양하게 드러난다. 이렇게 서로 다른 아이들이 조화를 이루며 눈빛 반짝이며 놀이하는 모습을 보고 있자면 감탄이 나올 정도였다. 그 과정을 우리 학급 전체 친구들이 해보면 어떨까? 설계부터 가장 기대되는 과제였다. 아이들이 체육, 놀이에 큰 관심과 흥미를 보이고 쉽게 몰입할 수 있을 거라고 예상했기 때문이다. 물론 과제를 해결하는 과정에서 분명히 아이들 사이에서 갈등이 발생할 것이라고 생각했다. 그것을 아이들 스스로 어떻게 해결해 갈지가 궁금했고 그 성장의 과정을 지켜보고 싶었다.

> **잠깐!**
> **핵심질문으로 수업을 만들어 보세요.**
> --
> 단원을 설계할 때 핵심질문을 하나하나 해결해 간다는 생각으로 수업을 구성할 수 있습니다. 핵심질문을 해결하기 위해서는 어떤 활동이 필요할까, 아이들에게 어떤 내용과 절차를 제시하면 그 질문에 대해 깊이 탐구할 수 있을까 고민했습니다. 그렇게 생각하니 다양한 활동 중 우선순위를 정할 수 있게 되고, 그 중 가장 중요한 활동을 선택하고 그것을 좀 더 다듬고 체계화하는 과정을 거치게 되었습니다. 그렇게 정해진 소수의 활동에 집중하자 이전에 많은 활동과 수업 내용을 다룰 때처럼 수업 시간이 부족하지 않았고, 더 많은 아이들의 반짝이는 생각을 공유할 수 있었습니다. 선택과 집중으로 아이들과 살아있는 상호작용을 하고 그 결과로 학습 목표의 도달도를 높일 수 있었어요.
> --

협동이란 무엇이고 어떻게 하는가?

아이들이 4학년이 된지 대략 100일이라는 시간이 흘렀다. 한 교실에서 새롭게 관계를 맺고 어울려 지내온 시간을 돌아보고 더 좋은 우리 반이 되기 위해 필요한 것은 무엇일까 생각해 보았다. 브레인스토밍을 통해 현재 ①우리 반의 좋은 점(잘 하고 있는 것), ②바뀌어야 할 점(고쳐야 할 것), ③②번을 하기 위해 필요한 것을 나누어 보았다. 바뀌어야 할 점에서 친구들과의 관계에 대해 이야기 한 예가 많았고, 필요한 것에서는 착한 마음씨, 존중, 우정, 돕기, 혼자 하지 않기, 체육 등이 나왔다. 수행과제를 도입하기에 적절한 상황이 아이들로부터 만들어졌다고 생각했다.

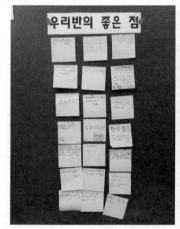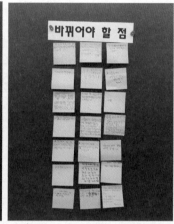

브레인스토밍 결과

교사: 우리 반이 고쳐야 할 것을 어떤 방법으로 변화시켜 갈 수 있을까?

학생A: 친구들에게 부탁해요.

학생B: 이야기해요. 회의해요.

교사: 정말 좋은 생각이다. 너희들의 의견을 모아 문제를 해결할 수 있을 것 같아. 여러분이 ③번에서 착한 마음씨, 힘을 모아요, 혼자 하지 않기, 체육 등을 적어 주었네. 체육이라고 적은 친구는 그 이유에 대해 이야기해 줄래?

학생C: "친구들이랑 같이 할 수 있기 때문이에요. 같이 하면 재미있고 사이가 더 좋아질 거예요."

교사: 그래? 그런데 정말 같이 하면 사이가 좋아지는지 한 번 확인해보고 싶은데? 그래서 선생님이 이번 단원 첫 수행과제로 〈놀이대장이 되었어요!〉를 준비했어요. 수행과제 안내문을 읽어보자. 우리 반의 많은 친구들이 즐겁게 참여할 수 있는 놀이는 어떤 조건을 가져야 할까?

원래는 교사가 아이들에게 제시할 기준이 있었다. 그런데 수업 중에 이 기준을 아이들이 만들면 더 다양하고 좋은 생각들이 나올 것 같아서 즉흥적으로 아이들에게 던진 질문이었다. 그런데 역시 아이들은 달랐고 뛰어났다. 수업은 설계대로 이루어지지 않고, 반드시 그래야 할 필요도 없다는 생각이 들었다. 물론 계획이 있었기 때문에 그 흐름을 바탕으로 교사가 아이들과 소통하며 훨씬 더 풍성한 수업을 만들어 갈 수 있었다.

설계는 교사가, 실행은 아이들과 함께

교사는 교육적 의도에 따라 가르치고자 하는 것을 계획합니다. 특히 백워드 설계는 빅아이디어, 전이목표, 수행과제(평가)를 교사가 깊이 고민하여 설정하고 이에 따라 차시 계획을 비교적 꼼꼼하게 조직합니다. 이 단계를 따르다 보면 이 설계에는 '여백'이 없는 것처럼 느껴지기도 합니다. 실제로 교사가 치열하게 고민한 만큼 학생들이 깊은 이해에 도달할 가능성이 커질 것이라는 믿음을 가지고 있는 것도 사실입니다. 하지만 그것이 곧 실행에 있어서 계획의 절대고정을 의미하는 것은 아닙니다. 설계, 즉 계획은 실행될 때 진정한 의미를 가지게 됩니다. 수업은 계획과 실행이 만나는 장(場)이 되는 것이고요. 설계의 주체는 교사이지만 수업에 있어서의 주인공은 아이들이 됩니다. 이제 교사는 아이들과 상호작용하면서 설계의 내용을 수정 보완하는 융통성을 발휘해야 합니다. 애초에 설계의 목적이 무엇이었는가에 대해 충분히 이해한다면 답은 더 쉬워집니다. 무엇을, 왜 가르칠 것인가? 라는 방향성은 변하지 않았고, 우리 반 아이들에게 적절한 방법은 수업에서 바뀔 수 있습니다.

아이들이 제시한 놀이의 기준은 다음과 같았고, 이 중 '협동할 수 있는 놀이'에 대해 이야기를 더 이어갔다.

놀이의 기준

- 놀이 방법을 쉽고 간단하고 구체적으로 알려줄 수 있는 것
- 안전한 놀이
- 다 같이 즐길 수 있는 놀이
- 협동할 수 있는 놀이
- 승패와 상관없이 즐길 수 있는 놀이
- 사이좋게 할 수 있는 놀이

교사: 정말 다 꼭 필요한 기준인 것 같다. 그중에 여기 '협동'이라는 것의 의미를 우리가 한 번 구체적으로 정해 볼까?

학생C: 협동은 힘을 모아서 서로 돕는 거예요.

교사: 맞아요. 협동하는 예에는 어떤 것들이 있을까?

학생D: 어려운 친구를 도와줘요. 팔 다친 친구 급식 대신 들어줘요. 무거운 거 같이

들어요.

교사: (횡단보도에서 사람이 건너고 차들은 정지한 사진을 보여주며) 그럼 이건 협동
일까?

학생들: 아니요~~

교사: 정말? 왜?

학생A: 네! 저건 그냥 규칙이잖아요.

학생B: 잠깐! 저거도 협동인가? 길을 지나는 사람이 다치지 않게 다른 사람들이 다
힘을 모아 서 있는거잖아.

학생들: 우아~~ 정말이네!

교사: 그럼 이런 경우는 어때? 여러 친구들이 힘을 모아 한 친구를 따돌려.

학생들: 에이~ 그러면 안돼죠~

교사: 사람들이 힘을 모아서 물건을 훔쳐.

학생C: 아~ 협동은 여러 사람이 힘을 모아서 많은 사람들을 도와주는 거예요. 많은
사람들한테 좋게 하는거예요.

그렇게 정해진 우리 반 친구들의 협동에 대한 정의는 '많은 사람들에게 도움이
되도록 힘을 합쳐 서로 도움'이 되었다

개념을 분명하게 이해하는 과정이 필요해요

　어른과 아이는 개념이나 가치에 대한 이해 수준이 다릅니다. 어른들은 이미 수많은 경험을 통해 많은 가치나 개념을 내면화하고 있습니다. 그래서 교사는 수업 중에 어떤 용어나 개념들에 대해 가볍게 이야기하고 지나치기 쉽습니다. 하지만 아이들은 그러한 경험이 아직 부족합니다. 수업을 할 때 용어나 개념에 대해 '이게 무엇이지? 무슨 뜻이야?'라고 질문을 하는 것은 아이들의 생각을 확장시키기 위해 필요한 과정입니다. 그렇게 하면 교사가 생각했던 것보다 훨씬 창의적인 아이들의 사고를 발견하게 되기도 하고, 당연히 알 거라고 생각했던 개념을 막연하거나 어렴풋하게 알고 있는 모습에 당황하기도 합니다. 학생들에게 이유와 근거를 들어 가치에 대해 자신의 말로 설명할 수 있도록 질문하고 그렇게 우리 반 친구들이 함께 만드는 개념 정의 시간을 가지는 것이 좋습니다. 이 때 교사가 아이들이 말하는 근거의 예외 상황을 찾아 질문을 던지고 답하는 과정을 거치면 아이들의 가치를 또렷하게 하는 데 도움이 됩니다.

◎ 진정한 참여란 무엇인가?

　'참여'하지 않는 관심도 관심일까?

　아이들은 열의에 차 협의를 시작했다. 하지만 곧 여기저기서 한숨이 터져 나온

다. 각자 하고 싶은 활동은 많지만 앞서 정한 기준에 맞는 놀이를 찾으려니 생각보다 쉽지가 않다. 게다가 모둠 친구들과 의견도 잘 맞지 않는다. 이내 갈등이 발생한다. 한 친구가 울음을 터뜨리며 하고 싶지 않다고 했다.

"얘는 안하고 계속 딴짓해요."

"니가 안 시켜 주잖아. 너 마음대로만 하잖아."

"니 의견은 얘기 안하고 계속 이상하다고만 하잖아."

모둠활동을 잠깐 멈추고 전체 아이들과 이야기를 시작했다. 예상했던 상황이다. 문제는 어떻게 이 상황을 교사 주도가 아닌 아이들이 스스로 해결할 수 있도록 하느냐 였다. 갈등은 배움의 기회다.

교사: 지금은 여러 친구들이 자기가 원하는대로 되지 않는 것들이 있어서 불만이 생긴 것 같아. 같이 하고 싶은데 생각이 다 다르고, 그러니까 하나로 의견을 모으는 것이 어려운 것 같은데. 이 문제를 해결하기 위해 어떻게 해야 할까?

학생: 일단은 각자 얘기를 다 들어줘요. 근데 구체적으로 뭘 할지 잘 얘기해야 돼요. 그걸 다 들어보고 제일 나은 걸로 선택해요.

학생: 모둠에서도 생각이 같은 사람이 있으면 같이 해도 돼요?

교사: 물론! 그럼 이번에는 모둠 활동에서 볼 수 있는 친구 유형을 한 번 알아볼까?

학생: 열심히 하는 사람, 자기 혼자 다른 거 하는 사람, 반대 하는 사람... 있어요.

교사: 이 중에 참여하는 사람은 누구일까?

학생: 열심히 하는 사람이요.

교사: 반대하는 사람은 어때?

학생: 음... 반대만 하면 참여가 아니에요. 자기도 의견을 내야 해요.

교사: 그렇구나. 그럼 자기 의견만 내세우는 사람은?

학생: 음... 참여는 맞는데, 뭔가 좀... 내 얘기도 하고 남 얘기도 들어야 되는데...

아이들은 교사가 계속해서 질문을 하면 '아' 라는 말과 함께 한숨을 내쉰다. 생각을 해야 해서 머리가 아프고 어렵다고 한다. 그렇기 때문에 수업 중에 핵심적인 질문을 아이들에게 던지는 것이 더욱 필요하다. 결국 아이들은 실마리를 찾아낸다. 이 수업에서도 혼자가 아니라 함께 무언가를 해 나가는 과정에는 각자의 입장을 조금씩 양보하고 서로의 합의점을 찾아가는 것이 필수적이라는 것을 아이들은 깨달았다. 핵심질문은 사고뿐만 아니라 행동을 변화하게 한다. 진정한 참여란 '관심을 보이고 나도 같이 행동해야 하는 것'이라고 하였다. 또한 협동이 잘 되는 모둠과 그렇지 않은 모둠의 특징에 대해서도 이야기를 나누었다. 협동을 하기 위해서는 모두 다 함께 참여하고 그 과정에는 존중, 배려, 양보, 책임 등의 태도가 필요함을 아이들은 이미 알고 있었다. 중요한 것은 그것을 실천하는 것이었다. 문제가 발생한 상황에서 자신들의 경험과 비교하며 이야기를 하자 태도가 분명히 달라졌다.

잠깐!

핵심질문, 연습이 필요해요

핵심질문은 교사가 옳다고 생각하는 정답을 찾아내도록 하는 것이 아니라 학생들이 주도하는 지속적인 탐구와 풍부한 토론을 불러일으키는 것이 목적입니다. 아이들이 주도하는 학습 과정인 것입니다. 그 과정이 무엇보다 중요한 이유는 외부의 자극을 비판 없이 수용하거나 당연하게 받아들이지 않으면서 내 생각의 주인이 되어가는 길이기 때문입니다. 그런데 지식 습득, 즉 '답'을 찾는 학습에 익숙한 아이들은 교사가 핵심질문을 던지면 어려워하고 답답해합니다. 그러한 익숙함에서 벗어나도록 교사는 학생들의 작은 반응을 놓치지 않고 연결할 수 있어야 합니다. 질문에 대한 완벽한 답이 아니어도 폭넓게 유도하고 수용합니다. 처음 물꼬를 트면 그 반응에 대해 또 질문을 던지면서 또 다른 반응을 이끌어 냅니다. 이 때 교사는 새로운 관점을 제시할 수도 있고 반대의 예를 드러낼 수도 있습니다. 계속해서 교사는 답을 주는 것이 아니라 질문을 합니다. 이때에는 학생들의 반응을 연결하는 순간적인 판단이 요구되기도 합니다. 교사도, 학생도 핵심질문에 익숙해지기 위해서는 어느 정도의 연습이 필요합니다. 이 과정에서 질문만큼 중요한 것이 교사의 '기다리기' 입니다. 아이들의 속도를 맞추지 못하고 교사가 생각하는 답을 가지고 이를 서둘러 드러낸다면 아이들은 다시 예전의 익숙함으로 돌아갈 것입니다.

모둠별 자료 수집 과정

모둠별로 협동 놀이를 만들었다. 놀이의 이름, 방법, 지켜야 할 규칙, 준비물, 필요한 역할 등을 작성하였다. 모둠별로 돌아가며 읽어보고 궁금한 것이 있으면 '질문 포스트잇'을 붙이는 활동을 하였다. 이 활동을 통해 학급 전체 아이들이 각 놀이의 내용을 자세하게 파악하고 다른 친구들이 놓치거나 생각하지 못했던 부분을 더 풍성하게 채워갈 수 있었다. 활동지를 돌려 가며 읽어보고 다른 친구들의 생각이 첨가된 활동지를 맨 마지막에 받아서 수정하는 과정을 거쳤다.

　아이들은 "이것도 우리 넷이 한 것에서 우리 반이 다 같이 한 게 됐네."라고 말했다.

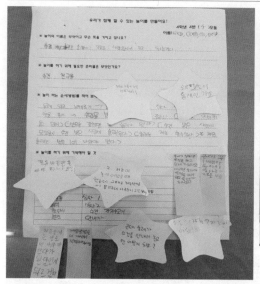

협동하여 놀이 만들기

　사실 아이들이 만든 놀이가 다양하고 새롭지는 않았다. 피구, 수건 돌리기, 고무줄로 컵타 쌓기 등 이미 아이들이 많이 알고 있고 하고 있는 놀이였다. 새롭고 창의적이었으면 좋겠다는 생각에 좀 아쉽기도 했다. 하지만 이내 중요한 것은 새로운 놀이를 아는 것이 아니라는 생각을 하게 되었다. 이 수행과제의 목적은 협력하고 참여하면 변화가 일어난다는 것을 아이들이 이해하는 것이다. 목적에 집중하니 아이들이 수업을 하는 과정에서 무엇을 배우고 느끼는지를 살피는 것이 더 중요해졌다. 아이들은 안내서를 만들고 친구들에게 소개하고 가르쳐주기 위해서 연습했다. 익숙했기 때문에 자세한 부분까지 질문을 주고받는 아이들이었다.

　"그게 왜 협동놀이야?"라는 날카로운 질문을 하는 학생도 있었다. 놀이의 계획부터 실행까지 아이들의 힘으로 만들어가는 수업이 되었다. 이 활동을 통해 아이들이 무엇을 느꼈을지 궁금했다.

잠깐!

뭣이 중헌디? - 목적이 방법에 우선한다

수업을 진행하다 보면 아이들이 내 맘 같지 않을 때가 많습니다. 교사가 열심히 준비한 수업일수록 그걸 몰라주는 듯한 아이들의 반응이 답답하고 야속하기까지 합니다. 교사가 머릿속에 구상한 수업 아이디어를 그대로 구현하고 싶은 욕심이 있고, 그러다 보면 아이들의 반응을 놓치고 교사의 의도만을 가지고 수업을 진행하기 쉽습니다. 그러면 수업은 점점 더 아이들의 배움으로부터 멀어집니다. 학생들의 실제 반응이 교사의 예상과 다르다면 어떻게 해야할까요? 여기에서 교사의 고민이 생깁니다. 아이들이 도달해야 하는 것은 활동의 어떤 수준이 아니라 그 활동을 통해 이해해야 하는 목표입니다. 놓치지 말아야 할 것과 대체할 수 있는 것을 명확히 결정하고 구분해야 합니다. 변하지 않는 것은 아이들에게 무엇을 가르칠 것인가이고, 그것을 도달하는 방법은 아이들의 요구와 수준에 따라 바꿀 수 있는 교사의 유연함이 필요합니다.

모둠별 발표와 질문 과정

≫ 내가 배운 것은 무엇인가?

[수행과제 1] 소감

- 처음에 참여는 그냥 같이 하는 것인 줄 알았는데, 협동하고 힘을 모으는 것도 필요한 것 같다.
- 처음에 00이가 계속 참여하지 않아서 좀 힘들었다. 나도 하기 싫었다. 근데 조금씩 하게 되고 역할을 나누어서 안내서를 만들게 되었다. 점점 하다 보니 잘 하게 되었다. 그래서 시간이 되게 빨리 지나간 것 같다. 같이 하는 게 참여하는 거 같다. 뭔가 되게 재미있었다.
- 처음에 협동놀이를 조사하기 전에 할 게 별로 없다고 생각했는데 조사하고 나니 쓴 게 너무 많아서 정하기 힘들었다. 우리 모둠이 같이 열심히 해서인 것 같았다. 재미있어서 더하고 싶다. 협동은 정말 생각을 모으는 것 같다.
- 친구들한테 놀이를 가르쳐주면서 많이 부끄럽고 떨렸다. 왜냐하면 나는 친구들 앞에서 말하는 게 부끄럽기 때문이다. '협동놀이'를 만드는 것은 너무 힘들었다. 모둠 친구들이랑 협동을 해서 만들어야 해서 더 힘들었다. 그치만 마치고 나니 뿌듯하고 안내를 하면서 자신감을 얻었다. 놀이를 하면서 재미있었던 것은 이것 덕분이었을까?
모둠원, 반 친구들의 의견을 들으면서 다 아는 놀이여도 '저건 기발하다', '재미있다'라고 생각했다. 이 주제를 배우면서 우리가 협동해서 하면 재미있게 할 수 있구나 라고 생각했다.
- 처음에는 같이 놀이를 만드는 걸 못할 것 같다고 생각진 않았다. 하지만 만들다보니 서로 의견도 다르고 어떤 게

임을 정할 것인지 문제가 많았다. 나는 다 재미도 없고 친구들이 말한 놀이는 다 협동놀이가 아닌 것 같았다. 단지 내 것만 협동놀이 같았다. 결국 정해진 건 남자애들 여럿이 정한 피구였다. 나는 설명도 하기 싫고 참여하기 싫었다. 그런데 실제로 하는데 생각보다 재미있었다!!! 같이 왕을 지키면서 하는 게 협동하는 게 맞았다. 생각과 실제가 다른 것 같다. 먼저 싫어하기 전에 한 번 실제를 생각해 보는 것도 나쁘지 않은 것 같다. 재미있었다.

'생각과 실제는 다른 것 같다.' 라고 쓴 아이의 소감에서 마음에 큰 울림을 느꼈다. 아이는 교사가 의도한 것 이상을 배우고 있었다. 교사가 계획한 수업을 무한한 가능성을 가진 학생이 어떻게 꽃피워 갈 수 있는지 지켜보는 기쁜 순간이었다.

아이들이 발견하는 빅아이디어

백워드 수업 설계에서의 핵심은 빅아이디어입니다. 빅아이디어는 삶 속에서 배우며 깨닫게 되는 삶의 이치와 같습니다. 교사는 숙의(熟議)를 통해 학생들이 빅아이디어에 이를 수 있도록 교육과정을 설계합니다. 아이들이 깨닫길 원하는 분명한 빅아이디어를 설정하고 수업을 계획하는 것이지요. 숙의의 과정은 설계하는 교사와 배움을 실천하는 학생 모두에게 필요합니다. 수업에서 아이들은 깊이 생각하고 고민하며 빅아이디어를 찾아냅니다. 이 때 아이들의 놀라운 발견이 일어나는데요. 교사가 의도한 A라는 빅아이디어뿐 아니라 B라는 또 다른 빅아이디어까지도 깨닫는 아이들이 있습니다. 이 때 교사는 짜릿한 희열과 감동을 느끼게 됩니다. 아이들은 교사가 치열하게 고민하고 탐구한 것 이상을 배웠기 때문입니다. 아이들의 잠재력을 믿고 삶의 본질적 가치를 발견하는 교육과정을 설계하지 않았다면 경험하지 못할 순간이지요. 교사가 설계한 빅아이디어와 그것을 뛰어넘는 아이들의 놀라운 발견을 나누는 기쁨을 가져보세요.

2. 수행과제 2 - 우리 지역으로

요즈음 우리 반에서는 할리갈리-같은 종류의 과일 카드가 다섯 장이 되면 종을 치고 카드를 가져가는 게임-가 유행이다. 쉬는 시간마다 아이들은 삼삼오오 모여 할리갈리에 열중이다. 많은 경우에 그렇듯, 아이들이 어울려 놀다보면 크고 작은 다툼들이 생기면서 감정이 격해지는 상황이 발생한다. 우리 반에서는 그런 문제나 갈등 상황이 생기면 'happy together'가 발동 된다. 학급의 전체 구성원이 갈등을 겪는 상황에 대해서 공유하고 그런 일을 해결하기 위해서 필요한 것, 또는 다시 그런 문제가 생기지 않기 위해 해야 할 일에 대해 이야기 나눈다. 왜 당사자가 아니라 학급의 모든 친구들이 함께 그 문제를 다루어야 하는지에 대해 아이들은
"저도 그런 적 있어요."
"누구라도 그런 상황이 생길 수 있어요. 그러니까 같이 도와요."라고 말한다.
사람은 누구나 자신의 눈앞에서 일어나는 일, 자신이 속해 있다고 생각하는 공간

에서 일어나는 일에는 관심을 가지고 참여한다. 그 상황이 나에게 영향을 끼친다는 것을 직접적으로 확인할 수 있기 때문이다. 아이들은 쉬는 시간에 다른 학급에 들어가는 것을 허용할 것인가? 학교에 놀이도구를 가져와도 되는가? 와 같은 문제에 자신들의 생각을 다양하게 제시하고, 그런 과정을 거쳐 도출해낸 결과를 매우 중요하게 여긴다. 자신들을 둘러싼 환경을 개선하고 문제를 해결하는 데 주인으로서 참여했기 때문이다. 나는 우리 반 아이들의 이러한 시선을 교실, 학교 안에서 우리 동네, 지역으로 점차 확장해 나갈 필요가 있다고 생각했다. 왜냐하면 아이들이 살아가는 사회는 학교만이 아니기 때문이다. 실제로는 지역 사회의 구성원으로서 많은 영향을 주고받으며 살아가고 있음에도 불구하고 그것을 체감하지 못하고 있다. 하지만 분명히 아이들이 발견할 수 있는 접점이 있을 것이다. 미래에 좋은 구성원이 되기 위해서가 아니라 현재 이 시점에서 나와 영향을 주고받는 지역사회의 모습을 발견하고 지금, 여기에 참여하는 것이다. 지역사회와 아이들이 연결되어 있는 것을 알아채고 삶의 영역을 확장해 나갈 수 있는 학습 내용을 계획하여 두 번째 수행과제를 시작하였다.

 '장소감'을 키우는 수업을 계획해요

인간은 다양한 삶의 장면에서 감정을 경험합니다. 환경, 사람, 사건 등 특정할 수 없을 만큼 수많은 대상과 소통하고 관계를 맺으며 그와 관련된 감정을 형성하게 됩니다. 그리고 그 감정은 우리가 어떤 태도와 관점을 가지고 삶을 살아갈 것인가에 영향을 주는 중요한 요소입니다. 2015 개정 교육과정 사회과에서는 이렇게 '어떤 대상에 대해 가지는 감정'의 중요성을 반영하여 '장소감'이라는 개념을 처음으로 도입하고 있습니다. '어떤 장소에 대한 장소감은 개인이나 집단에 따라 다양하다'고 일반화된 지식으로 제시하였습니다. 장소감은 사람마다 장소에 대한 기억과 느낌이 서로 다르다는 것을 핵심으로 합니다. 그 환경에서 개인이 어떤 경험을 하고 그것을 어떻게 인식하는지에 따라 장소감은 당연히 다르게 형성되겠지요. 개인이 발 딛고 서 있는 지금, 여기가 나에게 어떤 의미를 가지는지는 나의 정체성, 존재 의미와도 연결될 수 있습니다. 그렇기 때문에 같은 사회적 관계 속에 있는 이들을 발견하고 그 안에서 소속감을 가질 수 있는 경험이 필요합니다. 아이들이 우리 지역에 관심을 가지고 지금, 이곳에서의 특별한 경험으로 '나의 그곳'을 인식하게 되는 학습 활동을 구성하는 것은 의미가 있습니다.

◎ 사람들은 어떻게 서로에게 영향을 주고받으며 살아가는가?

우리 학교 4, 5학년은 마을교육과 연계한 진로체험활동을 실시하는 전통을 가지고 있다. 지역의 십여 개 업체와 협약을 맺고 학생들은 자신이 원하는 업체를 선정하여 이틀 동안 그곳에 가서 직업을 체험하고 지역 어른과 만난다. 이 활동은 우리 지역 어른들이 어떻게 살아가고 있고, 지역의 기관과(학교) 어떤 관련을 맺으며 살아가는지 알아볼 수 있는 아주 좋은 학습의 기회다. 그 활동이 단순한 체험에 그치지 않고 의미 있는 배움의 시간이 되기 위해 우리 학교 진로 활동에 참여하는 업체의 지역 어른들에게 설문지를 작성하여 조사학습을 실시하였다. 우리 반 친구들이 참여하는 업체는 모두 10곳으로, 각 업체에 평균 2명씩의 학생들이 참여하였다. 팀별로 해당 업체의 어른들에게 궁금한 것, 알고 싶은 것을 작성하고 설문을 실시하였다. 설문 내용은 학생들이 자유롭게 작성하였는데, '학교의 이런 행사에 참여하게 된 이유는 무엇인가요?'는 반드시 포함하였다. 이틀 간의 활동을 마치고 활동 소감과 설문 내용을 나누는 시간을 가졌다.

설문 작성 및 협의 과정

지역에 관심 가지기

교사: 수업을 마치고 알게 된 점이나 느낀 점은 무엇인가요?

학생A: 우정호(베이커리)에서 우리가 만든 빵에 제 이름을 새겨서 팔았어요. 맨날 가는 곳에서 제 이름을 넣은 빵을 파니까 신기했어요.

학생B: 유치원에서 아이들 데리고 산책 나갔는데 지나가는 어른들이 저희보고 동생들 잘 돌본다고 칭찬해서 뿌듯했어요.

학생C: 설문지에서 도림초 학교 행사에 참여한 이유가 '아이들이 좋고, 우리가 미래의 주인공이기 때문'이라고 해서 감동적이었어요.

학생D: 하고 싶은 게 더 많았는데 시간이 짧아서 아쉬웠어요. 그런데 거기 선생님이 학교 마치고 오면 더 가르쳐 주신다고 했어요.

교사: 왜 그렇게 말씀하셨을까?

학생D: 음... 저희 배우라고요. 관심이 있어서요.

교사: 그렇구나. 이 지역에 살고 있는 여러분, 다양한 가게의 주인들, 부모님들은 어떤 영향을 주고받으면서 살고 있지?

학생E: 저희가 뭘 배우게 해 주세요. 뭔가 살 수도 있어요. 그래서 우리도 관심을 가져야 해요.

| 지역참여활동 소감문 | 조사 설문지 |

이러한 질문과 대답의 과정을 통해 중요한 개념에 대한 이해와 명료화 과정을 거쳤다. 참여란 무엇인가? 에 대해 우리 반 아이들은 '사람들이 무언가 하고 있는데 나도 같이 하는 것, 더불어 함께 돕는 것'이라고 했다. 참여를 할 수 있는 것들에는 '놀이, 기부, 체험, 수업, 봉사, 모임, 집안일' 등이 있다고 하였다. '집안일'에서 역시 아직은 아이들의 시선이 지역적 상황으로까지 확장되어 있지는 않다는 생각이 들었다. 지역의 문제 상황으로 관심을 끌어 올릴 수 있는 소재에 무엇이 있을까 고민하다 '우리가 박물관을 바꿨어요.'라는 책과 실제 초등학생 아이들이 국립중앙박물관의 식당 문제를 해결한 내용을 담은 기사를 수업에 도입하고 〈수행과제2 우리 지역을 더 좋게 바꾸기 위한 제안서 제출하기〉를 제시하였다.

⟫ 변화는 어떻게 일어나는가?
지역의 특성은 내가 살아가는 방식에 어떤 영향을 미칠까?

"우리도 이렇게 할 수 있어!"라는 말과 함께 아이들에게 기사 내용을 들려주었다. 그리고 기사의 학생들처럼 우리 지역의 문제를 찾고, 공공기관에 문제 해결을 요청하는 제안하는 글쓰기를 해서 변화를 확인해 보자고 했다. 잠자코 듣고 있던 아이들의 눈빛이 달라졌다. "진짜요?" 라는 놀람과 신남으로 눈빛이 커지는 아이들도 있고, "에이~ 설마요." 라는 못 미더운 표정으로 교사를 바라보는 아이들도 있었다.

교사인 나도 이런 도전은 처음이다. 사실은 아이들의 믿을 수 없다는 눈빛이 더 강하게 느껴졌다. 왜냐하면 나에게도 그런 의심이 있었기 때문이다.

'과연 아이들이 지역의 문제를 발견하고 이것을 해결까지 할 수 있을까?'

참여하는 우리가 할 수 없다면 어떤 누구도 할 수 없다. 아이들이 자신의 힘을 믿고 관심을 가지고 참여할 수 있게 교사인 나부터 할 수 있다는 믿음을 가져야 했다. 중요한 것은 목표를 설정하고 그것을 향해 나아가고자 하는 의지에 있다고 믿었다.

생각보다 아이들은 지역 사회에서 자신이 겪는 문제 상황을 구체적으로 발견하고 해결 방안을 잘 탐색해 나갔다. 아이들이 지역의 문제에 대해 관심이 있을까 염려했던 것과 다르게 이야기를 시작하자 자신들이 불편하다고 느꼈던 것을 다양하게 제시했다. 우리가 살고 있는 이 지역의 특성이 내가 겪고 느끼는 것들과 관련이 있고, 이렇게 환경과 내가 영향을 주고받는 것이라는 것을 알게 되었다. 그 속에서 느끼는 문제를 해결하기 위해서는 지역 구성원의 참여가 필요함을 아이들 스스로 알아차렸다. 또한 그 참여라는 것이 개인의 이익을 위함이 아니라 여러 사람이 함께 더 나은 생활을 하기 위한 것이어야 한다는 것도 알아냈다.

아이들은 "필요한 걸 고치려면 말을 해야 해요. 의견을 표시해야 해요. 그래야 바뀌어요."라고 말했다.

물론 그 과정에서 교사는 우리 지역만이 가진 특성은 무엇이지? 왜 그런 문제가 발생할까? 우리는 왜 참여해야 할까? 그러기 위해서는 무엇이 필요할까? 어떻게 될까? 와 같이 계속적으로 사고를 촉진하는 질문을 제시하였다.

---

❶ 우리 지역의 특성 알아보기

⇩

❷ 우리가 느끼는 불편한 점(문제, 갈등) 찾기

⇩

❸ 문제 상황 실제로 확인하기

⇩

❹ 문제해결방안 알아보기 – 장단점 탐색하기

⇩

❺ 제안하는 글쓰기

⇩

❻ 지역 주민들에게 서명 받기

⇩

❼ 구청누리집에 제안하는 글 올리고 결과 확인하기

---

❶ 우리 지역의 특성

대로가 있어 큰 차가 많이 다닌다.
주차 공간이 부족하다
근처에 오봉산이 있고, 그것을 이용하는 사람이 많다

❷ 우리가 느끼는 지역 문제

교통사고가 종종 일어난다	☞ 얼마 전에도 학교에 오다 교통사고가 나서 사람이 쓰러져 있는 걸 봤어요.
신호등이 없어 다니는 데 위험하다	☞ 학원 가는데 차가 계속 와서 길을 언제 건너야 할지 모르겠어서 한참 기다렸어요.
불법주정차가 많다	☞ 인도에 차가 세워져 있고, 불법 주정차가 많아서 반대편에서 차가 오는 게 잘 안 보여요.
보도블럭에 파인 곳이 많다	☞ 보도블럭이 파인 곳이 많아서 넘어지기 쉬워요.
오봉근린공원 화장실이 더럽다	☞ 공원 화장실이 너무 더럽고 문도 고장 나서 사용하기가 어려워요. 일요일에 친구들이랑 놀다가 화장실을 이용하려는데 진짜 불편했어요.
학교 앞에서 담배 꽁초를 버리는 사람들이 많다	☞ 학교 앞에 담배 피우는 어른들이 많아서 간접흡연 위험도 있고 담배꽁초를 아무데나 버려서 지저분해요.

❸ 문제 상황 실제로 확인하기

❹ 문제해결방안 알아보기 – 장단점 탐색하기

우리 지역의 문제를 해결하기 위한 제안하는 글쓰기
인천도림초등학교 4학년 4반
이름(김 정 환)

> 안녕 하세요? 저는 인천 도림초 4-4 김정환
> 입니다 연기 도림초 앞 오봉그린공원의 화
> 장실 이 예요. 여긴 관리가 안되어 냄
> 새 나고 벌래 들이 많아 들어 가기가 싫
> 습니다. 또 놀이터에서 놀다 볼일을 볼때이
> 한곳은 잠그는게 없어 위험하고, 한곳은
> 냄새 가나 들어 가기가 싫습니다. 서면대에
> 수독 꼭지 손잡이가 없이 적셔 마 칠수 있
> 습니다 화장실 안 휴지 통이 있어 냄새가나
> 벌래가 꼬이는 것 같습니다 휴지통 없는 화장
> 실이 라면 냄새가 안나고 벌래가 안꼬이는
> 것 같습니다 그러니 이 화장실을 봐 꺼주
> 시면 감사 하겠습니다 감사 합니다

우리 지역의 문제를 해결하기 위한 제안하는 글쓰기
인천도림초등학교 4학년 4반
이름(이지은)

> 안녕하세요? 저는 도림초등학교 학생 이지은 이라고
> 합니다. 저희 동네 아파트 주변에 담배꽁초
> 가 많이 버려져 있어 이 글을 씁니다. 또
> 앞 도림중공 아파트 앞 무지개 식당 옆쪽에
> 담배꽁초가 많이 버려져 있습니다. 학교 부터
> 50m가 금연구역인데, 그 50m 안에서 담배를 펴
> 우시는 분들이 계시는 것 같아, 아이들에게
> 피해가 가는 것 같습니다. 그래서 말인
> 데, 무지개 식당 옆에 금연역 간판을
> 세우는 것은 어떨까요? 그러면 담배를
> 피우는 사람들도 줄어들 것이고, 담배꽁초
> 때문에 환경오염이 돼는 것도 막을수
> 있을 것 입니다. 그럼 부탁드릴게요!
> 안녕히 계세요

아이들은 지역 문제를 해결하기 위한 과정에 진지하게 참여했다. 자신들이 조사한 내용을 학년 전체 다모임에서 발표했다. 조사한 과정과 해결 방법에 대해 설명하자 다른 반 친구들도 관심을 보이며 많은 질문을 했다. 특히 앞으로 어떻게 할 것인지, 구체적인 해결 방안을 궁금해 했다. 다른 반 친구들과 공부한 내용을 공유하는 것이 서로에게 동기부여가 된다는 것도 알 수 있었다.

학년다모임 발표

>> 변화는 어떻게 일어나는가?
  문제 해결을 위해 우리는 어떻게 해야 할까?

지역 문제를 해결하기 위한 제안하는 글을 작성하고 서명운동으로 지역 주민들의 의견을 모았다. 아이들이 스스로 서명운동의 필요성을 발견하기는 어려울 수 있다는 판단으로 교사가 먼저 제시하고 그것이 무엇이며 왜 필요한지 아이들이 이유를 찾아가는 방식을 선택하였다.

"많은 사람들이 좋다고 할수록 해결되기 쉬울 것 같아요. 왜냐하면 우리들만 생각하는 게 아니니까요."

"어떤 사람들에게 우리의 의견을 표현하고 같은 생각인지 물어볼 수 있을까?"

"부모님이요. 슈퍼 아주머니요."

"또?"

"옆반 친구요."

"6학년 언니요."

"어? 정말?"

"그럼요! 우리가 썼으니까 친구들도 같이 할 수 있죠."

옆반 친구를 이야기 하는 것이 큰 변화라고 생각했다. 아이들 말대로 우리가 할 수 있는 일이라는 것을 아이들이 발견한 것이기 때문이다. 아이들은 방과 후, 주말에도 만나 서명을 받았다. 서명운동을 하면서 했던 생각들을 아이들과 나누었다.

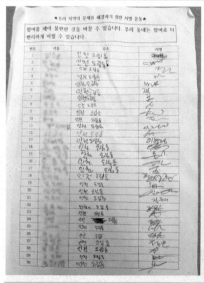

서명활동

- 사람들이 우리 내용을 듣고 "어, 맞아." 라고 하는 3글자가 기분이 좋았다. "우리 손자가 들어갔는데 냄새가 많이 나더라."라는 동의하는 말도 되게 좋았다. 긴장하고 있어서 그 말이 더 좋았던 거 같다.
- 길을 지나다보면 사람이 많은데 이야기를 잘 못한 게 답답하고 어려웠다. "다른 사람이 해주겠지"라고 생각하면 다른 사람도 똑같기 때문에 내가 참여하고 내가 실천해야 한다고 생각했다.
- 계속 걷고 물어보고 하느라 많이 힘들었지만 우리가 불편한 점을 바꾸려고 노력한다고 생각하니 뭔가 뿌듯했다.
- 처음에는 친구들이 안 와서 혼자는 못할 것 같아서 집에 갈까 생각했는데 좀 늦었지만 친구들이 와서 다행이었다. 같이 이야기하고 서명을 해 주니까 뿌듯했다.
- 문제점을 찾아야 그걸 해결할 수 있으니까 그게 필요하다.
- 서명 운동할 때 주민들이 흔쾌히 서명해 주면서 좋은일 한다고 칭찬해주신 분들도 있어서 더 열심히 하게 되었다. 하면서 서명 받을 때 해달라는 말을 부끄러워서 하기 어려웠는데 또 기회가 온다면 더 자신 있게 해야겠다고 생각했다.
- 서명운동을 하면서 우리만 불편한 게 아니라 다른 사람도 불편하다는 걸 알았다. 처음에는 어른들이 안 받아주실까봐 떨렸는데 막상 하고나니 뿌듯했다.
- 혼자는 못했을 것 같다. 친구들이랑 같이 있어서 슈퍼에도 들어가서 이야기하고 서명해 달라고 말할 수 있었다.

주말 동안 서명운동을 한 아이들은 학교에 오자마자 꼬깃꼬깃 손때가 탄 서명지를 교사에게 내민다. 으쓱한 어깨에서 뿌듯함이 느껴진다. 아이들과 소감을 나누었다. 생각하지 못한 부분에서의 배움이 사실은 좀 놀랍고 신기했다. 많은 아이들이 어른들에게 다가가 이야기를 건네는 것을 긴장되고 떨린다고 느꼈던 것이다. 아이들에게는 학교라는 공간을 벗어나 참여하는 것이 생각보다 어려운 일이었음을, 큰 용기가 필요한 도전이었음을 알게 되었다. 그러면서도 친구와 함께여서 할 수 있었다고 말하는 아이들이 대견하고 기특했다. 아이들이 제안한 내용을 국민신문고에 올렸다. 컴퓨터 화면에 '민원이 신청되었습니다'라는 문구가 떴다. 작지만 분명한 목소리가 들렸다.

"와. 우리가 진짜 했어."

◎ 우리가 배운 것은 무엇인가?

수업을 진행하면서 걱정이 많았다. '협력하여 참여하면 변화가 일어난다'는 빅아이디어를 설정하였는데 애초에 나의 목표는 아이들이 참여해서 우리의 지역이 변화하는 것을 눈으로 확인할 수 있는 것에 초점을 맞추고 있었다. 변한 것을 확인해야지만 아이들이 이해할 수 있다고 생각했다. 하지만 현실적으로는 민원에 대한 답변만도 최대 일주일이 걸리고, 이후에 정말로 시정이 된다고 해도 오랜 시간이 필요하다는 것을 간과했다는 사실을 발견하고 불안했다. 수업에 열심히 참여한 아이들이 실망하지 않을까, 목표에 도달하지 못할 과제를 제시한 것은 아닐까 하는 걱정이 되었다. 그런데 아이들이 작성한 소감문은 다른 이야기를 전하고 있었다.

실제로 아이들이 제안한 민원이 실현되는 것보다 더 확실한 변화는 없을 것이라 생각했다. 그런데 나는 눈에 보이는 변화에 집중하느라 아이들 내면에서 일어나는 변화는 놓치고 있었다. 진짜 중요한 것은 아이들의 글에 나타난 생각과 태도의 변화라는 것을 알게 되었다. 가장 중요한 것은 눈에 보이지 않는다는 말이 떠올랐다. 무엇보다 기억에 남는 소감은 학교에서 배운 것과 같은 절차를 따라 우리 마을에 공공도서관을 만들어 달라고 제안하고 싶다는 생각을 했다는 것이다. 이게 바로 전이가 아닐까?

이번에도 내가 아이들로부터 배운 것이 더 많은 것 같다.

구청에 우리의 의견을 말하는게 처음엔 '아 재미없겠나' 라고 생각했는데 하고 나니 생각이 바뀌었다. 서명운동 하는것도 힘들지만 뿌듯했다. 모둠친구들도 내 말을 귀기 어주고 의견을 잘 따라주어서 너무너무 고마웠다. 서명운동도 한명도 빠짐없이 나중에라도 참여해서 뭔 가 웃겼다. 처음엔 공공기관도 몰랐는데 알고나니 속이 후련 했다. 정말 내 의견이 구청에 전달된다니, 우리만에 힘으 로도 바꾸는게 신기했다. 하나의 흐뭇이 만들어진거같 다. 이일로 우리동네 안전하지않논것을 관심갖고 열심히 참 여한게 뿌듯하다 흔치 않은 기회 보람차게 한건같다. 나중에 기회가 되면 또 하고 싶다. 모둠원, 반친구들과 쪼금 더 친해진것같다.

2주동안 참여에 대해 공부하면서 활동도 하고 실제로 요리 나가서 문제점을 조사하여 구청에 올리다고 해서 하기 싫고 과연 요리가 해낼수 있을가? 라는 생각이 들었다. 하지만 우리니까 할수 있다 라고 생각하고 있었다. 천천히 단계 단계 가면서 선생님 도움 친구들 도움 받고 하려 나갔 내가 더 잘 하게 되었겠다. 서명운동도 하고 게임하는것도 소리 많은일이 있었지만 내가 거기까지 온게 친구들 덕분인거같았다. 나 혼자 했으로는 못 했을거이다. 이름도도 친구도도 아무 말과치고 내가 어떻게 할가 라는 생각이 들어가지만 친구들과 함께 모아 서명운동도 하고 제안하는 것도 써서 드디어 구청에 올리기 된다 대면 4체로 고쳐지면 사람들도 불편한걸 내가 고치면 뿌듯하고 내가 사람들로 돕는게 값많을거이다 지금까지 포기하지 않고 있았던건 친구들덕 분이다.

수행과제 2 소감문

- 처음은 어려워 보이지만 다하고 나니 쉬운 것 같다. 나는 참여는 무언가를 바꿀 수도 있다고 생각했다. 다른 애들은 어떻게 느꼈을지 궁금하기도 하다. 그리고 이게 끝나니까 더하고 싶어졌다.
- 우리가 생각한 것을 구청에 올린 게 진짜 이루어졌으면 좋겠다. 처음에는 사람들이 관심을 가질까 라는 생각이 들었는데 하고 나니까 자신감이 생겼다. 그래서 앞으로도 불편한 게 있으면 사람들에게 알릴 거다.

- 이걸 하면서 '우리 마을에 이런 불편한 점이 이렇게 많았구나, 나도 이런 불편한 점을 느낀 적이 있지!' 라는 생각이 들었다. 우리 마을을 고치려면 우리 마을에 관심도 많아야 하고, 노력도 필요하다는 것을 알았다. '참여로 가꾸는 우리 삶터'가 맞는 말인 것 같다.
- 우리 마을에 공공도서관을 만들어 달라고 하고 싶어졌다. 이 과제가 끝나면 학교에서 배운 것처럼 그런 절차를 밟고 공공도서관을 세우고 싶다.
- 친구들과 같이해서 멋지게 완성했다는 생각도 들고 "만약 내가 혼자 했다면 이렇게 할 수 없었을 것이다"라는 생각도 들었다. 처음엔 참여라는 말이 되게 어렵게 느껴졌다. 하지만 친구들과 함께 할 때는 쉽고 재밌었다. 혼자 하면 힘들고 지루한데 함께 할 땐 재밌고 쉬웠다.

Ⅲ 도착, 또 다른 출발을 준비하기 전에

민서(가명)는 눈에 띄게 얌전하고 내성적이다. 다른 사람이 먼저 다가가지 않으면 교사에게도, 친구들에게도 말을 쉽게 건네지 않는다. 그런데 어느 날 수업 시간이었다. 나는 또 질문을 던졌고 정적이 흘렀다. 아이들은 쉽게 적절한 생각을 찾지 못하는 것 같았다. 얼마간의 시간이 흘렀을까, 민서가 조심스럽게 손을 들었고 작지만 분명하게 자신의 생각을 표현했다. 그리고 그 생각은 모두가 놀랄만큼 기발하고 예리했다. 이번 단원을 진행하는 내내 민서는 그렇게 학습 내용을 탐구하며 자신의 생각을 말로, 글로 표현했다. 무엇이 그렇게 민서를 변화하게 했을까? 라는 질문에 대한 나의 대답은 백워드 설계가 민서의 생각을 자극했고, 수업에 참여하도록 이끌었다는 것이다. 민서 안에 있던 배움의 욕구를 끌어낸 것이라고 생각한다. 민서뿐만 아니라 학급의 많은 아이들이 자신의 수준에서 한 단계 성장한 것을 말과 글, 행동에서 발견했다. 아이들은 교사가 생각하는 것보다 훨씬 깊이 이해하고 탐구할 수 있는 힘을 가졌다. 백워드 설계는 아이들이 품고 있는 그러한 능력을 발현하고 계발하는 데 적절한 방식이다. 교사가 가르치고자 하는 것의 본질적 의미와 가치를 깊이 사유하고 만든 교육과정이기 때문이다.

물론 교육과정을 실행하면서 흔들림과 어려움이 없었던 것은 아니다. 교사라면 누구나 공감하듯, 아이들은 내 작은 그릇 안에 머물러 있지 않았다. 교육과정 설계란 그것이 실행될 때 진정한 의미를 갖고, 실행에서 가장 중요한 존재는 아이들이라는 것을 처음의 나는 몰랐던 것 같다. 하지만 설계를 바탕으로 수업을 진행해 가면서 내가 생각한 것과 아이들의 반응이 다를 수 있다는 것도 발견하고, 어떤 부분이 보충되어야 하고 불필요한 것인지에 대해서도 알 수 있었다. 어려움이 많았지만 목적이 분명한 여행이라는 것이 중간에 포기하지 않을 힘을 주었다. 교육과정은 교사와 학생이 함께 만들어가는 것이라고 생각하게 되었다. 교사가 계획한 설계가 아이들과 함께 실행하면서 현실이 된다는 것이 엄청난 감동으로 느껴졌다. 흔들릴지언정 길을 잃지는 않겠다는 믿음과 다짐이 내 안에서 함께 피어나는 것 같다. 아이들의 단원 소감 중에 가장 많은 이야기가 '또 해 보고 싶다'였는데, 나도 그렇다. 우리 반 아이들과 이런 배움의 경험을 또 해 보고 싶다.

08

교사도, 아이들도 처음인 교육과정 재구성 도전기
- '아름다운 주인' : 삶의 주인은 아름다운가? -

"해보지 않고는 당신이 무엇을 해낼 수 있는지 알 수 없다."

- 프랭클린 아담 -

I '아름다운 주인'이란?

유난히 미세먼지가 많던 4월, 우리는 첫 번째 주제 '내 삶의 주인공은 나야 나'에 이어 두 번째 주제 '아름다운 주인'을 시작하였다. 우리 학교 5학년의 교육과정은 모두 3가지의 주제로 설계되었고 학년 미션에서 만들어졌다. 그리고 5학년의 학년 미션은 우리 학교의 교육비전에서 학기초 동학년 선생님들과 함께 워크샵을 통해 만들어졌다.

〈학년 미션 선정이유〉

주인은 스스로 생각하고 판단하고 행동한다. 삶을 성찰하면서 주인으로서 자각하고 사는 사람과 주인임을 자각하지 못하고 끌려다니는 삶은 분명한 차이가 있다. 그 차이는 어떻게 생기는 걸까? 초등학교 5학년은 사춘기가 시작되는 시기로 자아 정체성에 대한 고민이 많아진다. 그리고 자신에 대한 주인의식을 일깨워나가는 시기이다.

우리나라 국토와 경제발전, 민주주의, 역사를 배우면서 이 땅의 진정한 주인은 누구인지? 그리고 나의 감정과 삶의 태도를 돌아보며 나는 어떤 사람이며 어디에서 왔는지를 깨닫게 해주고 싶었다. 더 나아가 학교, 지역 공동체의 주인으로 우뚝 서기 위한 배움의 첫걸음을 이 미션을 통해 시작하고자 하였다.

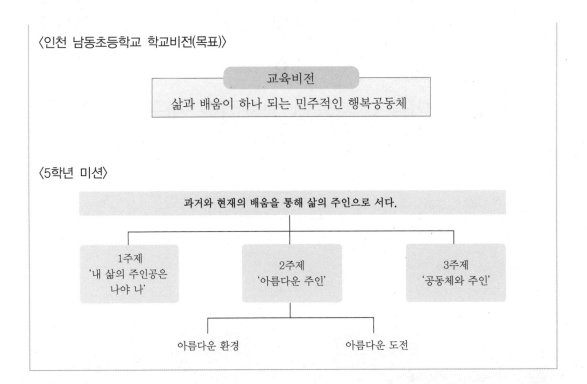

〈인천 남동초등학교 학교비전(목표)〉

교육비전
삶과 배움이 하나 되는 민주적인 행복공동체

〈5학년 미션〉

과거와 현재의 배움을 통해 삶의 주인으로 서다.

| 1주제 '내 삶의 주인공은 나야 나' | 2주제 '아름다운 주인' | 3주제 '공동체와 주인' |

아름다운 환경   아름다운 도전

1주제인 '내 삶의 주인공은 나야 나'를 통해 자신의 삶을 살펴보고 주인다운 삶의 자세를 배웠다면 2주제는 주인으로서 행동하는 삶에 대한 공부이다. 진정 자기 삶의 주인으로 바로 서기 위해서는 힘들고 어려운 많은 문제들을 회피하지 않고 맞서서 도

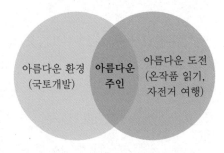

전 정신으로 이겨낼 수 있어야 한다. 그래서 '아름다운 주인'을 두 개의 소단원으로 나누어 설계하였다. 첫 번째는 사회교과를 중심으로 지속 가능한 삶을 위한 아름다운 환경에 대한 것이고 두 번째는 온작품 읽기를 중심으로 한 아름다운 도전이다.

지속 가능한 삶을 위한 환경을 지켜나가는 인간의 의지와 행동, 그리고 도전하는 삶을 통해 아름다운 주인으로서의 자세에 대해 배우게 될 것이다.

그리고 각각의 소단원에 한 가지씩의 수행과제를 만들었다. 하나는 지속 가능한 삶을 위한 국토개발이고 다른 하나는 온작품 읽기와 연계한 자전거 여행이다.

그렇게 선택한 온작품 읽기 책이 '불량한 자전거 여행'이다. 이 책을 읽고 자전거를 매개로 한 친환경적인 삶과 아름다운 도전을 체험할 것이다. 그리고 이 체험을 통해 이후 생활에서도 어려운 도전을 계속해 나갈 수 있는 용기를 갖게 되길 바란다. 이를 통해 5학년 미션을 달성하게 되고 더 나아가 학교비전까지 도달하게 될 것이다.

결국 인간은 지속 가능한 환경 속에서 행복한 삶을 살아갈 수 있으며 진정한 주인만이 지속 가능한 환경을 지켜나갈 수 있다. 그런 주인으로서의 의지와 행동은 계속적인 도전에 부딪히게 된다. 그리고 진정한 주인은 그런 도전에 물러서거나 포기하지 않고 이겨내기 위해 노력할 것이다. 이것을 '국토개발과 자전거 여행'이라는 수행 과제를 통해 배우는 방향으로 교육과정이 설계되었다.

Ⅱ 단원 설계

1. 교육과정 설계의 주요 내용 체계(2015 개정 교육과정)

교과	핵심개념	일반화된 지식	내용 요소
사회	자연-인간 상호작용	인간 생활은 자연환경과 상호작용하면서 이루어지고, 자연환경은 인간 집단의 활동에 의해 변형된다.	• 국토의 자연재해와 대책 • 생활 안전 수칙
	지속 가능한 환경	자연환경과 조화를 이루며 살아가려는 인간의 신념 및 활동은 지구환경의 지속가능성을 담보한다.	• 지속 가능한 발전 • 개발과 보존의 조화
국어	▶ 목적에 따른 담화의 유형 • 정보 전달 • 설득 ▶ 듣기·말하기와 매체	의사소통의 목적, 상황, 매체 등에 따라 다양한 담화 유형이 있으며, 유형에 따라 듣기와 말하기의 방법이 다르다.	• 토의[의견조정] • 토론[절차와 규칙, 근거] • 발표[매체활용]
	▶ 듣기·말하기의 구성 요소 • 화자·청자·맥락 ▶ 듣기·말하기의 과정 ▶ 듣기·말하기의 전략 • 표현 전략 • 상위 인지 전략	화자와 청자는 의사소통의 목적과 상황, 매체에 따라 적절한 전략과 방법을 사용하여 듣기·말하기 과정에서의 문제를 해결하며 소통한다.	• 체계적 내용 구성 • 추론하며 듣기
	▶ 읽기의 구성 요소 • 독자·글·맥락 ▶ 읽기의 과정 ▶ 읽기의 방법 • 사실적 이해 • 추론적 이해 • 비판적 이해 • 창의적 이해 • 읽기 과정의 점검	독자는 배경지식을 활용하며 읽기 목적과 상황, 글 유형에 따라 적절한 읽기 방법을 활용하여 능동적으로 글을 읽는다.	• 내용 요약 [글의 구조] • 주장이나 주제 파악 • 내용의 타당성 평가 • 표현의 적절성 평가 • 매체 읽기 방법의 적용

교과	핵심개념	일반화된 지식	내용 요소
도덕	책임	인간으로서 도덕적 책임을 다하기 위해 인간의 생명과 자연, 참된 아름다움과 도덕적 삶을 사랑하고, 긍정적인 삶의 자세를 가진다.	• 어려움을 겪을 때 긍정적 태도가 왜 필요할까? (자아 존중, 긍정적 태도) • 나는 올바르게 살아가고 있을까? (윤리적 성찰)

2. 빅아이디어와 전이 목표 - 우리가 그리는 단원의 큰 그림

≫ 빅아이디어

• 주변을 향한 관심이 아름다운 환경을 만든다. 인간은 환경과 상호작용한다. 주인은 환경과 조화를 이루며 지속 가능한 삶을 유지하기 위해 노력한다.

• 진정한 주인은 도전을 두려워하지 않는다. 도전하는 사람은 아름답다.

≫ 전이 목표

• 지속 가능한 삶을 위한 환경의 소중함과 인간과 환경과의 상호작용을 이해할 수 있다. 일상생활에서 환경에 대한 관심을 갖고 친환경적인 생활태도를 갖는다.

• 일상생활에서 자신이 원하는 일에 도전하고 포기하지 않으며 목표에 도달하기 위해 노력하는 자세를 갖는다.

일반화된 지식 중 '인간 생활은 자연환경과 상호작용하면서 이루어지고, 자연환경은 인간 집단의 활동에 의해 변형된다. 자연환경과 조화를 이루며 살아가려는 인간의 신념 및 활동은 지구환경의 지속가능성을 담보한다.'가 궁극적으로 우리가 가르치고자 하는 큰 그림이다. 여기서 '인간의 신념 및 활동'이 바로 우리의 주제인 '주인의 자세'이다. 그리고 주인은 어려운 조건, 환경 속에서도 포기하지 않고 도전하며 살아간다. 즉 '환경과 조화를 이루며 지속 가능한 삶을 위해 포기하지 않고 끊임없이 도전하고 노력하는 주인 된 자세를 갖는 것' 이것이 우리의 목표이다. 그리고 이러한 우리의 목표가 아이들의 일상생활에서 지속적으로 환경에 관심을 갖게 되고 작더라도 스스로 무언가에 도전하고 포기하지 않는 삶의 자세로 나타나길 바라며 전이목표를 설정하였다.

3. 핵심질문 – 우리가 가르치고자 한 본질적인 질문들

> • 환경은 누구의 것일까? 나를 둘러싼 환경이 달라진다면 나의 생활은 어떻게 얼마나 달라질까?
> • 지속 가능한 삶이란 무엇인가? 지속 가능한 삶을 위해 우리가 할 수 있는 일은?
> • 사람들은 왜 어려운 도전을 할까? 우리는 도전을 통해 무엇을 배우는가?
> • 아름답다는 것은 무엇인가? 자기 삶의 주인은 아름다운가? 왜 아름다운가?

5학년 1학기 사회는 4학년의 지역의 개념에서 국토로 확장되고 자연환경과 인문환경에 대해 배우게 된다. 아이들은 환경이라 하면 자연환경을 많이 떠올린다. 하지만 우리 학교 아이들은 인문환경에 더 많이 익숙하다. 그리고 인문환경은 변화를 느끼기가 어렵다. 따라서 환경의 변화도 알기가 어려우며 지속 가능한 삶의 의미나 필요성, 중요성에 대해서는 크게 관심도 없고 생각해 보지 않은 문제이다.

그리고 지속 가능한 삶에 대한 이야기를 하다보면 기껏해야 쓰레기 분리수거, 자연환경에서의 쓰레기 줍기 정도만 인식하고 있다. 아이들의 머릿속에는 그저 간단한 환경 보호활동만이 환경에 대한 생각의 전부이다.

그래서 이런 좁은 관점에서 벗어나게 할 목적으로 첫 번째 던질 질문을 '환경은 누구의 것일까?'로 만들었다. 환경은 누가 소유할 수 있는 것인가? 아이들은 환경의 주인을 소유의 관점에서 사람이라고 생각한다. 이런 생각을 가지는 순간 인간이 마음대로 환경을 변화시키고 개발해야 한다고 생각한다. 사실 개발이라는 명목하에 소수의 이익을 위한 환경파괴로 이어지기도 한다. 아이들에게 환경의 주인이란 소유의 관점이 아니라 의지와 행동의 관점으로 가르치고 싶다. 진짜 주인은 소유하는 사람이 아니라 지키기 위해 노력하고 행동하고 실천하는 사람이다. 그리고 지속 가능한 삶을 위해 환경을 지켜내는 것은 선택의 문제가 아니라 인류 생존의 문제임을 깨닫게 하고 싶다. 환경은 특정 누구의 것도 아니며 지금 이 시대 사람의 것만은 더욱 아니다. 앞으로 지속된 삶을 이어나갈 인류 전체의 것이다. 지속 가능한 삶을 위한 진짜 주인은 단순한 자연보호가 아닌 미래의 환경, 국토 전체의 환경, 지구 생존의 문제에까지 관심을 가진다. 그리고 이런 관심이 주인다운 실천의 문제로 이어지도록 질문의 초점을 두었다. 그리고 이런 주인된 삶은 끊임없는 도전의 삶일 것이다. 사람들은 '무모한 도전'이라고 부르는 많은 힘든 일들을 마다하지 않고 스스로 도전한다. 그렇게 도전한 사람들이 있었기에 세상은 변하고 발전해왔다. 얼마든지 관점을 달리하면 무엇이든지 도전이 될 수 있고 그 도전이 또한 인간의 사고와 삶을 변화시킨다. 결국 인간의 역사는 끊임없는 도전의 역사라는 것을 질문을 통해 조금이라도 생각해보길

바란다. 그리고 '나는 무엇에 도전하고 싶니?'라고 진지하게 스스로에게 묻게 되길
바랐다.

4. 단원 및 성취기준

지도기간	국어	사회	도덕	수학	과학	실과	체육	음악	미술	영어	창체	계
4.2-5.4	24	15	4	0	14	0	15	0	8	0	2	82

교과	단원 및 차시	2009 성취기준	2015 성취기준
사회	2. 환경과 조화를 이루는 국토	사6031. 인간을 둘러싸고 있는 인문환경과 자연환경의 뜻을 알고, 그 특성에 대해 설명할 수 있다. 사6034. 우리나라 국토 수준에서 <u>인간과 환경은 상호 보완적인 관계임을 이해하고 환경적인 태도를 실천하기 위한 방안</u>을 제시할 수 있다. 사6033. 지속 가능한 발전의 사례를 찾아 그 특징과 필요성을 설명할 수 있다.	[6사01-03] 우리나라의 기후 환경 및 지형 환경에서 나타나는 특성을 탐구한다. [6사01-04] 우리나라 자연재해의 종류 및 대책을 탐색하고, 그와 관련된 생활 안전 수칙을 실천하는 태도를 지닌 [6사01-05] 우리나라의 인구 분포 및 구조에서 나타난 변화와 도시 발달 과정에서 나타난 특징을 탐구한다. [6사01-06] 우리나라의 산업구조의 변화와 교통 발달 과정에서 나타난 특징을 탐구한다.
도덕	1. 아름다운 사람이 되는 법(전담)	도641. 참된 아름다움의 의미와 중요성을 명확하게 이해하고, 생활 속에서 아름다운 마음을 기르고 바람직한 생활을 위해 노력하는 일관된 태도를 지닐 수 있다.	[4도04-02] 참된 아름다움을 올바르게 이해하고 느껴 생활 속에서 이를 실천한다.(4학년 성취기준으로 이동)
국어	2. 토의의 절차와 방법(8차시)	듣.말(4) 토의를 통하여 <u>일상생활의 문제를 해결하는</u> 태도를 지닌다. 쓰기(1) 쓰기의 과정을 이해하고 과정에 따라 글을 쓴다.	[6국01-02] 의견을 제시하고 함께 조정하며 토의한다. [6국01-03] 절차와 규칙을 지키고 근거를 제시하며 토론한다. [6국01-06] 드러나지 않거나 생략된 내용을 추론하며 듣는다.
국어	3. 상황에 알맞은 낱말	문법(2) <u>낱말이 상황에 따라 다양하게 해석됨</u>을 이해하고 효과적으로 표현할 수 있다. 쓰기(5) 견문과 감상이 잘 드러나게 글을 쓴다. 듣.말(8) 자신의 말이 상대에게 미칠 영향이나 결과를 예상하여 신중하게 말한다.	[6국01-07] 상대가 처한 상황을 이해하고 공감하며 듣는 태도를 지닌다. [6국02-01] 읽기는 배경지식을 활용하여 의미를 구성하는 과정임을 이해하고 글을 읽는다. [6국03-01] 쓰기는 절차에 따라 의미를 구성하고 표현하는 과정임을 이해하고 글을 쓴다.
국어	9. 추론하며 읽기	읽기(3) <u>내용을 추론</u>하며 글을 읽는다. 듣.말(4) 토의를 통하여 일상생활의 문제를 해결하는 태도를 지닌다.	[6국03-05] 체험한 일에 대한 감상이 드러나게 글을 쓴다. [6국04-03] 낱말이 상황에 따라 다양하게 해석됨을 탐구한다.
과학	3. 식물의 구조와 기능	과6041. <u>식물의 전체적인 구조를 관찰하여</u> 뿌리, 줄기, 잎, 꽃, 열매를 구별할 수	[6과04-01] 동물과 식물 이외의 생물을 조사하여 생물의 종류와 특징을 설명할 수 있다.

교과	단원 및 차시	2009 성취기준	2015 성취기준
		있다. 과6042-2. 뿌리의 지지, 흡수, 저장 기능을 이해한다. 과6046. 뿌리, 줄기, 잎, 열매의 기능이 서로 관련되어 있음을 이해한다. 과6047. 현미경으로 관찰하여 식물체는 세포로 이루어져 있음을 안다.	[6과04-02] 다양한 생물이 우리 생활에 미치는 긍정적인 영향과 부정적인 영향에 대해 토의할 수 있다. [6과04-03] 우리 생활에 첨단 생명과학이 이용된 사례를 조사하여 발표할 수 있다.
미술	4. 표현의 나라로	미6221-1 평면, 입체, 영상 등 다양한 표현양식의 특징을 안다.	[6미02-05] 다양한 표현 방법의 특징과 과정을 탐색하여 활용할 수 있다.
체육	1. 여가 자원을 알아보며	체6511. 생활 주변의 다양한 여가 자원의 의미와 특성을 제시할 수 있다. 체6511. 생활 주변의 다양한 여가 자원의 의미와 특성을 제시할 수 있다. 체6512. 생활 주변이나 야외에서 실시할 수 있는 여가 활동을 창의적으로 계획할 수 있다.	[6체01-04] 건강한 생활을 위한 신체적 여가 활동 계획을 수립하여 실천한다. [6체01-05] 운동 능력을 향상시키기 위한 체력 운동을 선택하고 자신의 수준에 맞는 운동 계획을 세워 실천한다. [6체01-06] 건강 증진을 위해 계획에 따라 운동 및 여가 활동에 열정을 갖고 꾸준히 참여한다.
	1. 더 멀리 뛰며	체6211. 거리 도전의 의미와 특성을 제시할 수 있다. 체6212. 거리 도전 활동의 기본 기능을 익혀 도전 상황에서 수행할 수 있다. 체6213. 거리 기록을 측정하면서 자신의 운동 능력과 수행 과정을 반성할 수 있다. 체6214. 기록의 향상을 위해 자신의 거리 도전 수행 과정을 반성해야 할 필요성을 알고, 자신이 고쳐야 할 점을 탐색할 수 있다.	[6체02-01] 자신의 기록을 향상시키려는 거리 도전의 개념과 특성을 탐색한다. [6체02-02] 거리 도전과 관련된 여러 유형의 활동에 참여해 자신의 기록을 향상할 수 있는 기본자세와 동작을 이해하고 도전 상황에 적용한다. [6체02-03] 거리 도전의 결과를 시기별로 측정하여 도전 과정의 장단점을 분석하고 기록을 향상할 수 있는 방법을 지속적으로 수행하고 평가한다. [6체02-04] 상황과 환경에 관계없이 해낼 수 있는 자신감을 갖고 적극적으로 거리 기록 향상에 도전한다.

5. 수행과제 및 평가 계획

수행과제는 소단원별로 각각 하나씩 계획되어지고 만들어졌다. 첫 번째는 아름다운 주인으로서 어떻게 행동할 것인가에 대한 배움이다. 그리고 아름답다는 것은 무엇일까? 환경하면 아름다운 자연환경만 생각하는 아이들의 개념을 확장시키고 싶었다. 그리고 아름답다는 것도 지속 가능한 삶일 때 의미가 있다는 것을 배우게 하고 싶었다.

또한 사회 교과 2단원 환경과 조화를 이루는 국토의 주인은 누구인가에 대한 질문을 던지고 싶었다. 주인이라면 이 국토를 어떻게 개발할 것인가? 국토의 주인이 국민이라면 국민 모두가 잘 살기 위한 방향으로 국토가 개발되어야 할 것이다. 또한 우리 세대만 잘 사는 것이 아니라 다음 세대, 그 다음 세대까지 지속 가능한 삶을 이야기할 수 있어야 한다. 교사의 일방적인 주입식 수업이나 교과서를 따라가는 진도빼기 수업은 이러한 질문에 답을 찾기가 어려울 것이다. 아이들이 직접 국토를 개발해 보고, 다양한 국토개발방법을 탐색해 보면서 '주인은 환경에 대한 관심을 갖고 환경과 조화를 이루는 지속 가능한 삶을 위한 행동을 한다'라는 우리의 큰 그림에 도달하도록 설계하였다.

[수행과제 1] '남동나라' 국토개발하기(모둠 과제)

여러분은 '남동나라' 국토개발부 직원입니다.(선생님은 국토개발부 장관!)
국토개발부 장관은 여러분에게 주어진 지역의 국토를 개발하라는 과제를 주었습니다. 여러분은 팀(모둠)을 짜서 미래의 남동나라 국민들이 살게 될, 지속 가능한 삶을 위한 곳으로 아름답게 국토를 개발해야 합니다. 그리고 여러분이 만든 국토개발 모형을 발표하게 될 것입니다. 그 발표를 보고 국민(우리 반 학생)들은 가장 마음에 드는 개발 모형에 투자를 하게 될 것입니다. 가장 많은 투자를 받게 된 팀은 장관(선생님)으로부터 특별한 보상을 받게 될 것입니다. 그리고 여러분은 다음 조건에 맞게 국토를 개발하여야 합니다.
1. 자연환경과 인문환경의 조화를 이루고 인간과 환경과의 상호보완작용이 있는 국토개발
2. 국민 모두가 함께 지속 가능한 행복한 삶을 살아갈 수 있는 국토개발
3. 다양한 방법으로 국토개발 모형을 만들고 잘 설명할 수 있어야 함.
4. 팀원 모두가 함께 협력하여 국토를 개발해야 함.

수행과제 평가 기준

평가 내용	뛰어남		충실함		발전중		부족함	
국토개발 내용	국토개발의 기준 4가지의 내용이 충족되게 인간과 환경의 상호 보완적인 관계를 근거로 미래 지속 가능한 삶을 위한 국토로 개발되었음		국토개발의 기준 중 3가지 기준에 충족되었으며 인간과 환경의 상호 보완적인 관계를 생각하고 국토를 개발하였음		국토개발의 기준 중 2가지 기준에 충족되었으며 인간과 환경의 상호 보완적인 관계를 생각하였으나 조금 부족하게 국토를 개발하였음		국토개발의 기준 중 2가지 기준에 충족되었으며 인간과 환경의 상호 보완적인 관계를 고려하지 못하고 국토를 개발하였음	
	교사	나	교사	나	교사	나	교사	나
학습 참여도	학습에 적극적으로 참여하고 모둠 친구들과 협력하여 과제를 수행함		학습에 적극적으로 참여하고 모둠 친구들과 협력하여 과제를 수행하고자 노력함		학습에 참여하고 모둠친구들과 함께 과제를 수행했으나 소극적임		학습에 잘 참여하지 않고 과제를 수행하는 데 소극적임	
	교사	나	교사	나	교사	나	교사	나

두 번째는 아이들이 아름다운 도전을 어떻게 배울 것인가? 친환경적인 삶이란 무엇인가에 초점을 맞추어 수행과제를 계획하였다. 그리고 온작품 읽기 '불량한 자전거 여행'과 연계한 수행과제를 만들었다. 그래서 책 속의 주인공 '신호진'처럼 아이들이 직접 힘든 장거리 자전거 여행을 하도록 하고 싶었다. 아이들과 1박 2일만이라도 자전거 여행을 하면서 우리 국토의 소중함과 아름다움을 몸으로 느낄 수 있다면 얼마나 좋을까? 그러나 초등학교 여건상, 힘든 장거리 자전거 여행은 사실 불가능에 가까웠다. 하지만 '할 수 있는 만큼만 해보자. 시도조차 하지 않으면 할 수 있는지 알지 못한

다.'라는 마음으로 자전거를 타고 현장학습을 가는 수행과제를 만들었고 우리는 시도
했다. 그리고 결론부터 말하자면 몇 가지 아쉬운 점이 있었으나 우리는 성공했다.

[수행과제 2] 아름다운 남동나라 자전거 여행(개별 과제)

여러분은 자전거 여행자입니다. 여러분은 아름다운 남동나라 인천대공원을 체험하기 위해 자전거를 타고 여행을 하게 될
것입니다. 다른 여행자들과 함께 다음의 기준에 맞게 자전거 여행을 해야 합니다.
  1. 안전수칙을 지켜 안전하게 자전거 또는 도보로 인천대공원까지 여행하기
  2. 친구들과 협력하여 안전하게 미션 수행하기
  3. 아름다운 인천대공원을 지키기 위한 실천 활동하기

수행과제 평가 기준							
평가 내용	뛰어남		충실함		발전중		부족함	
자전거 여행 모습	위 기준 3가지를 모두 만족하고 자전거 여행을 안전하게 함		위 기준 2가지를 모두 만족하고 자전거 여행을 안전하게 함		위 기준 1가지를 만족하고 자전거 여행을 안전하게 함		위 기준 3가지를 모두 만족하지 못함	
	교사	나	교사	나	교사	나	교사	나
자전거 여행 감상문 쓰기	자전거 여행의 의미를 담아 자신의 생각을 감상문으로 잘 나타냄		자전거 여행의 의미를 담아 자신의 생각을 감상문으로 쓸 수 있음		자전거 여행의 감상문을 쓸 수 있으나 자전거 여행의 의미를 잘 알지 못함		자전거 여행의 의미를 잘 모르고 감상문을 쓰지 못함	
	교사	나	교사	나	교사	나	교사	나

수행과제는 몇 개가 좋을까요?

　　보통 50차시 이상의 통합단원으로 설계할 때는 2, 3가지 정도의 수행과제가 좋습니다. 수행과제가 너무 많
으면 아이들이 힘들어하고 수행과제가 너무 적어도 학습에 대한 몰입도가 떨어집니다. 그래서 저는 보통 2개의
수행과제를 많이 제시하는데 하나는 모둠과제로 하나는 개별과제로 내줍니다. 그리고 수행과제는 집에서 하는
과제가 아닙니다. 수업 중에 하는 과제로 과제 해결이 곧 수업이 되고 그 과정이 평가로 이어집니다. 그렇기 때
문에 수행과제 평가가 곧 과정중심 평가가 됩니다.

수행과제는 동학년 선생님들과 함께

　　백워드 설계에서 매력적인 것을 뽑아보라고 하면 저는 빅아이디어와 수행과제를 뽑겠습니다. 특히 수행과제
는 동학년 선생님들과 함께 교육과정과 수업에 대해서 협력하고 토론하고 고민을 나눌 수 있게 만드는 좋은 매
개체가 됩니다. 동학년 선생님들과 함께 고민하고 의논하여 수행과제를 만들고 그것을 어떻게 수업 속에서 해
결해 갈 것인가를 이야기하다 보면 자연스럽게 교육과정에 대한 이야기, 수업에 대한 이야기를 나눌 수 있습니
다. 그리고 수행과제를 중심에 놓고 수업을 하게 되면 자연스럽게 교과서 중심의 수업에서 벗어나게 됩니다. 수
행과제를 해결하는 과정이 곧 수업이 되기 때문에 교과서의 내용을 있는 그대로 다 가르칠 수가 없습니다.(시간
부족으로 인해) 그러다 보면 교과서보단 교육과정과 성취기준을 보게 됩니다. 이러한 과정은 동학년이 함께 교

육과정의 전문가로 성장하는 계기가 될 것입니다.

동학년 선생님들과 함께 만들고 해결해가는 수행과제는 또 다른 장점이 있습니다. 교사 혼자서 수행과제를 만들고 해결해가는 수업은 한 학급안에서만 가능한 수행과제라 한계가 있습니다. 동학년이 함께 하면 학급을 뛰어넘게 됩니다.(학년단위의 자전거 여행이나 학년단위의 모의 지방 선거같은) 실제로 우리 학급만 한다면 자전거 여행을 수행과제로 하기는 힘들 겁니다. 동학년이 함께 했기에 자전거 여행을 수행과제로 할 수 있었습니다. 이것이 동학년의 힘입니다. 그리고 아이들은 학급을 뛰어넘는 더 큰 경험을 통해 크게 배우고 성장합니다.

----

6. 기타 평가 계획

교과	평가 내용 및 방법
국어	• 낱말퀴즈 • 다의어 찾기 • '불량한 자전거 여행' 독후 감상문
사회 국어	• 환경문제 해결방안 토의하기 • 국토개발 방법 토의하기 • 바람직한 국토개발 투자 선정 토의하기 • 국토개발 발표하기
국어, 과학	• 식물의 구조와 기능을 주제로 역할극 하기
과학, 미술	• 식물의 구조 자세히 그리기 • 식물세포를 이용한 티셔츠 디자인 • 식물을 주제로 비주얼 클라우드 하기
체육	• 자전거 면허증 따기, 자전거 체험하기 • 자전거 여행 계획세우기

7. 수업 계획

소단원 1: '아름다운 환경' 수업 계획

주	소주제	학습 내용	준비물
2주	우리가 바라는 국토개발 (1차 국토개발)	• 주제 안내 (첫차시) − 동기유발 영상: 중국, 세계 최초의 숲 도시 건설 중 ⇨ H(hook and hold) • 핵심질문하기−환경은 누구의 것인가? 국토는 누구의 것인가? • 국토개발의 의미 알기, 필요성과 문제점 알기−ppt • 수행과제 안내: 학습지 ⇨ W(where and why) • 국토개발의 필수 요소 알아보기 − 인간이 지속 가능한 삶을 살기 위해서 어떤 요소들이 필요한가? − 찾아낸 요소에서 자연환경, 인문환경 구분하기 − 자연환경, 인문환경의 뜻 알기 • 1차 국토개발: 제시된 지역의 자연환경 살펴보기 제시된 지역을 어떻게 개발하고 싶은가? 자유롭게 이야기 나누기 • 1차 국토개발해보기−주어진 자료를 활용하여 만들기 ⇨ E(explore and equip) • 1차 국토개발에서 인문환경과 자연환경 구분해보기	▶ 동영상 ▶ ppt자료 ▶ 국토개발 자료 (지형도, 우드락, 도화지, 이쑤시개, 라벨지 등) ▶ 수학시간 만든 입체도형

주	소주제	학습 내용	준비물
	인간과 환경 (2차 국토개발)	• 국토개발의 의미 다시 생각하기 ⇨ R(Reflect, rethink, revise) 　– 국토란 무엇인가? 국토의 주인은? 　– 교회를 짓는 건 누가 할까? 개인이 건설할 시설과 국가가 건설할 시설 구분해보기 　– 국토를 개발하기 위해 국가가 꼭 건설해야 할 것은 무엇인가? 　– 산, 강, 바다 등을 어떻게 활용할 것인가? • 인간이 살기 좋은 환경은 어떤 환경인가? 　– 1차 개발한 국토는 사람이 살기에 어떠한가? 기본적인 의식주를 해결할 수 있는가? 　– 모두가 편리하게 생활할 수 있는가? 　– 무엇이 문제인가? 해결방법은? ⇨ R(Reflect, rethink, revise) • 인간과 환경의 관계 알기 　– '인간도 멸종될 수 있습니다' 동영상 보기 　– '인간이 지구를 파괴하는 과정 3분만에 보기' 동영상 보기 • 문제 제기 (해결방안 토의하기) ⇨ E(explore and equip) 　– 인간만 살기 좋은 개발이면 되는가? 　– 환경은 누구의 것인가? 　– 우리가 개발한 지역은 환경과 인간의 관계를 고려한 것인가? 　– 우리가 개발한 지역에서 얼마나 오래 살 수 있는가? • 국토개발 평가서 작성해보기 • 어떻게 바꿔볼래? – 수정하여 2차 국토개발	▶ 동영상 ▶ ppt자료 ▶ 학습지 ▶ 국토개발 자료 　(지형도, 우드락, 도화지, 　이쑤시개, 라벨지 등) ▶ 수학시간 만든 입체도형
3주	바람직한 국토개발이란? (3차 국토개발)	• 개발과 보존과의 갈등 – 우리 모둠은 개발할 것인가? 보존할 것인가?(모둠토의) • 국토 개발 사례 살펴보기 ⇨ E(explore and equip) 　– 모둠별 다양한 사례 조사, 발표, 나누기 • 바람직한 국토개발의 방향 • 지속 가능성이란?(모둠별로 토의하기) • 누구를 위한 개발인가? 모두를 위한 국토개발인가? • 문제 제기(해결방안 토의하기) 　– 우리가 개발한 지역에서 얼마나 오래 살 수 있는가? 　– 지속 가능한 미래지향적인 국토개발인가? • 어떻게 바꿔볼래? – 수정하여 3차 국토개발 ⇨ R(Reflect, rethink, revise)	▶ 동영상 ▶ ppt자료 ▶ 국토개발 자료 　(지형도, 우드락, 도화지, 　이쑤시개, 라벨지 등) ▶ 수학시간 만든 입체도형 ▶ 학습지
4주	국토개발 투자 (국토개발 평가)	• 3차까지의 국토개발 발표 준비 하기 ⇨ T(Tailor) 　– 발표 방법 토의, 발표 자료 만들기(컴퓨터실, ppt 자료 만들기) • 3차까지의 국토개발 발표하기, 다른 모둠 국토개발 평가하기 ⇨ E(evaluate) 　– 우리 모둠은 어떤 개발에 공동 투자를 할 것인가?(모둠 토론) 　– 어떤 가치를 중점에 두고 투자할 것인가? 　　('지속 가능한 미래의 삶'을 기준으로 투자)	▶ ppt자료 ▶ 국토개발 자료 　(지형도, 우드락, 도화지, 　이쑤시개, 라벨지 등) ▶ 학습지

주	소주제	학습 내용	준비물
5주	국토개발 완성	• 어너1를 사용하여 새롭게 국토개발 　– 한 번 훼손된 환경, 잘못된 국토개발의 문제점 　– 아름다운 주인: '모두를 위한' 개발, '진짜 주인'다운 개발에 　　대해 생각하고 토의하기 ⇨ E(explore and equip) 　– 진짜 이 국토와 자원의 주인은 누구인가? 　– 어떻게 쓰고 있는가? 진짜 환경을 해치는 주범은 누구인가? 　– 주인은 어떤 사람인가? 소유할 것인가? 지킬 것인가?	▶ 국토개발 자료
	우리가 완성한 국토개발 (학년다모임)	• 각반에서 가장 잘 개발한(또는 투자를 가장 많이 받은) 국토개발 학년 전체에서 발표하기	발표자료

주	소주제	학습 내용	준비물
1주	밤 열한시 마지막 기차	• 제목, 앞·뒤 표지, 차례 살펴 추론하기 ⇨ H(hook and hold) • 낱말 뜻, 낱말 뜻을 찾는 방법 알기 • 다음 내용 추론하기 • 다의어 알기, 찾기 ⇨ E(explore and equip)	▶ 학습지
2주	여자친구의 이상한 여행	• 소제목 보고 추론하기 "여자친구" ⇨ H(hook and hold) • 인물사진 보고 인물에 대해 추론하기 ⇨ E(explore and equip)	▶ 학습지
	섬진강을 따라가며 지리산을 보다	• 추론하기 • 낱말 뜻 알기 • 섬진강 자전거 여행 동영상 시청 ⇨ H(hook and hold) • 대안학교 과목 – 내가 만들고 싶은 과목	▶ 학습지 ▶ 섬진강 여행 동영상
3주	거지 떼	• 그림 보고 추론하기 • 호진이가 되어 일기쓰기 • 나에게 특별한 의미가 있는 음식 이야기	▶ 학습지
	불지옥과 물 천국	• 토의 방법 알기 • 118–119 그림 보고 내용 추론하기 • 모둠토의 – 삼촌의 삶에 대해 토의하기 ⇨ E(explore and equip) • 고민 나누기	▶ 학습지
4주	모닥불, 그리고 열네 번째 참가자	• 그림 보고 추론하기 • 〈자전거로 지구를 살리는 모임〉 활동 내용 예측해보기 • 환경문제 해결방법 토의하기(사회) • 독서토론 – 영규를 용서하는 게 옳은가? • 수박 대신 – 수박바 먹기! ⇨ H(hook and hold)	▶ 학습지 ▶ 수박바
	아! 미시령	• 사람들 사이의 관계 비교, 추론하기 ⇨ E(explore and equip) • 내가 사과 받고 싶은 것 쓰기 • 사람들은 왜 힘든 도전을 할까? • 나의 도전과제는? • 친구들의 도전 응원하기 ⇨ E(explore and equip)	▶ 학습지 ▶ 그림, 동영상 ▶ 사과쪽지, 　응원스티커

1 '어너'는 '시간사용법(낸시 에치먼디 저/라임)'에 나오는 원하는 과거로 돌아갈 수 있는 타임머신 장치입니다. 이 책은 주인공 깁이 '어너'를 이용하여 과거로 돌아가 잘못된 일들을 되돌리기 위해 여러 가지 일들을 겪게 된다는 내용입니다. 우리는 1주제에서 이 책으로 온작품 읽기를 했습니다. 3차까지 국토개발에 대해서 배우면 아이들은 자신들이 잘못 개발한 국토개발을 돌리고 싶어할 거란 생각을 했습니다. 그래서 '어너'를 이용해 잘못한 것을 되돌린다는 상황을 만들어 보았습니다. 아이들이 흥미를 잃지 않고 계속 국토개발을 할 수 있도록 생각한 것입니다.

주	소주제	학습 내용	준비물
	자전거 여행 준비1	• 자전거 안전 운전에 대한 교육 • 자전거 면허 지필시험 보기	▸ 학습지 ▸ 지필고사시험지
	뮤직비디오 만들기	• 자전거 여행 테마곡으로 뮤직비디오 만들기 ⇨ R(Reflect, rethink, revise) – 학년 다모임에서 상영 ⇨ E(evaluate)	▸ 음악
5주	출발 준비	• 뒷이야기 꾸미기 ⇨ E(explore and equip) • 자전거 여행에 도움을 준 것들 찾기 • 여행가방 꾸미기 • 호진이가 여행을 통해 얻은 것? • 자전거 여행을 떠난다면?	▸ 학습지
	마무리,정리	• 전체 감상문 쓰기 – 다의어 활용하기 ⇨ R(Reflect, rethink, revise) • 나의 자전거(도보)여행 계획 세우기	▸ 학습지
	자전거 여행 준비2	• 자전거 면허 실기시험(5월 3일) ⇨ E(evaluate)	▸ 자전거, 안전 장비
6주	자전거 여행	• 자전거 타고 인천대공원 현장학습가기(5월 9일)	
	자전거 여행 소감 나누기	• 자전거 여행 감상문 쓰기 ⇨ R(Reflect, rethink, revise)	▸ 학습지
	작가와의 만남	• 김남중 작가와의 만남(5월 30일)	▸ 작가에게 질문지 작성하기

동학년 협의는 어떻게 할까요?

백워드 설계를 바탕으로 교육과정을 재구성하고 수행과제 해결을 중심에 두고 수업을 하기 위해선 동학년 협의가 매우 중요합니다. 동학년이 함께 교육과정을 짜고 실행해 나가면 아이들이 학년에서 더 크게 배우는 것처럼 동학년 교사도 함께 성장해 나갈 수 있어야 합니다. 그리고 그 성장의 밑바탕이 되는 것이 동학년 협의라고 생각합니다. 그러나 동학년 협의 시 일정 공유, 활동 체크에만 집중해서 협의를 하면 교사들이 함께 성장하기 어렵습니다. 자꾸 활동 중심의 형식과 방법에만 협의가 치우치면 교육과정과 수업에 대한 교사의 고민이 깊어지지 않습니다. '우리가 왜 이런 활동을 하려고 하는 거지? 이 활동을 통해 우리가 목표로 한 것은 무엇이지? 아이들은 이 활동 또는 수업을 통해 무엇을 배우게 되지?'와 같은 질문들을 협의에서 계속 해나가야 합니다. 또 동학년 협의에서 수업에 대한 이야기를 함께 하면서 자신의 수업을 성찰할 수 있어야 합니다. '지난 수업(활동)에서 우리가 함께 이야기해보면 좋은 것은 무엇일까? 수업에서 힘든 점은 무엇이지? 나는 수업에서 무엇을 목표로 하고 있지? 이단원에서 진짜 가르쳐야 할 중요한 내용은 무엇이지?'

이런 질문을 하는 것이 자연스럽고 교육과정과 수업에 대한 이야기를 일상으로 편하게 나눌 수 있는 동학년 문화가 만들어지길 바랍니다.

수업은 항상 수행과제를 어떻게 해결할까를 중심으로 계획되고 실행되었다. 우리의 수행과제는 우리가 그린 단원의 큰 그림(빅아이디어)을 향해 어떻게 나아갈 것인가를 염두에 두고 만들어진 것이다. 때문에 수행과제를 잘 해결한다면 우리는 목표에 도달한 것이라 생각했다. 그리고 어떻게 하면 아이들이 수행과제에 집중하고 몰입할 수 있을까? 어떤 단계를 거쳐야 과제를 잘 해결할 수 있을까? 어떻게 하면 과제를 해결해가면서 자연스럽게 교육과정상의 중요 개념, 학습 내용, 주요 지식 등을 잘 어울리고 통합하여 배우게 할 수 있을까?를 고려하며 계획하고자 노력하였다.

1. 소단원 '아름다운 환경'

1) 100년 후 우리 동네에 계속 사람이 살까?

(출처: 김남중(동화작가) 글, 허태준 그림, 『불량한 자전거 여행』, 창비, 2009.07.28)

'국토개발 프로젝트' 수행과제를 안내하기 위해서 처음 던진 질문은 '100년 후에도 우리 동네에, 아니 지구에서 계속 사람이 살까?'였다. 세계적인 물리학자 스티븐 호킹이 '100년 후 인류는 지구를 떠나야 할지도 모른다'라고 경고했다는 이야기를 시작으로 환경과 인간과의 관계에 대해 이야기를 시작했다. 그리고 세계 여러 나라 도시에 관한 동영상을 보고 내가 살고 싶은 곳은 어떤 곳인지, 내가 국토를 개발한다면 어떻게 하고 싶은지 자유롭게 이야기 나누고 수행과제를 제시했다.

교사가 백워드 방식으로 단원 설계를 하고 수행과제를 만들 때 항상 염두에 두는 것이 '아이들이 이 수행과제를 통해 무엇을 배우게 할지'이다. 즉 목표를 분명히 하는 것이다. 백워드 방식의 단원 설계는 목표 중심적이다. 그 이유는 아이들이 하는 많은 활동들이 활동으로 끝나는 것이 아니라 배움으로 이어지길 바라기 때문이다. 그리고 치밀하게 계획하여 목표를 향해 일관되게 나아가도록 하기 때문이다. 그래서 아이들에게 수행과제를 제시할 때도 목표를 분명히 하는 게 중요하다. 왜냐하면 아이들이 이 수행과제를 왜 하는지, 배움의 목표가 무엇인지를 생각하고 수행과제를 해결해갔을 때 목표에 잘 도달할 수 있기 때문이다.

그래서 단원 시작에서 아이들에게 '이 수행과제에서 선생님이 중요하게 생각하는 건 무엇일까? 선생님은 여러분이 이 수행과제를 통해 무엇을 배우길 바랄까?'라는 질문을 꼭 하는 이유이다.

4월 과거와 현재의 배움을 통해 삶의 주인이 되는 **5학년**

2018년 4월 (4월 2일~5월 4일)　　　월간 학습 소식　　　5학년 3반

3월을 보내며

- 3월 '내 삶의 주인공은 나야 나'를 주제로 공부하고 있습니다. '나' 책 만들기를 통해 자신의 모습을 종합적으로 살펴보고 진정한 주인으로서의 태도와 자세에 대하여 공부합니다.
- 3월 첫 온작품 읽기로 '시간사용법'을 함께 읽으며 시간의 소중함, 자기 삶을 책임지는 것은 어떤 것일까에 대해 생각해보는 시간이었습니다. 처음으로 친구들과 함께 장편을 읽으면서 '내가 주인공이라면 어땠을까? 나에게 과거의 실수를 돌릴 수 있는 기회가 생긴다면 어떻게 할까? 등의 질문에 대해 같이 이야기 나누면서 온작품 읽기의 즐거움에 빠져들기도 했습니다.
- 3월 첫 학년 다모임 시간에는 5학년 전체가 다 모여서 5학년 생활규칙을 함께 정했습니다. 서로 규칙에 대해 토의하고 규칙을 정하는 과정을 통해 우리학교의 주인은 학생이라는 사실을 깨닫게 되었길 기대합니다. 앞으로 학교 규칙과 학년규칙을 잘 지키는 주인다운 5학년이 되면 좋겠습니다.

학년 생활규칙 만들기　　나도 사진 작가　　영미 영미 컬링　　나의 버킷리스트

4월 주제와 학습안내

- 4월 학습주제는 '아름다운 주인'입니다. 인간과 자연과의 상호작용, 지속가능한 미래사회에 대하여 배우게 됩니다. 친구들과 수행과제를 해결해가며 주제에 대한 자기 생각을 바탕으로 토의하고 인간과 환경의 상호관계, 바람직한 국토개발 등에 대한 다양한 사례들을 조사하는 학습을 하게 될 것입니다. 그리고 이 주제 학습을 통해 **생태적 감성능력, 자기주도적 학습능력, 창의적 사고능력, 의사소통능력**을 기르게 되길 기대합니다.
- 4월 온작품 읽기로 '불량한 자전거 여행'을 함께 읽을 계획입니다. 이 책을 읽으면서 우리 5학년도 자전거 여행을 현장학습으로 계획하고 있습니다. 자전거 여행을 위한 자전거 안전교육과 자전거 운전 면허 따기등을 계획하고 있습니다. 따뜻한 봄, 아름다운 자연을 만끽하면서 가족이 함께 자전거를 타고 우리 5학년 친구들이 자전거 면허를 딸 수 있도록 부모님께서 함께 연습해주시면 좋겠습니다.
- 4월 수행과제 안내
  - 국토 개발 프로젝트 : 국토개발자가 되어서 인간과 환경의 상호 보완관계를 생각하며 지속가능한 미래의 삶을 유지할 수 있는 국토를 개발해 보고 다양한 방법으로 발표하기
  - 자전거로 안전하게 인천대공원 여행하기 : 5월 9일 현장학습

알리미 · 1

월간학습 안내(주제 안내)

국토개발 판

국토개발 모습

2) '국토개발' 수행과제 – 길을 잃고 헤매다.

'국토개발' 수행과제는 쉽지 않았다. 처음 우리의 계획은 1차 개발–아이들 마음대로 개발하기, 2차–환경을 고려한 국토개발, 3차–수정 보완하여 지속 가능한 삶을 위한 국토개발이었다. 그러나 아이들이 국토 개발과 도시 개발을 구분하지 못했다. 그리고 국토를 개발한다는 큰 개념을 이해하기 어려워해서 좀처럼 2차 개발로 나아가기가 힘들었다. 국토개발로 깊이 있게 생각이 모아지지

국토개발 모습

않고 갈팡질팡해서 심지어는 우주개발(우주에 정거장을 만들고 인공위성을 띄우는)까지 나아간 모둠도 있었다. 그래서 다시 이미 지난 1주제에서 배웠던 국토의 개념부터 바로 잡고 3차에 걸친 국토 개발을 완성해나갔다.

3) 송전탑은 꼭 필요한가?

2차 개발의 방향인 환경문제, 지속 가능한 삶을 위한 국토개발에 대해서는 다양한 방식으로 접근했다. 특히 지속 가능한 삶을 가능케하는, 환경을 지키기 위한 인간의 의지와 행동에 집중한 수업이었다.

밀양의 송전탑 문제로 싸우고 있는 할머니들의 이야기를 동영상으로 보고 할머니들이 왜 이렇게 힘들게 싸우고 있는지에 대해 이야기했다. 결국 문제의 해결은 인간의 의지와 행동에서 비롯된다는 것을 놓치고 가지 않기 위해 노력했다. 또한 할머니들의 밀양의 산, 자연환경을 대하는 태도는 인간과 환경의 관계가 어떠해야 함을 알게 해주었다. 나무를 지켜내기 위해 나무를 품고 버티고 있는 모습, 자연을 자식처럼 대하는 모습은 또 다른 감동을 주었다.

그리고 댐건설의 좋은 점과 문제점도 살펴보았다. 아직도 논란이 많은 4대강 사업에 대한 이야기도 살펴보았다. 그리고 다른 나라에서 진행되고 있는 친환경적인 도시 개발 사례도 찾아보고 개발할 것인가 보존할 것인가에 대한 주제로 토론도 했다. 무엇보다 아이들이 놀라워했던 것은 송전탑과 4대강 사업 문제였다. 자신들이 아무렇지도 않게 매일 쓰고 있는 전기를 이동시키기 위한 송전탑이 다른 누군가의 삶을 파괴할 수 있다는 사실, 댐이나 보는 홍수를 막아준다는 긍정적인 면만 알고 있었는데 다른 동물들의 터전을 위협할 수 있다는 사실에 너무나 놀라워했다. 4대강 사업처럼 한 번 잘못된 국토개발의 후과가 얼마나 큰가에 대해 깨달을 수 있는 방향으로 자연스럽게 수업이 흘러갔다.

밀양송전탑_전기는 눈물을 타고 흐른다

'밀양 송전탑_전기는 눈물을 타고 흐른다' 동영상 보기
(출처: Nanum Munhwa, 2012년 11월 15일,
https://www.youtube.com/watch?v=ilNkPskYMP0)

EBS 클립뱅크(CLIPBANK) S1 · E121
EBS 클립뱅크(Clipbank) - 햄버거 커넥션(Hamburger Connection)

햄버거 커넥션 동영상 보기
(출처: EBSDocumentary, 2014년 1월 15일,
https://www.youtube.com/watch?v=qMan5I0w7Hc)

4) 국토개발은 어렵다!

이리저리 방향을 못 잡던 국토개발이 조금씩이나마 나아가기 시작했고 3차 개발 후에는 모둠별로 국토개발 발표준비에 들어갔다. 컴퓨터실에서 함께 발표 자료를 ppt 자료로 만들고 학급에서 발표하는 시간을 가졌다. 그 후 모든 모둠에게 가상으로 100억씩을 주고 다른 모둠에게 투자하는 방식으로 제일 잘한 모둠 한 모둠을 선정했다. 그 모둠은 학년 전체 다모임에서 자신들의 국토개발 결과를 발표했다.

국토개발 프로젝트를 하면서 아이들이 가장 많이 느낀 점은 '국토개발은 너무 어렵다'였다. 사실 초등학교 5학년이 미래에도 지속 가능한 삶을 위한 국토개발을 하는 것이 얼마나 어려운 일인가? 중간 중간 산으로 가기도 하고 모둠에서 친구들과 의견이 안 맞아 지치기도 했지만 아이들은 국토개발을 끝냈다. 그리고 국토개발 과정에서 환경과 인간의 조화로운 삶에 대해 고민했다. 국토의 주인이라면 어떻게 행동하고 살아가야 할지에 대해 진지하게 답하고자 노력했다.

국토개발 학습지

| 발표 자료 만들기(컴퓨터실) | 국토개발 발표하기 | 학년 다모임에서 발표하기 |

2. 소단원 '아름다운 도전'

1) 왜 '불량한' 일까?

두 번째 소단원은 온작품 읽기로 시작했다. 단원의 첫 시작은 아이들의 흥미를 확 끌어당기는 무언가가 중요하다(hook and hold). '불량한 자전거 여행'의 책표지는 그런 아이들의 흥미를 끌어당기기에 충분했다. 더군다나 1주제의 온작품이었던 '시간 사용법' 책을 모두 흥미진진하게 읽었던 경험을 갖고 있던 터라 한층 온작품 읽기에 아이들의 관심이 고조된 상태였다. 먼저 책의 앞표지, 뒤표지를 보고 내용을 상상해보고 서로 이야기를 나누었다. 아이들은 대부분 자전거 여행과 관련된 내용일거라고 예상했다.

아이들에게 이번 배움의 주제가 '아름다운 주인'이고 이 책을 읽으면서 공부할 것이라고 알려주었다. 그리고 핵심질문인 '아름답다는 것은 무엇일까?'를 질문했다.

또 지난 주제에서 배운 주인과 아름다움을 연결해 보라고 했다. 그리고 '아름다운 주인과 이 책과는 무슨 연관이 있을까'를 추론해 보라 했다.(이 책을 읽으면서 배우는 내용 중에 추론하며 읽기도 있다.)

이런 질문을 던지면 아이들의 반응이 재미있다. 아름다움이란 상대적인 관점이다. 사람마다 아름다움에 대한 생각이 다 다르다. 아름다움을 느끼는 건 시각적인 면도 있으나 심리적인 면도 크다. 그럼에도 아이들은 아름다움하면 자연의 아름다움, 외적인 아름다움만을 많이 떠올린다. 그런데 '아름다운 주인'이라니? 주인은 책임지는 사람, 스스로 결정하는 사람이라고 했는데(지난 첫 번째 주제에서 함께 이야기했던 내용) 아름다운 주인이라니? 뭐가 아름다운 거지? 도무지 모르겠다는 표정이다. 아무도 답하지 못한다.

우리가 핵심질문을 던지는 이유가 여기에 있다. 처음부터 답을 기대하고 질문을 하는 것은 아니다. 지금까지 아이들이 갖고 있던 생각을 깨게 하는 것이 첫 핵심질문의 목표이다. 차차 이 책을 함께 읽어가면서 우리의 질문들에 답을 찾아가는 것. 이것이 우리의 방식이고 이 답을 찾기 위해 수행과제를 해결해 갈 것이다. 그러다 보면 어느새 우리의 빅아이디어인 숲을 보고 '아하!' 하길 바랄뿐이다. 그래서 우리는 끊임없이 수업과 빅아이디어와 수행과제를 연결하기 위해 고민한다.

다시 책으로 돌아와 책에 관해서 이런 저런 이야기를 나누는 동안 아이들은 제목에 대해서 매우 궁금해 했다.

"선생님 근데 왜 자전거 여행이 불량해요?"

아이들이 이 질문을 해주어서 너무나 고마웠다. 이 '불량한' 이라는 말에 또 다른 질문거리가 생겼다.

"그러게 왜 불량한 자전거 여행일까? 불량하다는 건 뭐지?"

우리는 모두 책의 목차를 살펴보며 왜 불량한지에 대해 추론해보았다. 작가는 왜 '불량한'이라는 이름을 붙였을까? 이 책에서의 '불량한'은 여러 의미가 있다. 아이들이 찾아낸 이유대로 가출했기 때문에 불량하다고 말할 수도 있고 호진이 부모님의 입장에서 봤을 때 호진이 삼촌의 삶을 가리켜 '불량'하다고 할 수도 있다. 과연 '불량한' 삶이 있는가? '불량하지 않다'는 것은 무엇인가? 아름다운 주인은 불량할까? 불량하지 않을까? 꼬리에 꼬리를 무는 질문에 아이들은 자꾸 책 속으로 눈이 갔다.

우리 학교 아이들의 삶도 호락호락하지 않다. 누구의 눈에는 불량해 보일 수 있다. 그러나 '불량한'의 잣대는 누가 정하는가? 자기 삶의 주인은 다른 사람의 잣대에 크게 의존하지 않는다. 내 삶의 잣대는 내가 정하는 거다. 자연스럽게 지난 주제와도 다시 한 번 연결된다.

"다른 사람의 잣대에 휘둘리지 않고 자기 삶의 주인으로 당당하게 살아간다면 남의 눈에 보이는 '불량한'의 모습은 중요하지 않다." 이게 바로 아름다운 주인은 아닐까? 다시 지금의 주제로 돌아와 계속 생각한다.

'때로는 주인으로 살아가기 위해서는 불량스러울 만큼 도전이 필요한 때가 있다'는 것을 아이들이 깨닫게 되길 바랐다. 우리는 교육과정을 설계할 때 많은 숙의의 과정을 거친다. 그런 것처럼 우리는 아이들도 배움에 있어서 많은 숙의의 과정을 거치길 바란다. 그래서 우리는 질문하고 또 질문한다. 답이 있는 질문이 아니라 계속 생각하고 또 생각하는 질문. 그런 질문을 통해 우리는 아이들이 배움에 집중하고 배움에 깊이 들어갈 수 있으리라 믿는다. 물론 그 과정은 무척 어려운 과정이다. 아이들이 이런 배움에 '포기하지 않고 계속 도전해 나가길 바라며' 책을 읽기 시작했다.

2) 아이들의 삶 속으로 들어가다

온작품 읽기는 아이들의 몰입을 자연스럽게 가져온다. 책 속의 호진이가 부모님의 이혼 때문에 가출하는 부분을 읽을 때 아이들은 자신의 이야기를 쏟아놓기 시작했다.

"여러분도 가출하고 싶을 때가 있나요? 언제 그런가요?"

"동생이 잘못했는데 저만 아빠가 때리고 혼냈어요."

"엄마가 제 기분은 생각지도 않으시고 엄마가 하라는 것만 하라고 하실 때요."

"우리 부모님도 이혼하셨어요. 그래서 저는 아빠하고만 살아요."

"저도요. 저도 이혼하셔서 아빠하고 살아요."

평소 국어시간이라면 나오기 힘든 이야기들을 쏟아내면서 아이들은 서로의 이야기에 공감하고 마음속 응어리를 풀어내고 있었다. 부모님이 이혼하셨다는 사적인 이야기를 아무렇지 않게 이야기하는 아이들의 모습에 교사인 나는 매우 당황스러웠다. 하지만 아이들은 자연스럽게 받아들이고 모두가 이해하고 위로하는 특별한 감정들을 느꼈다. 그리고 자연스럽게 이어지는 뒷이야기 추론은 더 이상 교과서에 나온 추론의 방법을 설명하지 않아도 아이들은 모두 몰입해서 뒷이야기를 상상해서 적어 내려갔다.

그리고 자기 나름대로 호진이의 가출에 대한 생각을 이야기 나누면서 작품 속 인물과 자신을 비교하는 활동을 자연스럽게 해 나갔다.

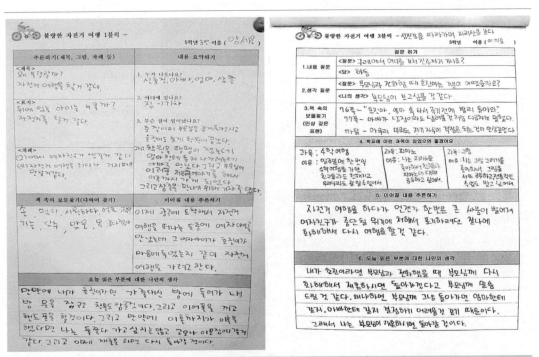

학습지

우리는 온작품 읽기를 왜 하는가? 우리는 온작품을 통해 다른 사람의 삶을 배우고 나의 삶을 성찰하기를 바란다. 자기 삶의 주인은 자기 삶을 끊임없이 성찰할 때 가능하다. 아이들은 작품 속의 인물과 자신을 비교하고 친구들에게 마음속 깊은 이야기를 나누면서 결국 자신을 성찰하게 된다. 그리고 교사인 나도 그런 아이들을 보면서 성찰하게 된다.

3) "하고 싶은 일만 하고 살잖아요"

불량한 자전거 여행에 나오는 호진이 삼촌은 아이들에게 여러 가지 생각을 하게 만드는 특별한 인물이다. 우선 특별한 직업이 없이 자전거 여행가이드를 하면서 살아간다. 그리고 자전거로 세계여행을 꿈꾸기도 하고 트럭을 훔친 영규를 용서하고 자전거 팀에 끌어들이기도 한다. 호진이 삼촌의 삶은 아이들과 토론하기에 좋은 소재였다. 호진이 삼촌처럼 살아도 되는가? 삶에 있어서 중요한 가치는 무엇인가? 호진이 삼촌의 삶은 '불량한가?'

아이들은 '하고 싶은 일만 하고 사는' 호진이 삼촌의 삶이 멋있다고도 하고 부럽다고도 했다. 하지만 '그렇게 살면 결혼도 하기 힘들고 삶의 목표도 없고 계속 그렇게 살 순 없다'고도 했다. 삶의 방식에 옳고 그름이 어디 있으며 성공했다고 다 행복한 건 아니라는 진지한 이야기를 나눌 수 있는 시간이었다.

이건 국토개발의 방향과도 일치하는 점이 많다. 성공적인 개발이란 것이 어떤 것일까? 효율성만 따진다고 성공한 개발일까? 호진이 삼촌의 삶이 성공과는 거리가 멀고 힘들고 보잘것없어 보여도 행복한 것처럼 꼭 개발만이 좋은 것은 아니다. 때로는 그대로 보존하는 것이 가장 좋은 국토개발이 될 수도 있다는 사실을 덧붙여 깨달아가는 시간이었다.

모둠 친구와 책 읽고 토론하기

책 속의 수박 먹기 대신 수박바 먹기

질문 만들기

4) "타임머신 만들기에 도전할 거예요."

요즘 가장 문제가 되는 아이들은 무기력한 아이들이다. 아이들은 어려서부터 많은 학원과 공부, 성공에 대한 부모의 기대에 시달리다 보니 어려서부터 그냥 편안한 삶을 원한다. 사춘기에 들어서면 입에 달고 사는 말이 '귀찮다'이다. 그래서 던진 질문이 "사람들은 왜 자전거를 타며 힘든 여행을 할까?", "사람들은 왜 힘든 도전을 할까?"이다. 이 질문에 아이들 스스로 답을 찾도록 돕기 위해 평창 동계올림픽의 장애인 선수들의 이야기와 송호준의 인공위성 쏘아올린 동영상을 보여주었다. 그리고 "너는 어떤 도전을 해보고 싶니?"라는 질문에 답을 해보는 시간을 가졌다. '타임머신 만들기에 도전하고 싶다.' '큰 대회(발리댄스)에 나가 우승을 하고 싶다.' '클라이밍 대회에 나가고 싶다' 등. 아이들마다 다른 친구들의 도전 과제를 듣고 응원의 스티커를 붙여주면서 자전거 여행의 수행과제로 나아가도록 했다.

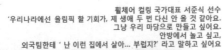

평창 장애인 선수들의 이야기

송호준의 인공위성 이야기
https://www.youtube.com/watch?v=Qfh5UY9sLfE

송호준의 '인공위성' 이야기
(출처: Intel Korea, 2013년 12월 30일,
https://www.youtube.com/watch?v=qyFcIzg-ial)

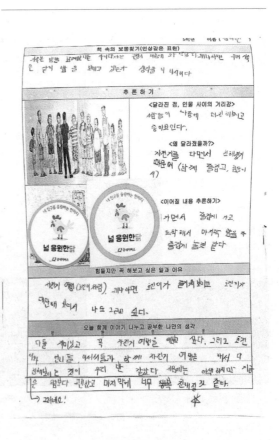

7블럭 학습지

5) 도전 성공! – "제가 이 책을 다 읽었어요."

한 달여간 아이들과 꽤 두꺼운 '불량한 자전거 여행'을 다 읽고 나서 소감을 물었을 때 아이들이 가장 많이 한 이야기는 '이렇게 두꺼운 책을 다 읽었다는 게 뿌듯해요'이다. 어떤 아이에게는 이런 장편을 끝까지 읽는다는 것 자체만으로도 도전이다. 그리고 아이들은 한 명의 낙오자도 없이 모두가 온책 읽기 도전에 성공했다. 무엇보다 아이들의 성취감이 가장 큰 소득이다. 도전에 대

한 성공 또한 상대적이다. 작은 도전에 대한 성공들이 모여 자신감을 얻고 큰 도전에도 용기가 생기리라. 그래서 아이들의 도전에 큰 의미를 부여해주고 성공을 크게 축하해 주었다.

이 책을 다 읽고 나서 함께 독후감상문 쓰기를 했다. 아이들은 이 책을 통해 인내, 끈기, 도전에 대한 생각 등을 키워나갔고 자전거 현장학습에 대한 기대감이 커져갔다. 그리고 그동안 책을 읽으면서 함께 썼던 글, 학습지, 그림 등을 모아서 각자 표지를 그리고 '자전거 책'으로 묶었다.

배움에 있어서 중요한 부분이 '내가 배운 것이 나에게 어떤 의미가 있는가'를 성찰해보는 것이다. 그런 의미에서 학습한 결과물들을 '자전거 책'으로 묶어내고 부모님, 친구들과 함께 돌려보고 평가해 보는 시간은 배움을 의미 있게 나만의 것으로 만드는 과정이 되었다.

독후감상문 중에서

- 이 책은 사람들에게 큰 도움이 되고 부모님에 대한 사랑과 자신감과 용기같은 힘을 길러주고 누구나 아는 머리의 회전을 좋게 해준다.(서○후)
- 내가 책을 싫어하는데도 재미있게 읽을 수 있었다.(권○서)
- 이 책을 읽고 자전거를 타보고 싶은 마음이 든다.(최○빈)
- 자전거 여행을 한다면 가족과 함께 하고 싶어. 자전거 여행을 한다면 통일이 되어서 서울-평양-백두산까지 가고 싶어.(이○정)
- 이 책을 읽은 게 멋지고 항상 이렇게 책을 많이 읽으면 좋겠다.(유○주)
- 내가 자전거 여행을 간다면 호진이가 간 길로 진짜 있는지 확인하면서 자전거 여행을 하고 싶다.(김○린)
- 이 책을 읽고 세상에 할 일이 참 많다는 것을 깨달았다.(강○묵)
- 이 책은 흥미있고 재미있고 흥미진진했다. 공부가 조금 힘든 친구들에게 추천해주고 싶다.(공○은)

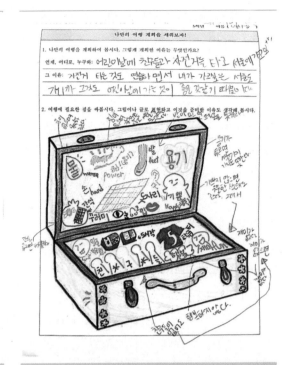

| 독후감상문 | 여행가방 꾸미기 |

 우리는 어떻게 온작품 읽기를 하게 되었는가?

우리가 온작품 읽기와 교육과정 재구성을 통합해서 운영할 수 있었던 것은 온작품 읽기 연수를 듣고 나서입니다. 연수를 듣고 '불량한 자전거 여행' 책을 알게 되었는데 우리가 설계한 교육과정 2주제와 내용이 잘 맞겠단 생각을 했습니다. 그리고 이 책과 관련된 활동과 자료를 찾아보고 우리의 수업에 많이 참고하게 되었습니다. 그러나 우리 주제에 맞게 수업하기 위해서는 아이들도 학교상황도 주제도 다르기 때문에 우리 학년과 교육과정 설계에 맞게 전면 수정해서 사용할 수밖에 없었습니다. 자전거 여행도 다른 학교의 사례와는 다르게 학교에서부터 현장학습장소인 인천대공원까지 자전거를 타고 이동하는 자전거 여행을 계획했습니다. 요즈음은 어디서나 많은 수업자료들을 찾을 수 있고 좋은 연수도 많습니다. 그러나 연수를 듣거나 좋은 자료를 얻는다고 해서 그것이 바로 나의 수업으로 이어지지는 않습니다. 그러한 자료나 연수들은 우리가 수업할 수 있도록 계기를 마련해 줄 뿐입니다. 결국 수업하는 당사자의 교육과정에 대한 안목과 철학과 수업에 대한 고민이 만났을 때만이 나의 수업으로 만들어진다고 생각합니다.

또한 온작품 읽기 책을 선정할 때도 가르칠 아이들에 대해 가장 잘 아는 담임 선생님들이 교육과정의 맥락 속에서 주제나 학습내용과 관련된 책을 선정하는 것이 가장 좋은 방법인 것 같습니다.

3. 자전거 여행 현장학습 – 아이들도, 교사들도 긴장했던 도전의 순간들!

'자전거 타고 현장학습 가기' 수행과제는 교사들에게 더 어려운 도전 과제였다. 무엇보다 큰 문제는 안전이었다. 현장학습 장소인 인천대공원까지 자전거를 타고 갈 수 있나? 아이들이 자전거를 얼마나 탈 수 있나? 자전거와 자전거 안전장비를 얼마나 갖고 있나? 의 문제도 있었다. 한 가지 문제가 더 있었는데 미세먼지를 비롯한 날씨 문제였다.

안전 문제의 해답은 철저히 준비하되 안전문제는 언제나 일어날 수 있으며 이걸 두려워하면 아무것도 할 수 없다는 결론이었다. 우리는 학부모 안전 도우미를 조직했고 실제로 교사들이 자전거를 타면서 현장학습 장소인 인천대공원까지 두 번에 걸쳐 답사를 했다.

아이들의 자전거 타는 실력 향상을 위해서 자전거 면허시험을 준비했다. 그리고 자전거를 못 타는 아이들이 체험할 수 있도록 자전거 타기 체험활동을 계획했다. 그리고 자전거를 갖고 있지 못한 아이들을 위해 인천대공원에서 자전거 대여를 계획했다. 다행히 안전장비는 많은 아이들이 준비가 되어 있었고 자전거 여행 현장학습이 가까워져 오면서 어린이날 선물로 자전거를 받는 경우도 생기게 됨을 볼 수 있었다. 그리고 마지막 문제인 미세먼지를 비롯한 날씨의 문제는 교사들의 바람을 알아서인지 하늘이 알아서 가장 좋은 날씨를 선사해주었다.

1) 자전거 면허 시험과 자전거 타기 체험활동

자전거 면허시험은 자전거 안전교육, 자전거 지필시험, 실기시험 순으로 진행이 되었다. 자전거 실기시험은 S자 코스, 횡단보도 코스, 직진 코스, 언덕코스, 내리막길 코스로 진행했다. 전체 128명중 104명이 자전거 면허시험에 도전했고 24명의 아이들은 자전거를 타지 못해 자전거 타기 체험활동을 했다. 자전거 체험활동은 교장, 교감 선생님이 맡아서 진행해주셨다. 자전거 면허시험에 합격한 아이들에게는 학교에서 자체 제작한 자전거 면허증을, 체험활동을 마친 아이들에게는 체험활동 수료증을 주었다.

우리 학교는 운동장이 인조잔디라 평소에는 자전거를 탈 수 없게 되어있다. 따라서 아쉬웠던 점은 아이들이 충분히 학교운동장에서 자전거 연습을 할 수 없었다는 점이다. 자전거 면허 실기시험 당일만 운동장에서 자전거 타기가 허용되었고 아이들은 이날 마음껏 자전거를 탈 수 있었다. 운동장에서 자전거 면허 시험 연습을 할 수 없어서 면허시험에 대한 의미가 퇴색하는 게 아닌가하는 우려가 있었다. 우려와는 달리 아이들은 주말마다 자전거 타기를 연습한다는 내용이 일기장에 올라왔다. 또 현장학습장소인 인천대공원까지 가족과 함께 자전거를 타고 가는 모습을 볼 수 있었다. 그리고 자전거를 타지 못하는 아이들도 자전거를 구입하고 자전거 연습을 하기 시작했다. 그러면서 점차 자전거 여행 현장학습에 대한 기대감이 커져갔다.

자전거 면허 실기시험

자전거 타기 체험활동

자전거 면허증

2) 자전거 여행 현장학습 기념 배지 디자인 공모

자전거 여행 현장학습을 오래오래 기억하면서 도전했던 경험을 잊지 않게 하기 위한 기념품으로 가슴에 달 수 있는 버튼식 배지를 만들기로 했다. 아이들이 직접 디자인하고 아이들이 뽑은 디자인으로 배지를 만들어 현장학습 당일 자전거 여행을 안전하게 마친 아이들에게 주었다.

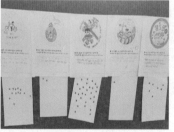

자전거 여행 기념 배지 디자인 공모

완성된 배지

3) 자전거 여행 현장학습

현장학습은 3팀으로 나뉘어 진행되었다.

팀	이동 방법	조별 미션 수행
자전거 팀(자전거를 잘 타고 자기 자전거가 있는 사람)	자기 자전거를 타고 인천대공원까지 가기	자전거 광장에서 자전거를 타고 동물원까지 가서 사진 찍기
자전거 대여팀(자전거는 탈 줄 아나 자기 자전거가 없는 사람)	인천대공원까지는 걸어서 이동	자전거 광장에서 자전거를 대여해서 타고 야외공연장까지 가서 사진 찍기
도보팀(자전거를 못 타는 사람)	인천대공원까지는 걸어서 이동	자전거 광장에서 걸어서 환경미래관 가서 관람하고 사진 찍기

　　두 번의 답사를 통해 가는 길을 충분히 숙지하고 아이들에게 철저히 안전교육을 했다. 당일 총 아홉 명의 학부모 안전 도우미의 도움을 받고 자전거 팀이 먼저 출발했다. 두 번이나 답사를 했음에도 불구하고 당일 자전거 도로 중간에 갑작스런 공사 구간이 생겨 당황하기도 했다. 그러나 안전하고 즐겁게 현장학습을 마칠 수 있었다. 그리고 걱정이 많았던 만큼 무사히 다녀온 것만으로도 큰 성취감을 느꼈다.

　　자전거 대여시간이 1시간으로는 부족해서 충분히 자전거를 타지 못했던 점, 아이들의 능력보다 쉬운 미션을 제시한 것 등은 아쉽고 부족한 점으로 남았다. 그럼에도 불구하고 아이들이 안전장비를 갖추고 자전거 도로를 줄지어 가는 모습은 너무 아름다운 광경이었고 말 그대로 우리의 '아름다운 도전'이었다.

자전거 여행 현장학습 모습 - 기념 배지를 달고 기념사진 찍기

현장학습을 마친 후 5학년 전체가 '착한 자전거 여행 현장학습을 다녀와서'란 주제로 감상문 쓰기를 진행하였다. 우리는 '전국에서 유일할 거야. 자전거 타고 현장학습 간 건!'이라고 뿌듯해했다.

4. 그 밖의 도전들

1) 자전거 여행 뮤직비디오 만들기

'불량한 자전거 여행'을 다 읽고 감상문도 썼지만 무언가 아쉬워 미술 수업과 연계해서 만든 것이 뮤직비디오다. 자전거 여행에 맞는 노래를 고르고 학급 아이들이 모두 노래 가사의 일부분을 맡아 가사에 맞게 그림을 그려 사진을 찍고 동영상으로 편집하였다. 그리고 이 뮤직비디오를 작가 김남중을 초대한 날에 함께 모여서 상영하였다. 아이들은 이 작업을 통해 저마다 자신만의 자전거 여행을 꿈꾸었고 책 속의 주인공 '호진이'를 생각했다. 이 순간 호진이는 아이들에게 더 특별한 친구같은 존재가 되었고 자전거 여행은 음악으로 우리의 가슴 속에 남게 되었다고 믿는다.

뮤직비디오는 상영 그 자체만으로도 교사와 아이들 모두에게 힐링이 되는 시간이었다. 음악을 들으며 자전거 여행 사진을 보면서 힘들었지만 아름다웠던 우리들의 도전을 추억할 수 있었다.

수행과제 결과는 학년 전체가 함께 공유해요

수행과제를 동학년이 함께 만들었다면 결과도 함께 공유하는 것이 좋습니다. 우리는 학년 다모임에서 국토개발 수행과제를 발표했고 학급에서 만든 뮤직비디오도 다모임에서 같이 보았습니다. 이렇게 결과물을 함께 공유하면 아이들은 학년 전체에서 배우게 됩니다. 아이들은 아이들에게 더 많은 것을 배울 수 있습니다. 신기하게도 같은 수행과제여도 학급의 특성에 따라 다양하게 결과물이 만들어집니다. 다양한 결과물을 서로 공유하면서 아이들은 더 넓게 배우게 됩니다.

2) 김남중 작가와의 만남

김남중 작가와의 만남은 2주제가 끝난 지 한참이 지난 후에나 가능했다. 작가는 해외로 여행을 간 상태였기에 우리는 오랜 시간을 기다려야만 했다. 작가와 만나는 날이 다가오자 아이들은 점차 흥분하기 시작했다. 작가에게 사인받을 일을 친구들과 이야기하고 정말로 작가를 만난다는 일을 매우 흥미로워했다. 작가와 만나기 전에 하고 싶은 질문들을 적었고 작가의 이야기에 집중했다. 작가의 이야기를 듣기 전 아이들이 만든 뮤직비디오 상영은 분위기를 더 고조시켰던 것 같다. 작가에게 사인을 받기 위해 점심시간임에도 길게 늘어선 줄을 보며 온작품 읽기의 힘을 느꼈다.

뮤직비디오 상영

작가와의 만남

작가에게 한 질문들

Ⅳ 우리의 도전은 끝나지 않았다.

우리의 목표는 교육과정상의 성취기준을 달성하는 것만은 아니었다. 더군다나 자전거를 타고 책 한 권을 읽어내는 것도 아니었다. 성취기준을 달성하는 것도, 국토개발 수행과제를 하는 것도, 자전거 현장학습도, '불량한 자전거 여행' 책을 읽은 것도 결국은 '과거와 현재의 배움을 통해 삶의 주인으로 서다.'라는 우리 학년의 목표를 향해 달려가는 과정 중의 하나일 뿐이다. 우리가 함께 한 많은 활동들, 교육과정상의 학습내용들은 모두 삶의 주인으로 바로 서는 삶의 자세와 지혜를 배우기 위해 계획되어지고 조직되었다. 그러나 우리가 교육과정을 재구성하고 설계하고 계획하였던 모든 것이 정말 그 목표에 딱 부합한 활동이었는지 우리도 자신하지 못한다. 아이들이 처음 배우는 것처럼 우리 교사들도 처음 이 교육과정 설계를 실행하였고 아이들이 도전에 대해 배우는 것처럼 우리 교사들도 도전하면서 배우는 중이기 때문이다.

우리가 설계한 이 단원을 실행하면서 다음과 같은 아쉬움과 부족함을 느꼈다. 첫째, 온작품 읽기와 주제를 어떻게 통합시켜 단원을 설계할 것인가? 둘째, 아이들이 수행과제를 잘 해결해 나가지 못하거나 우리가 계획한대로 수행과제가 나아가지 못할 때 어떻게 되돌아보고 계획을 수정해야 할 것인가? 셋째, 수행과제를 잘 해결해 나가지 못하는 아이들을 어떻게 배려하고 보충해서 지도를 할 것인가? 넷째, 서로 다른 교육철학과 고민을 안고 있는 동학년 교사들과 어떻게 토론하고 함께 성장하며 교육과정을 설계해 갈 것인가? 우리는 이와 같은 질문에 대답하기 위해 더 많이 배우고 실천해야 함을 깨달았다.

그럼에도 우리가 그린 큰 그림 '아름다운 환경과 아름다운 도전'을 아이들과 함께 그려가면서 많은 경험을 했다. 그러한 경험들을 아이들과 교사 모두 우리의 삶과 연결시키고자 노력하였다. 우리가 의도한 많은 활동들이 단순히 즐거운 체험이 아니라 '삶과 밀접한 경험'이었길 기대한다. 설령 그것이 모든 아이들의 교육적 경험이 되지 못했다 할지라도 우리가 실패했다고 생각하지 않으며 실망하지 않는다.

아이들에게 삶은 도전이고 도전하는 사람이 아름답다고 말했듯이 우리의 도전은 아직 끝나지 않았기 때문이다.

우리는 아직도 '해보지 않으면 할 수 있는지 알지 못 한다'를 잊지 않고 있다. 이번 도전을 통해 아이들과 자전거를 타고 현장학습을 갈 수 있으며 국어교과서 대신 온작품을 읽으며 더 많은 것을 배울 수 있다는 것을 알게 되었다. 그리고 차시목표 달성에만 머물지 않고 좀 더 큰 그림을 그리며 교육과정을 설계할 때 방향을 잃지 않는다는 것을 알았다. 어렵지만 핵심질문의 답을 찾아가고 수행과제를 해결해가면서 아이들은 더 의미있게 배울 수 있다는 것도 알게 되었다. 그리고 무엇보다 동학년 선생님들과 함께 교육과정을 설계하고 실행할 때 아이들은 더 크게 배울 수 있다. 또한 교사도 더 큰 보람을 얻을 수 있고 성장할 수 있다는 것을 알게 되었다. 이것이 우리 교사들의 성취이며 도전의 결과이다.

교사로서 너무나 당연한 이야기지만 내가 학교에 출근을 해서 오늘 반의 몇 학생들의 싸움, 몇 교시의 작은 활동에만 신경을 쓰게 될 때가 많다. 그러다보면 정작 내가 하고 있는 수업과 그 맥락, 학생들이 이번 달, 이번 학기에 이룬 교육적 성장 같은 것들을 무의식적으로 놓고 있는 경우가 있다고 생각한다. 사실 하루하루 준비하고 살다보면 전체적인 맥락, 즉 숲을 보기가 힘들다. 나같은 저경력 교사에게는 더더욱 그런 것 같다. 그런데 동학년과 함께 교육과정을 재구성하고 주제별로 수행과제 등을 진행해가면서 가장 좋았던 점은 수업과 교육활동에 꾸준히 집중할 수 있도록 해준 점과 비좁은 시야를 넘어서서 시야를 넓게 가질 수 있었다는 점이다.

1주제, 2주제, 3주제 모두 직접하기 전에 충분한 토의를 해보고 가끔은 부장님께서 질문들을 던져주셔서 생각지 않은 부분에 대해서 의식하고 고민해보고 가르칠 수 있었다. 학생들을 가르치기 전 함께 머리를 맞대고 생각을 해보고 여러 가지 방향과 방법들을 얘기해본 후 그 목표를 갖고 의미 있는 활동을 하며 함께 교육한다는 것. 그랬을 때의 교육의 질은 당연히 차이가 있을 수밖에 없고 이는 학생들의 모습에서 솔직하게 티가 난다. 그리고 그것들은 학생들의 활동 중, 활동 후 표정을 보면 알 수 있다. 이때가 가장 보람차고 자랑스러운 때인 것 같다.

교육과정 성찰협의회 생생토크 중에서, 교사 김○○

수업 모형과 교수법에는 관심 없던 교사,
교육과정 설계의 매력에 빠지다

"만일 당신이 배를 만들고 싶다면
사람들에게 배를 만들 목재를 가져오게 하거나
일감을 나눠주며 일을 지시하지 마라.
대신에 그들에게 넓은 바다에 대한 동경심을 키워주어라."

- 생텍쥐페리 -

I 혼자가 아니라 여럿이

내 이야기로부터 6학년 교육과정 사례에 대한 소개를 시작하려고 한다.

나는 물 흐르듯이 자연스러우면서도 역동적인 수업이 좋은 수업이라고 생각하고 있었지만 늘 답답증만 있었지 이상을 실현할 수 있는 구체적인 방법을 알지 못했다. 그즈음에 학습공동체 동료들과 교육과정에 대한 공부를 시작했다. 대학 교재로나 사용될 법한 이론서를 읽고 이야기 나누는데 그게 그렇게 재미날 수가 없었다. Bobbit는 이상적인 어른이 되는 데 필요한 것들을 가르치라고 했는데 어떤 어른이 이상적인 어른이냐, 그런데 그게 정해질 수는 있는 거냐 등의 이야기를 한참 나누는 동안에 교육과정 이론은 단지 이론이 아니라 우리 교실의 이야기가 되었다.

나는 그때 깨달았다. 그동안 내가 목말랐던 것은 단지 기능이 아니었다. 나는 '무엇'을, 그리고 그 무엇을 '왜' 가르치는가에 대한 대답이 필요했던 거였다. 그리고 교육과정에 대한 성찰을 가능하게 해줄 수 있는 안목과 통찰력에 목말랐던 거였다.

하나하나의 수업이 아니라 교육과정 자체에 대한 관심이 생기자 주제 중심으로 교육과정을 재구성하고 있는 혁신학교의 사례들이 눈에 들어오기 시작했다. 다양한 활동을 통해 즐겁게 배우는 아이들의 모습이 감동적이었다. 그보다 더 감동적이었던 건 '제대로' 교사로서 살아가고 있는 선생님들의 모습이었다.

'그래, 나도 시작해보자. 우리 반만의 작은 실천일지라도 일단 시작해보자.' 그렇게 홀로 시작한 교육과정 재구성은 혼자였기에 가볍기도 했지만 그만큼 어려움에 부딪혔을 때 쉽게 접게 되기도 했다. 뭔가를 잔뜩 벌려놓았는데 마무리가 잘 되지 않을 때도 있었다.

내가 좌충우돌하는 만큼 아이들에게 미안한 마음이 들었다. 아이들은 재미있다고, 학교가 즐겁다고 하는데 과연 아이들을 제대로 가르치고 있는 건가 하는 불안감이 수시로 찾아왔다. 그때 나에게 필요했던 건 이야기를 나눌 수 있는 동료와 좋은 가이드였던 것 같다.

혁신학교로 자리를 옮기면서 그런 동료가 생겼고, 어려움이 닥쳤을 때 버틸 수 있는 힘을 주는 좋은 가이드도 생겼다. 백워드 설계의 방법을 따라 동학년이 함께 빅아이디어와 핵심질문과 수행과제를 만드는 과정에서 국가교육과정의 성취기준을 꼼꼼히 살피게 됐고 어떻게 진행할지에 대한 토의가 이어졌다. 대략적인 설계를 마친 후에는 각자의 교실에서 수업이 펼쳐지고 그 과정이 동학년 회의를 통해 수시로 점검되었다. 한 번 빅아이디어와 수행과제를 만들었다고 해서 설계가 끝나는 건 아니었다. 진행 과정에서 계속해서 삭제와 조정, 덧붙임을 반복하게 되니까 말이다.

이렇게 수행과제가 진행되는 동안에 아이들은 친구들에게서 더 많이 배운다. 친구들과의 협력은 교사의 지시때문이 아니라 자신들의 필요와 주어진 조건에 따라 일상적으로 이루어졌다. 학년 전체가 수행과제 결과를 공유하면서 또 다른 접근이 가능하다는 걸 느끼게 되었다.

요즈음 나는 언제든지 모여서 이야기할 수 있는 동료가 있어서 참 행복하다. 다른 업무가 없는 만큼 시간적 여유가 있어서 아이들의 생활과 관계에 대해서 이야기하고 우리가 진행하고 있는 교육과정에 대해 더 많이 이야기할 수 있기 때문이다.

지금부터 소개할 6학년의 교육과정 설계 사례는 그렇게 동료교사들과 함께 만든 것이다. 표준음이 없으면 악기의 조율이 불가능하듯이 우리가 어떤 걸 논의할 것인지 명확하지 않다면 어떻게 하나의 큰 그림을 완성할 수 있겠는가. 백워드 설계가 가장 이상적인 방식이라고 단언할 수는 없지만 동료들과 함께 교육과정을 만들어가는 동안에 어떤 걸 함께 논의할 것인가에 대한 가이드 역할을 해주고 있는 것만큼은 확실하다. 나는 동료들과 어떤 방식으로 함께 할 것인지를 부단히 고민하면서 교사로서 성장해 나갈 것이다. 그리고 그 과정에서 어떤 방식도 최종적인 답이 될 수 없다는 것을 안다. 다만 나를 믿고, 동료를 믿고, 나와 일정한 시간을 공유하며 성장할 아이들을 믿으며 한 걸음씩 나갈 뿐이다.

"행복은 타인의 존재를 발견하고 그 존재를 인정한다고 해서 얻어지는 것이 아니라, 타인들과 내가 어떤 관계를 맺으며 살아가야 하는지를 이해할 수 있을 때 비로소 얻어지는 것이다."

- 톨스토이 -

Ⅱ 단원 설계

1. 단원 설계의 의도

우리의 삶은 문제의 발생과 해결의 과정으로 채워진다. '이 돈을 어디에 쓰면 좋을까?' 또는 '친구와 어떻게 화해해야 하지?' 등이 모두 문제이며 이러한 문제는 적절한 방법으로 해결되어야 한다.

문제 상황에 처해 있으면서도 적극적으로 문제를 발견하고 해결하려는 의지가 없다면 우리의 삶은 나아가지 못한다. 따라서 문제를 발견하고 해결해 나가는 체험은 개인의 발전은 물론 우리 사회가 보다 나은 사회로 나아가는 데 중요한 발판이 된다.

이 단원에서는 나를 둘러싸고 있는 세계, 그 세계에서 살고 있는 사람들과 그 사람들이 겪고 있는 문제들에 대해 학습한다.

문제가 없는 사회는 없다. 그리고 사회 문제는 완벽하게 해결하기 어렵기 때문에 반복되기 마련이다. 앞으로 건강한 시민으로 살아가야 할 우리 아이들이 사회 문제에 대해 어렵고 골치 아프다고 외면하지 않고 의연하게 맞닥뜨리고 해결하려는 마음을 기를 수 있도록 이 단원을 설계하였다.

이를 위하여 사회 문제를 문제로서만 만나는 것이 아니라 문제 상황에 처한 사람의 이야기로 만나고, 그 사람의 어려움에 대해 공감하고 나 자신이 그러한 위치에 섰을 때 어떻게 문제를 해결할 것인지에 대해 깊이 사고해 보도록 했다.

통합단원의 주제명이 '사람＋문제(PERSON＋PROBLEM), 사람－문제(PERSON－PROBLEM)'인데, 이 주제명의 의미를 생각해 보도록 하여 사람들이 만드는 문제, 사람들이 해결해 가는 문제, 그리고 나는 그 속에서 어떤 역할을 할 수 있는지에 대한 나름의 답을 찾도록 했다.

'사람 + 문제(PERSON + PROBLEM), 사람 – 문제(PERSON – PROBLEM)'

전이목표
• 미래사회 및 지구촌의 각종 문제를 이해하고 문제를 해결하기 위해 노력하는 시민적 자질과 역량을 갖춘다.

일반화된 지식과 원리	핵심질문: 어떠한 질문들이 학생의 탐구와 학습의 전이를 유도할 것인가?
• 빅아이디어, 핵심개념, 일반화된 지식은 무엇인가? 　− 빅아이디어: 사람이 모여 사는 곳에는 늘 문제가 생긴다. 그러나 그 문제를 해결하는 것도 사람이다. 　− 핵심개념: 지구촌 평화, 국가 간 협력, 국제기구, 지속 가능한 미래 　− 일반화된 지식: 　　오늘날 세계화로 인해 다양한 국제기구들이 활동하고 있다. 　　사회 변동 양상에 대한 정확한 이해와 대응을 통해 지속 가능한 사회가 실현된다. • 학생들이 가질 수 있는 오 개념은 무엇인가? 　1. 학생들은 세계에서 일어나고 있는 문제가 자신과 상관없는 일이라고 생각한다. 　2. 학생들은 자신들이 아직 어리기 때문에 문제를 해결할 힘이 없다고 생각한다.	• 사람은 살아가면서 어떤 문제들을 만나는가? • 우리는 문제를 어떻게 해결하는가? • 전 세계 사람들과 어떻게 살아갈까? • 인간의 굳은 신념은 어디에서 오는가? • 사람+문제, 사람−문제는 어떤 의미일까?

지 식	기 능	태 도
• 단원의 결과로 어떤 주요한 지식을 습득해야 할 것인가? 　− 지구촌의 평화와 발전을 위협하는 다양한 갈등 사례와 그 해결 방안 　− 지구촌의 평화와 발전을 위해 노력하는 다양한 행위 주체(개인, 국가, 국제기구, 비정부 기구 등)의 활동 사례	• 학생들은 어떤 중요한 사고 기능을 학습해야 할 것인가? 　− 조사하기　− 수집하기 　− 평가하기　− 의사 결정하기 　− 설명하기　− 공감하기 　− 탐구하기	• 길러야 할 가치와 태도는 무엇인가? 　− 문제 해결 의지 　− 타인에 대한 관심과 공감 　− 인류애 　− 인류 공존을 위한 노력

2015 개정 사회과 교육과정 살펴보기

　　2015 개정 교육과정의 내용체계는 영역, 핵심개념, 일반화된 지식, 내용 요소, 기능으로 구성되어 있습니다. 사회과의 경우 일반 사회 부문에서는 정치, 법, 경제, 사회·문화의 4가지 영역, 그리고 지리 부문의 경우에는 지리인식, 장소와 지역, 자연환경과 인간생활, 인문환경과 인간생활, 지속 가능한 세계의 5가지 영역, 역사 부문에서는 역사 일반, 정치·문화사, 사회·경제사의 3가지 영역이 있습니다. 각 영역 아래에 핵심개념을 소개하고 있고 이 핵심개념을 중심으로 교육과정을 구성하여 학습 부담을 경감하고 학습자 중심, 활동 중심의 교육과정을 개발하도록 권고하고 있습니다.

　　내용체계 상의 핵심개념과 일반화된 지식은 수평적·수직적 연계성을 파악하는 데에 도움이 되고 파편적인 부분에 매달리지 않고 본질적인 것에 집중하게 만드는 효과가 있으므로 교육과정 설계 시에 충분히 고려하는 것이 좋습니다.

<2015 개정 사회과 핵심개념>
- 정치: 민주주의와 국가, 정치과정과 제도, 국제 정치
- 법: 헌법과 우리 생활, 개인 생활과 법, 사회생활과 법
- 경제: 경제생활과 선택, 시장과 자원 배분, 국가 경제, 세계 경제
- 사회·문화: 연구 방법, 개인과 사회, 문화, 사회 계층과 불평등, 현대의 사회 변동
- 지리인식: 지리적 속성, 공간분석, 지리사상
- 장소와 지역: 장소, 지역, 공간관계
- 자연환경과 인간생활: 기후 환경, 지형 환경, 자연-인간 상호작용
- 인문환경과 인간생활: 인구의 지리적 특성, 생활공간의 체계, 경제활동의 지역구조, 문화의 공간적 다양성
- 지속 가능한 세계: 갈등과 불균등의 세계, 지속 가능한 환경, 공존의 세계
- 역사 일반: 역사의 의미
- 정치·문화사: 선사시대와 고조선의 등장, 여러 나라의 성장, 삼국의 성장과 통일, 통일신라와 발해, 고려 문벌귀족사회의 형성과 변화, 조선의 건국과 유교 문화의 성숙, 전란과 조선 후기 사회의 변동, 개항과 개화파, 일제 식민 지배와 광복을 위한 노력, 대한민국의 발전, 대한민국의 미래
- 사회·경제사: 신분제의 변화, 경제적 변동, 가족 제도, 전통문화

2. 빅아이디어

사람이 모여 사는 곳에는 늘 문제가 생긴다. 그러나 그 문제를 해결하는 것도 사람이다.

본 단원의 빅아이디어는 '사람들이 모여 살면 문제가 생기는 것이 당연하고, 그 문제를 해결하는 것 또한 사람'이라는 생각에서 출발했다. 지구촌의 산적한 문제들, 세계화의 명암, 민주시민을 넘어 세계시민의 자질과 태도를 기르는 것. 이런 것들을 자신의 문제로 깊이 받아들이려면 먼저 '사람' 즉 '인간'이 어떤 존재인가, 인간답다는 것은 어떤 것인가에 대해 생각해볼 필요가 있었다.

문제를 '만드는' 사람과 문제를 '해결하는' 사람은 다른 종류의 인간일까? 인간다움의 속성 안에 두 가지 모두가 들어있는 건 아닐까? 만약 그렇다면 도대체 어떤 속성 때문에 문제가 생기고, 어떤 속성 때문에 문제를 해결하고자 나서게 되는 걸까? 이러한 질문에 대한 답을 찾아가면서 인류 번영과 세계평화 등의 이야기가 단지 공허하기만 한 거대담론이 아니라 구체적인 삶의 이야기로 다가갈 수 있었다. 지구촌의 문제는 나의 생활과 동떨어진 것이 아님을 패스트 패션의 문제를 통해 알아볼 것이고, 노벨평화상을 받은 사람들에 대해 배우면서 그들은 남다른 능력을 가졌기에 위인으로 살아간 것이 아니라 너무나 인간적이었기에 문제와 맞설 수 있었음을 알게 될 것이다.

나는 문제를 만들 수도 있고, 그 문제 안에서 순응하며 살아갈 수도 있고, 그 문제를 해결하려 나설 수도 있다. 내가 어떤 삶을 살 건지는 나의 선택에 달려 있다.

이 단원의 공부가 끝난 후에 어떤 삶을 살 것인지에 대한 그림이 어렴풋이나마 그려 진다면 세계시민으로의 첫 발을 뗀 셈이 될 것이다. 세계시민은 전 세계 인류의 구성원으로 살아간다는 것이니 지구촌의 문제를 나와 가깝게 여기고 해결하고자 하는 마음을 갖는다는 것은 곧 세계시민이 될 채비를 갖추었다고 볼 수 있기 때문이다.

3. 핵심질문

- 사람은 살아가면서 어떤 문제들을 만나는가?
- 우리는 문제를 어떻게 해결하는가?
- 전 세계 사람들과 어떻게 살아갈까?
- 인간의 굳은 신념은 어디에서 오는가?

어떠한 질문이 학생의 탐구와 학습의 전이를 유도할 것인가를 고민하는 것은 단원 설계에서 매우 중요한 과정이다. 본 단원의 전이목표가 세계시민으로서의 자질과 역량을 갖추는 것이므로 아이들이 지구촌에 대해 관심이 생기지 않는다면 '미래를 살아갈 우리는 세계시민이 되어야 한다.'는 말은 공염불에 지나지 않을 것이다.

대한민국에서 태어나 그 안에서 십여 년을 사는 동안 아이들은 어떤 문제들을 만나 왔을까? 이전 단원에서의 질문들을 통해 확인한 바에 의하면 아이들은 부모가 나를 버릴지도 모른다는 유기불안이 여전했고 친구들로부터 언제 소외될지 모른다는 관계 단절의 두려움이 컸다. 또한 자신의 존재감을 어디에서 어떻게 확인해야 할지 몰라서 수시로 의기소침해지고 네가 뭘 하고 싶든지 간에 공부는 열심히 해둬야 한다는 부모님의 강요에 힘들어했다.

아이들은 자기에게 닥친 문제를 어떻게 해결하고 있을까? 이것 또한 이전 단원에서의 질문들을 통해 어느 정도의 답을 들을 수 있었다. 그러나 이번 단원에서의 답은 이전의 답과 같지 않을 것이다. 그것은 전혀 새로운 측면을 발견하는 것일 수도 있고, 이전의 답에서 한 걸음 더 깊이 들어간 것일 수도 있다. 이처럼 핵심질문은 하나의 단원을 통해 완전히 해결될 수 없다. 그렇기 때문에 반복해서 제시될 수 있으며 이것이 핵심질문의 또 다른 매력이라고 생각한다.

다음으로 전 세계 사람들과 어떻게 살아갈까 라는 질문을 제시하였다. 다른 나라의 내전 문제가 우리나라의 난민 문제로 바로 연결되는 것에서 볼 수 있듯이 세계는 이미 한 나라라고 보아도 무방할 정도로 국경이 낮아졌다. 한편 아이들이 자기를 돌아보고 자신의 생활과 지구촌 문제를 연결시켜 보도록 수업을 설계한 이유는 우리가 다른 나라에 의해 일방적으로 피해를 보고 있다는 선입견을 없애기 위해서였다. 그 연결고리가 바로 패스트 패션 문제였다. 지금까지 아무 생각 없이 행했던 일들이 어떤 문제를 파생시킬 수 있는지를 살펴보는 일은 삶에서 '깨어있음'이 왜 중요한지를 알게 되는 과정이기도 했다.

인간의 굳은 신념은 어디에서 오는가라는 질문은 인간다움에 대한 질문과 연결되어 있다. 이 질문은 6학년 1학기 역사 단원에서 독립운동가들의 삶을 다룰 때 제시되었던 질문이기도 하다. 독립운동가들은 왜 자신의 목숨을 바쳤을까, 그들에게는 죽음에 대한 두려움이 없었을까 하는 이야기를 아이들과 나누었고 그때 아이들은 독립운동가들의 신념이 결국 해방은 꼭 온다는 믿음에서 온 것이라고 이야기했다. 언뜻 보면 동어반복인가 싶지만 친일부역자를 떠올려보면 이야기가 좀 다르게 들린다. 친일부역자는 해방이 꼭 온다는 생각을 했을까? 아니 그걸 믿었을까? 아닐 것이다. 해방이 올 리가 없다고 생각했다고 보는 게 합리적일 것이다. 아이들이 이번 단원에서는 어떤 답을 찾게 될지 무척 기대가 되었다.

4. 단원 성취기준

교과	단 원	2009 성취기준	2015 개정 성취기준	소요 차시
사회	4. 변화하는 세계 속의 우리	국제기구(UN 등)와 비정부 기구(예, 그린피스 등) 활동 내용과 국가 간 협력 사례(예: 교토의정서)를 조사하고 이를 바탕으로 국제사회의 협력의 중요성을 이해할 수 있다.	[6사08−03] 지구촌의 평화와 발전을 위협하는 다양한 갈등 사례를 조사하고 그 해결 방안을 탐색한다. [6사08−04] 지구촌의 평화와 발전을 위해 노력하는 다양한 행위 주체(개인, 국가, 국제기구, 비정부 기구 등)의 활동 사례를 조사한다.	18
국어	1. 인물의 삶을 찾아서 6. 타당한 주장	(듣말) 설득하거나 주장하는 말의 타당성을 판단하며 듣는다. (쓰기) 적절한 이유나 근거를 들어 주장하는 글을 쓴다.	[6국01−05] 매체 자료를 활용하여 내용을 효과적으로 발표한다. [6국03−04] 적절한 근거와 알맞은 표현을 사용하여 주장하는 글을 쓴다.	17
도덕	8. 모두가 사랑받는 평화로운 세상 6. 공정한 생활	지구촌 시대에 인류가 서로 돕고 평화롭게 살아야 하는 이유를 이해하고, 인류를 사랑하고 평화로운 세상을 만들기 위해 노력하는 태도를 지닌다. 이를 위해 인류애 및 평화가 인류의 삶에 얼마나 중요한지를 설명하고, 인류애와 평화를 실현하기 위해 노력하고 있는 사람들의 사례를 찾아본다.	[6도03−04] 세계화 시대에 인류가 겪고 있는 문제와 그 원인을 토론을 통해 알아보고, 이를 해결하고자 하는 의지를 가지고 실천한다. ① 우리가 겪고 있는 다양한 지구촌 문제들은 무엇이며, 어떻게 하면 지구촌 문제에 대한 도덕적 민감성을 기를 수 있을까?	6

교과	단　　　원	2009 성취기준	2015 개정 성취기준	소요 차시
			② 지구촌 문제를 올바르게 해결하기 위한 방법은 무엇이며, 어떻게 하면 이 문제를 해결하기 위한 올바른 의사 결정을 할 수 있을까?	
음악	3. 음악으로 지구 한 바퀴	다양한 문화권의 음악을 듣고 음악의 특징에 대해 이야기할 수 있다.	[6음02-02] 다양한 문화권의 음악을 듣고 음악의 특징에 대해 발표한다.	9
미술	생활 속의 판화, 새로운 기법과 재료의 탐험	대상이나 현상에 관심을 가지고 다양한 활동을 통해 시각적 특징을 발견한다.	[6미02-05] 다양한 표현 방법의 특징과 과정을 탐색하여 활용할 수 있다.	10
실과	5. 창의적인 의생활의 실천	손바느질의 기초를 익혀 간단한 헝겊 용품을 만들 수 있으며, 십자수, 뜨개질 등 바느질 도구를 이용하여 생활용품을 창의적으로 만들어 사용함으로써 환경을 생각하고 나눔을 실천하는 의생활을 영위한다.	[6실02-06] 간단한 생활 소품을 창의적으로 제작하여 활용한다.	8

5. 수행과제 및 평가 계획

[수행과제 1] 세상을 바꾸는 사람, 세상을 바꾸는 연설

수행과제 제시문	당신은 세계인의 삶의 질 향상을 목표로 서울에 본부를 두어 설립된 유엔 사무국 산하 기구인 유엔 거버넌스센터(UNPOG)의 어린이 대사입니다. 당신은 20○○년 10월에 열릴 유엔 거버넌스센터 세계 대회에서 각국 대사들을 대상으로 연설을 해야 합니다. 더 나은 세상을 만들기 위한 당신의 주장을 담은 연설문은 청중들에게 미리 배포될 것입니다. 사진을 포함한 PPT를 사용하여 당신이 관심을 가지고 있는 지구촌 문제와 그에 대한 해결방안을 발표하십시오. 당신의 주장은 명확해야 하며, 주장에 대한 근거는 타당해야 합니다. 세상을 바꾸는 한 사람이 되어 세상을 바꾸는 멋진 연설을 준비하여 주시기 바랍니다.

〈평가 기준〉

평가 내용	잘함	노력 요함
지구촌 문제에 대한 조사와 해결 방안 탐구하기.	지구촌의 평화와 발전을 위협하는 갈등 사례를 조사하고 그 해결 방안을 탐구하여 발표함.	지구촌의 평화와 발전을 위협하는 갈등 사례를 부족하게 조사하거나 그 해결 방안이 적절하지 않음.
연설문의 내용을 잘 조직하고 알맞은 매체를 활용하여 효과적으로 전달하기.	연설문의 특징을 알고 적절한 근거와 알맞은 표현을 사용하여 연설문을 작성함.	연설문의 특징에 맞지 않거나 적절한 근거와 알맞은 표현을 사용하지 못함.

　　　　'수행과제 1'은 지구촌의 평화와 발전을 위협하는 다양한 갈등 사례를 조사하고 그 해결 방안을 탐구하여 발표하는 것이다. 6학년 아이들과 같은 나이에 UN 환경 회의에 참석했던 세번 스즈키의 연설 동영상에서 착안한 수행과제이다.

연설문의 특징에 대해 핵심적인 내용을 배우고, 좋은 연설을 많이 보고 듣다보면 자연스레 좋은 연설에 대한 상을 가지게 될 거라고 기대했다. 문제는 아이들 수준에 맞는 좋은 연설 자료가 많지 않다는 것이다.

수행과제 표현 방식에 있어서도 동료교사들 사이에 이견이 좀 있었다. 실제로 연설을 하도록 할 것인지, 아니면 연설문까지만 제출하도록 할 것인지에 대한 이견이었다. '그 정도는 할 수 있다'와 '부담스러워 할 것이다'라는 부분이 부딪혔다.

이렇게 의견이 부딪힐 때에는 어떤 과제가 더 도움이 되는가라는 질문이 해결에 실마리를 제공해준다. 지구촌의 갈등 사례를 조사하고 해결 방안을 탐구하는 것을 중심으로 보면 연설문 작성으로도 충분하다. 그러나 연설문은 서로 공유할 수 없기 때문에 내가 준비했던 사례만 알게 된다. 지구촌의 문제가 다양하다는 것을 알고 해결 방안 또한 다양하다는 것을 알기 위해서는 서로의 연설을 지켜보는 수밖에 없다. 결국 모두가 연설할 기회를 갖고 나서 6학년 전체가 모인 자리에서 각 반의 지원자들이 다시 연설을 하자고 의견이 모아졌다.

연설을 말로만 하는 게 아니라 사진을 담은 PPT로 제작하게 하자는 것은 처음부터 정해진 설계는 아니었다. 아이들에게 연설문을 작성하도록 했더니 내용이 몹시 부실했다. 주제를 너무 작게 잡는가 하면 주제는 큰데 실제 내용은 주제의 일부만 다루고 있는 경우도 있었다.

아이들에게 10~15장 정도의 PPT 화면과 관련 사진을 준비하도록 했더니 자기가 정한 주제에 대해 줄거리를 만들기 시작했다. 말하자면 PPT 제작을 매개로 과정 중심 쓰기 지도를 한 셈이다. 생각을 꺼내고 생각을 묶고 초고를 쓰는 단계를 PPT 제작으로 대신하게 했더니 연설문의 내용에 줄기가 생기고 잎도 풍성해졌다.

잠깐!
아이들의 글이 형편없어요. 이걸 어쩌죠?

교육과정 재구성을 통해 수업을 진행하다 보면 아이들이 실제적인 상황에서 글을 쓰게 되는 경우가 많습니다. 그러다 보니 교과서로 수업할 때보다 아이들의 글쓰기 실력이 더 극명하게 드러나게 됩니다. 아이들이 이 정도로밖에 글을 못 쓰다니 놀랍기도 하고 교사로서 내가 잘못 가르치고 있는 건 아닌가 불안감이 들기도 합니다.

그러나 실제적인 상황에서 글쓰기 기회를 여러 번 경험하게 되면 아이들의 글은 생각보다 빨리 나아집니다. 국어 교과서에선 한편의 글을 완성시킬 수 있는 효과적인 단계를 소개하고 있지만 실제적인 필요와 맥락에서 벗어나 있다면, 수행과제와 결합한 글쓰기는 글을 쓰는 동기와 목적이 분명하기 때문에 교사의 피드백을 통해 아이들의 글이 눈에 띄게 좋아지는 걸 볼 수 있습니다.

더 큰 문제는 글을 쓰는 테크닉이 아닌 생각주머니의 크기입니다. 언어는 사고를 반영하기 때문에 자기 생각이 없으면 좋은 글도 쓸 수 없습니다. 언어의 부족은 곧 생각의 부족인 것입니다. 교육과정 재구성을 통해 아이들이 더 좋은 글을 쓰게 되었다면 그것은 아이들이 자기 생각과 관점을 가지게 되었기 때문일 것입니다.

연설문 발표에 '이미지'를 끌어 온 또 다른 이유는 아이들이 지구촌 문제에 대해 진심으로 관심을 가지고 공감하기 위해서는 감성이 함께 작동해야 한다고 생각했기 때문이다. 텍스트에 다 담기지 않는 감성의 영역을 시각매체인 사진이 채워줄 수 있을 것으로 기대했고 영상 세대답게 아이들은 내용과 상황에 딱 맞는 사진을 잘 골라왔다.

통합단원의 빅아이디어가 '문제를 만드는 것도 사람, 문제를 해결하는 것도 사람'이니만큼 아이들이 주변의 문제들에 지치지 않는 게 중요했다. 진지하지만 무겁지 않고, 충분히 젖되 그 문제에 취하지 않아야 지치지 않는다. 장 지오노의 '나무를 심은 사람'처럼, 사막을 숲으로 바꾼 '인위쩐'처럼 지치지 않고 한 그루씩 심겠다는 마음으로 문제를 바라보자고 했다. 슈퍼히어로 어벤져스의 전능감에 익숙한 아이들에게는 속 터지는 이야기였을 테지만 뜻을 세우고 한 걸음씩 다가가는 모습이야말로 어찌보면 가장 인간적인 모습이 아니겠는가.

연설을 준비하는 과정에서 아이들은 사회에서 일어나는 문제에 대해 깊이 들여다볼 수 있게 되었다. 그리고 나무를 심은 사람처럼 이 세상에 흔적을 남길 수 있다면 어떤 일을 하고 싶은가라는 질문을 스스로에게 던지게 되었다.

[수행과제 2] 지구를 살리는 알뜰 장터	
수행과제 제시문	당신은 지구를 살리는 알뜰 장터의 기획자입니다. 알뜰 장터가 어떤 목적을 가지고 있는지 생각해 보고 그 내용을 장터 팜플렛에 담아 전체 학생 다모임에서 홍보합니다. 장터의 수익금을 어떻게 사용할 것인지에 대한 투표에 참가하고 결정된 방법대로 장터 구성에 관한 계획서를 만드세요. 자신의 소질에 맞는 장터 준비팀에 참여하여 장터를 준비하면 됩니다. 지구를 살리는 장터라는 이름에 걸맞게 의미 있는 장터를 준비하여 주시기 바랍니다.

〈평가 기준〉

평가 내용	잘함	노력 요함
다양한 국제기구들의 활동에 대해 조사하여 알리기	국제기구와 비정부 기구 활동 내용과 국가 간 협력 사례를 충분히 조사하여 홍보 패널을 제작함.	국제기구와 비정부 기구 활동 내용과 국가 간 협력 사례를 조사한 내용이 많이 부실함.
인류애와 평화를 실현하기 위해 노력한 사람들의 사례를 찾고 알리기	노벨평화상 수상자에 대해 조사하고 그들의 신념과 사상을 대표할 수 있는 명언을 찾음.	노벨평화상 수상자에 대해 조사하였으나 그들의 신념과 사상을 파악하지 못함.
장터 음악 선정하기	지구를 살리는 알뜰 장터의 취지와 분위기에 맞는 외국곡을 선정하여 발표함.	지구를 살리는 알뜰 장터의 취지와 분위기에 맞는 외국곡을 선정하지 못함.
지구촌 문제로 고통 받고 있는 인물의 모습을 판화로 표현하기	지구촌의 다양한 문제 상황 속에서 고통을 느끼고 있는 인물의 상황을 판화 작품에 잘 표현함.	지구촌의 다양한 문제 상황 속에서 고통을 느끼고 있는 인물의 상황이 잘 표현되지 않음.
점묘화로 노벨평화상 수상자의 초상화 그리기	노벨평화상 수상자의 얼굴을 점묘화로 잘 표현함.	노벨평화상 수상자의 얼굴을 점묘화로 잘 표현하지 못해 인물을 구별하기 힘듦.
손바느질의 기초를 익혀 아우인형 만들기	아우인형의 몸통에 솜을 채우고 옷을 만들어 입히며 털실로 머리 붙이고 얼굴 그려넣기를 하여 완성함.	인형 만들기의 과정 일부 또는 전부를 수행하지 못함.

'수행과제 2'는 'here & now', 그리고 'There are many things you can do.'를 알기 위한 과제이다.

세상에는 많은 문제가 있고 그 문제는 해결할 수 있다는 걸 알게 되더라도 난 아직 어린아이이기 때문에 할 수 있는 게 없다고 생각하는 게 일반적인 초등학생들의 생각이다.

아이들과 함께 생활하다 보면 "선생님, ~~ 해도 돼요?"라는 질문을 수도 없이 받는다. 그 질문들 중 상당수는 묻지 않아도 될 법한 것들이다. 아이들은 왜 대답을 듣고 행동해야 안심이 되는 걸까? 학교라는 제도에 익숙하지 않았던 저학년 시절, 묻지 않고 자기 마음대로 행동했다가 크게 혼났던 기억이 있기 때문일까? 이런저런 다른 이유들도 있겠지만 우선 떠오르는 이유는 스스로 판단하려 하지 않는 습관이 몸에 배어 있기 때문이리라.

왜 그런 걸 묻느냐고 타박을 받으면 민망해하면서도 다음번에도 똑같은 질문을 반복한다. 선생님께 타박을 받는 게 싫기는 하지만 스스로 판단해서 크게 혼날 일을 만드느니 차라리 잔소리 듣는 길을 선택하는 것이다.

"선생님, ~~ 해도 돼요?"를 묻던 아이들은 집에 가면 "엄마, ~~ 해도 돼요?"를 묻는다. 사소한 행동 하나까지 어른에게 위임하는 습관을 지닌 아이들은 책임으로부터는 자유롭지만 그만큼 마음과 정신의 근력은 약해지기 마련이다. '남의 지배나 구속을 받지 않고 자기 스스로의 원칙에 따라 어떤 일을 하는 것, 또는 자기 스스로 자신을 통제하여 절제하는 일'을 자율이라고 한다. 반면에 '자신의 의지와 관계없이 정해진 원칙이나 규율에 따라 움직이는 일'을 타율이라고 한다.

스스로 타율의 길을 걷고자 하는 아이들에게 어떻게 하면 자신을 믿고 행하도록 할까가 늘 고민이었다. 아이들이 스스로 계획하고 준비하고 실행하는 경험을 하게 한다면, 또한 과정의 즐거움과 결과의 뿌듯함을 맛보게 한다면 의지가 생기지 않을까?

아이들에게 장터 기획과 준비, 실행의 과정을 전적으로 맡기고 교사들은 그림자처럼 지원만 하자고 의견을 모았다. 그러나 막상 장터 날짜가 잡히고 과정이 지지부진하자 교사가 전면에 나서서 끌고 가고 싶은 유혹이 강렬하게 일었다. 기다려주지 않고 앞장서서 끌고 가면 "선생님, ~~ 해도 돼요?"를 묻는 아이들을 변화시킬 수 없을 것이 뻔했다. 학교교육을 통해 민주 시민으로서의 자질을 갈고 닦는다는 것은, 실패해도 좋고 조악해도 좋으니 아이들의 힘으로 뭔가를 만들어 본다는 데 더 큰 의의가 있을 것이다.

아이들이 어려움에 부딪혔을 때 극복할 수 있는 적절한 도움을 주되 아이들이 주도적으로 준비하고 있다는 느낌을 훼손하지 않는 것, 나서서 끌고 가는 것보다 몇 갑절 어려운 미션에 교사들이 진땀을 흘리는 동안에 장터의 모양새가 서서히 잡혀가고 있었다.

　여느 학교들에서 흔히 볼 수 있는 알뜰 장터를 더 의미 있게 만든 한 가지는 아이들이 스스로에게 던졌던 질문이었다.

　"난 이 장터가 끝난 후에 여기에서 배우고 느낀 것을 가지고 어떻게 살아갈 것인가?"

　국제기구 홍보물을 준비하고, 사람들의 고통을 공감하기 위한 판화 작품을 전시하고, 중고 물품을 모으기 위해 미니멀 게임을 하고, 재능 기부를 하면서 수익금을 모으고, 아우인형을 만들어서 백신 지원을 하고... 등등의 활동을 통해 장터를 멋지게 치뤄냈다고 치자. 무대의 조명이 꺼지고 난 뒤 일상에 복귀한 후 우리는 어떤 삶을 살아갈 것인가. 'here & now', 그리고 'There are many things you can do.'를 장터에서 시작해서 장터에서 끝낸다면 이 수행과제에 큰 의미는 없을 것이다. 장터는 하나의 계기이자 시작이다. 배움이란 묻고 묻고 또 묻는 것이니 수업과 활동을 통해 답을 얻는 게 아니라 또 다른 질문을 얻게 된다면 그게 바로 잘 배우고 있다는 증거일 것이다.

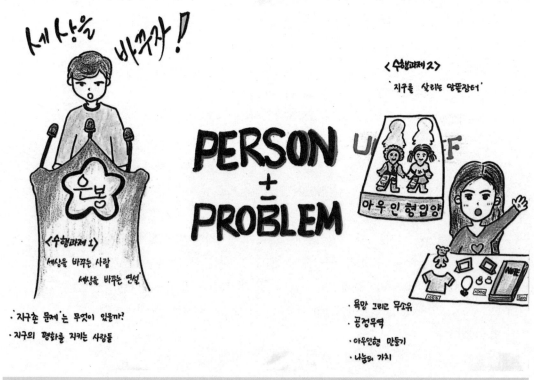

월간학습안내에 소개된 수행과제 안내 그림

6. 기타 평가 계획

교과	평가 내용 및 방법
사회	• 과학 기술의 발달, 정보화, 세계화가 우리의 삶에 미친 영향에 대한 글쓰기 (빛과 그림자 리스트 작성) • 네모퉁이 토론 (지구촌 문제를 해결하기 위해서 제일 중요한 것? ①머리, ②입, ③손발, ④마음)
국어	• 좋아하는 문학 작품 속 인물이 추구하는 삶과 나의 삶을 관련지어 소개하는 글쓰기
도덕	• 노벨평화상 수상자 1명 정해서 인물과 주요연설문에 대해 조사
음악	• 알뜰 장터에 어울리는 세계 음악 선정
미술	• 점과 선으로 표현하는 내 얼굴
실과	• 양말인형 만들기

7. 수업 계획

수업 계획

수업 계획				
교과	단원	활동 내용		비 고
주제 열기	(사회 1차시)	**열두 살 소년, 트레버를 만나다** − 영화 '아름다운 세상을 위하여' 보고 주인공 트레버 만나기 − 수행과제 설명하기		H, W
사회	4. 변화하는 세계 속의 우리	**과학 기술의 발달과 정보화(1주−3차시)** − 교과서 【Ⅰ. 우리가 만들어 가는 미래 사회】 − 빛과 그림자 리스트 만들기 **세계화의 모습(2주−3차시)** − 교과서 【Ⅱ. 세계화의 모습과 우리의 역할】 − 빛과 그림자 리스트 만들기 〈수행평가〉 **지구촌 문제와 국제기구, 비정부 기구(3주−4차시)** − 교과서 【Ⅲ. 함께 해결하는 지구촌 문제】 − 지구촌 문제 정리 − 국제기구와 비정부 기구 − 친구들과 내가 만드는 기구 **공정무역 착한 초콜릿 나눔(4주−4차시)** − 지식채널e '축구공 경제학', '커피 한 잔의 이야기' − 가나에 사는 열한 살 소년 아사모아 이야기 **지구를 살리는 알뜰 장터와 아우 인형 입양 행사(5주−3차시)** − 알뜰 장터에서 전시할 다양한 홍보물 제작하기(패스트 패션의 문제점, 착한 소비 등) − 아우 인형 입양 수익금을 유니세프에 기부하기 − 알뜰 장터 수익금으로 의형제에게 '착한 초콜릿' 선물하기		E ＊ 과학 기술의 발달, 정보화, 세계화가 우리의 삶에 미친 영향에 대한 글쓰기 R
국어	1. 인물의 삶을 찾아서	**사람 더하기 문제(1주−4차시)** − 지구촌의 각종 문제와 그 문제 상황에 놓인 사람들의 이야기		

교과	단원	활동 내용	비 고
	6. 타당한 주장	− 관련 사진을 보고 인물의 입장이 되어 글쓰기 − 지구촌의 문제에 대한 사진 전시회 **사람 빼기 문제(2주−2차시)** − 왕가리 마타이 등 노벨 평화상 수상자들에 대한 읽기 자료 **욕망 그리고 무소유(3주−2차시)** − 법정 스님의 '무소유' 읽기 − 좋아하는 문학 작품을 자신의 삶과 관련지어 소개하는 글쓰기 〈수행평가〉 **마음을 적시는 연설(4주−4차시)** − 연설문의 특징 알기 − 연설을 듣고 주장의 타당성 판단하기 − 설득의 방식이 잘 나타난 연설문을 읽고, 연설 동영상 보기 **세상을 바꾸는 연설(5주−5차시)** − 주장의 타당성을 생각하며 연설문 쓰기 〈수행과제〉 − 실행 계획을 세워 연설하기 〈수행평가〉	O, W * (문학) 인물이 추구하는 삶과 나의 삶을 관련 짓기 * (듣말) 친구의 연설을 듣고 주장의 타당성 판단하기 E, H
도덕	8. 모두가 사랑받는 평화로운 세상 6. 공정한 생활	**평화로운 세상을 꿈꾸다(1주−1차시)** − 교과서에 나오는 '윤수네 반 이야기'를 바탕으로 평화 샘 프로젝트의 멈춰! 역할극하기 − 교과서에 나오는 비폭력대화 연습 ('자칼 마을의 소년 시장') **인류애와 평화의 향기를 널리 퍼뜨리는 사람들(2주−2차시)** − 〈쉰들러 리스트〉 평화를 지키는 용기 − 교과서와 읽기 자료로 노벨평화상 수상자와 수상단체 알기 − 노벨평화상 수상자 1명 정해서 인물과 주요연설문 조사 〈수행평가〉 **지구의 평화를 방해하는 것들** − 전쟁, 억압, 지구 온난화, 환경 파괴, 폭력, 테러, 가난, 분단, 싸움, 언어폭력, 차별, 아동 학대 등을 없애기 위해 어떻게 해야 할까 **모자 뜨기 운동, 100원의 기적 이야기(3주−1차시)** − 나눔의 가치에 대한 생각 나누기 − 아나바다 나눔장터 의견 나누기 **내 공정 지수는?(4주−1차시)** − 공정의 의미에 대해 알고 공정의 문제에 대해 바르게 판단하기 **'우리동네 봉사왕'을 만나다(5주−1차시)** − 역지사지와 공정한 삶, 그리고 봉사의 관계 알기	E * 지구의 평화를 방해하는 것들을 없애기 위해 노력한 노벨상 수상자들에 대한 조사
음악	PERSON PROBLEM	**쇼미더웨이(저항음악을 찾아서)** − 대표적인 저항음악을 감상 − 세계 각국의 저항음악 조사, 발표하기 − 저항음악의 장르 중 1가지 선택해서 노래가사 바꿔 부르기 − 알뜰 장터 배경음악 투표	T

교과	단원	활동 내용	비 고
미술	PERSON PROBLEM	**'나' 라는 사람(1주-2차시)** ㅡ 점과 선으로 표현하는 내 얼굴 〈수행평가〉 **'너' 라는 사람(2주-2차시)** ㅡ 오슬로 밤의 이야기 감상하고 페나키스토스코프 만들기(교과서 83쪽) **국제기구 또는 비정부 기구의 로고를 목판화로!(3, 4, 5주-6차시)** ㅡ 자신이 선정한 기구의 로고를 목판화로 제작 ㅡ 알뜰 장터에서 전시	H, T * (체험)대상이나 현상에서 시각적 특징 발견하기
실과	5. 창의적인 의생활의 실천	**아우 인형 만들기(총 8차시)** ㅡ 기초 손바느질 익히기(홈질, 시침질, 박음질, 감침질) ㅡ 양말인형 만들기 ㅡ 인형본 박음질하고 뒤집어서 솜 넣고 감침질하기 ㅡ 헌옷과 조각천을 이용하여 옷 만들어 입히기 ㅡ 털실 머리카락 붙이고 눈, 코, 입 그려서 완성하기 〈수행평가〉	T, O * (가정생활) 헌옷을 이용하여 아우인형 만들기
창의적 체험활동	문제의 시작과 끝, 그리고 사람	**독서토론, 학년다모임, 연주회 등**	E-2
배움자료		• 영화 - 아름다운 세상을 위하여 • 그림자 애니메이션 - 오슬로 밤의 이야기 • 지식채널e - 축구공 경제학, 커피 한잔의 이야기, 시그널(기후 문제), 열다섯이 되는 법(전쟁), 차별의 발견(양성평등) • 책 - 우리동네 봉사왕(고정욱), 지구촌의 불평등(스테파니 르뒤 & 스테판 프라티니), 공정 무역 행복한 카카오 농장 이야기(신동경), 무소유(법정), 자칼 마을의 소년 시장(라타 헤이조그)	

Ⅲ 수업 속으로

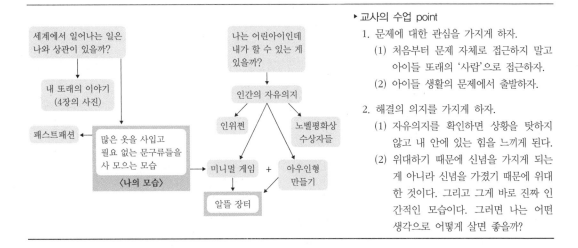

▸ 교사의 수업 point

1. 문제에 대한 관심을 가지게 하자.
    (1) 처음부터 문제 자체로 접근하지 말고 아이들 또래의 '사람'으로 접근하자.
    (2) 아이들 생활의 문제에서 출발하자.

2. 해결의 의지를 가지게 하자.
    (1) 자유의지를 확인하면 상황을 탓하지 않고 내 안에 있는 힘을 느끼게 된다.
    (2) 위대하기 때문에 신념을 가지게 되는 게 아니라 신념을 가졌기 때문에 위대한 것이다. 그리고 그게 바로 진짜 인간적인 모습이다. 그러면 나는 어떤 생각으로 어떻게 살면 좋을까?

1. 통합단원 열기

〈그림 출처: 6-1 사회교과서 157쪽〉

사회 교과서 맨 처음에 나와 있는 영화 『아름다운 세상을 위하여』의 트레버 이야기로 단원의 처음을 열었다.

아이들에게 "네가 생각하는 아름다운 세상은 어떤 세상이니?"라고 묻고 포스트잇에 쓰게 했다. 아이들은 '늘 음악이 있는 세상', '범죄가 없는 세상', '한가하고 평화로운 세상' 등 각자가 바라는 소망을 적었다.

"이처럼 우리가 바라는 아름다운 세상은 어떻게 만들 수 있을까?"라는 것이 두 번째 질문이었다.

아이들은 두 번째 질문에 쉽게 답하지 못하고 침묵했다. 그 침묵의 메시지는 답을 쉽게 찾을 수 없다는 당혹감이라기보다는 나는 어린아이인데 왜 그런 걸 묻는가라는 의아함에 가까웠다.

자신이 꿈꾸는 세상을 내 손으로 만들 수는 없다. 그건 어른들이 만드는 것이라는 생각이 바뀌어야 자발성을 끌어낼 수 있었다. 그래서 투입한 활동이 바로 자극과 반응 사이의 '자유의지'에 관한 이야기이다.

"자극과 반응 사이에는 공간이 있다. 그 공간 안에는 우리가 선택할 수 있는 힘이 있다. 그 선택이 우리의 성장과 행복에 직접 관련이 있다." '죽음의 수용소에서'라는 책으로 유명한 Viktor Frankl의 말이다. 다음에 소개할 활동은 아이들이 자유의지에 대해 느낄 수 있도록 하기 위한 대표적인 활동이다.

Ⅰ. 오늘은 개교기념일이다. 아침 10시에 친구가 놀러 오기로 했다. 어젯밤부터 말끔하게 방 청소를 하고 간식도 사뒀다. 그런데 당일 아침 9시 30분에 울리는 카톡
"미안해. 급한 일이 생겨서 못 갈 거 같아."

Ⅱ. 전날 밤에 먹은 치킨이 체했다. 아침에 눈을 떴지만 여전히 속이 안 좋다. 친구와의 약속을 취소할까 고민스럽다. 바로 그때 울리는 카톡
"미안해. 급한 일이 생겨서 못 갈 거 같아."

이 활동을 통해 아이들은 내가 그런 생각을 가지게 된 것이 오로지 외부의 탓이 아니라 내 상황과 결부된 나의 판단과 나의 감정이었음을 깨달았다. 따라서 삶의 주도권은 내가 가지고 있고 나 아닌 것들이 내 삶을 좌지우지하지 못하도록 하려면 그

상황을 듣고 나서 적은 학생의 글

만큼 나의 자유의지가 많이 필요함을 알게 된 것이다.

나를 둘러싸고 있는 문제들에 대해 관심을 가지고 문제 해결의 의지를 어떻게 보일 것인가가 앞으로의 수행과제 해결에 중요한 갈림길이었다. 세상에 이렇게 많은 문제가 있는데 해결을 해야 하지 않겠냐는 식의 단순한 자극으로는 아이들의 동기를 끌어올리기에 부족했다. 나 자신이 가지고 있는 힘과 자유의지를 확인시키는 활동은 내가 단지 어린아이에 불과하다는 생각을 버리고 적극적으로 이후의 과제에 참여할 수 있는 동기를 불러 일으켰다.

2. 우리가 만난 사람들

아이들은 사회문제에 대해 별로 관심이 없다. 자신과 상관없는 일이라는 생각이 앞서기 때문이다. 그러나 자신과 비슷한 연령대의 아이들의 이야기에는 뛰어난 공감 능력을 발휘하는 것을 볼 수 있다. 우리를 둘러싸고 있는 사회 문제들을 문제로서가 아니라 그 문제 상황에 처해 있는 사람으로 먼저 만난다는 것은 어떤 차이가 있을까?

1) 4장의 사진, 그리고 그 속의 사람들

세계의 문제에 우리가 관심을 가질 필요가 있을까?

다음의 사진을 통해 우리가 함께 생각해 볼 문제들에게 대해 이야기를 시작했다. (수업 시간에 사용한 사진은 저작권 문제로 싣지 못하고 그림으로 대체함.)

①번에 나오는 아이는 여러분과 같은 나이의 소년입니다. ②번에 나오는 아이는 여러분보다 동생입니다. ③번 사진에서 보이는 배 위에 여러분과 같은 나이의 어린이가 있습니다. ④번은 가까운 나라에 살고 있는 어른입니다.

선생님이 불러주는 낱말을 듣고, 어떤 낱말이 이 사진과 관련이 있는 낱말인지 연결해 보세요. 하나의 사진에 2개 이상의 관련 낱말이 짝지어질 것입니다.

ⓐ 스마트폰, ⓑ 소수 민족, ⓒ 공산당 일당독재 반대, ⓓ 소말리아, ⓔ 미얀마, ⓕ 콩고 민주 공화국
ⓖ 중국, ⓗ 탈출, ⓘ 기아, ⓙ 코발트, ⓚ 아동 노동, ⓛ 노벨 평화상, ⓜ 로힝야

①번 사진은 스마트폰 충전 배터리의 주요 구성물질인 코발트와 관련이 있다. 콩고 민주공화국에서는 이 코발트를 캐기 위해 약 4만 명의 어린이들이 목숨을 걸고 광산에서 일하고 있다고 한다.

②번은 기아로 죽음 직전에 몰려 있는 아프리카 소말리아의 어린이 사진이다.

③번은 방글라데시로 탈출하고 있는 로힝야족의 사진이다. 프란치스코 교황은 "미얀마의 로힝야족은 단지 그들의 문화와 이슬람 신앙대로 살길 원한다는 이유로 고통 받고, 죽임을 당하고 있다."고 말한 바가 있다.

④번은 중국의 인권운동가 류 사오보의 사진이다. 류 사오보는 중국의 정치·사법 개혁을 요구하다 체포되어 11년 형을 선고받고 2010년 노벨평화상을 받았지만 감옥에 있었기 때문에 시상식에 참석하지 못했다. 2017년 7월, 암으로 세상을 떠났다.

2) 패스트 패션, 그 어두운 그림자 속 사람들

전 세계 사람들과 어떻게 살아갈까?

세계화의 어두운 단면을 여실히 느낄 수 있는 대표적인 문제 중 하나는 환경오염을 유발하는 의류산업의 문제이다.

브랜드 매장에 가서 상품의 꼬리표를 보면 방글라데시, 캄보디아, 라오스, 인도네시아, 중국에서 만든 제품이 대부분이다. 그런 티셔츠 1장은 미국이나 유럽에서 5달러 정도의 싼 가격에 팔린다. 그러나 그 대가로 현지 공장 지역의 주민은 큰 피해를 입는다.

방글라데시의 부리강가 강, 캄보디아의 메콩강 등 극심하게 오염된 강 유역에선 생계형 농업이 죽어가며, 식수가 오염되고, 주민은 질병의 위험에 노출된다. 대규모 의류제조가 불러온 재앙이다.

다른 품목은 가격이 다 오르지만 옷은 매년 싸진다. 최신 유행을 채용하면서 저가의 의류를 짧은 주기로 세계적으로 대량 생산·판매하는 패스트 패션(fast fashion), 문제는 옷을 지나치게 많이 버리는 일이 생기기 때문에 환경 문제로 이어질 수밖에 없다. 우리가 세계화에 대해 공부한다는 것은 우리의 소비가 어떠한 결과를 가져올지에 대해 생각해 보는 것을 포함하는 일이다.

사진 속의 사람들이 어떤 상황에 처해 있을지에 대해 이야기를 나누면서 문제에 깊이 빠져들게 된다.

읽기자료를 보면서 모둠별로 토론하는 모습

3) 지구촌에 드리운 불행, 그 속의 사람들

이 사람들은 왜 행복하지 않을까?

　미술 시간에는 전쟁, 지구온난화, 환경오염, 폭력, 테러, 빈곤, 인종탄압, 차별, 아동 학대 등 수많은 문제 안에서 고통 받고 있는 사람의 모습을 표현한 다색판화 작

아이들의 판화 작품

6학년 전체 작품 전시

품을 만들었다. 이들은 왜 행복하지 않을까? 어떤 문제가 이들에게 고통을 주고 있는
가를 생각하면서 인물의 감정을 판화에 표현했다.

4) 사막을 숲으로 바꾼 사람

우리는 문제를 어떻게 해결하는가?

국어 교과서에는 '왕가리 마타이'에 대한 글이 실려 있지만 우리 수업에서는 관
련 동영상이 많아 생생하게 이야기를 전할 수 있는 중국의 인위쩐도 함께 만나 보았
다. 인위쩐의 이야기를 본격적으로 만나보기 전에 아이들에게 여러분이 이런 처지에
놓여 있다고 상상한 후 어떻게 할 것인지 이야기해 보라고 했다.

나는 스무 살의 처녀입니다. 집이 가난했던 아버지는 나를 사막에 사는 한 남자에게 시집을
보냈어요. 그 남자의 집에는 먹을 게 거의 없었고 그 남자의 집은 대문도 제대로 달려 있지 않은
토굴이었어요. 자, 이제 여러분이 그 처녀라면 어떤 선택을 하겠습니까?

아이들의 대답은 대체로 한 방향으로 모였다. 자기 집으로 돌아가겠다, 근처 마
을로 도망가서 거기서 아르바이트를 하겠다, 자기를 가난한 집에 시집보낸 아버지에
게 따지러 가겠다 등 방법에 차이는 있었지만 남편과 함께 살길을 도모해 보겠다는
의견은 거의 없었다.

아이들의 이야기를 다 들어본 후에 이 이야기는 선생님이 지어낸 상황이 아니고
실제로 이런 삶을 살았던 사람이 있다고 하면서 인위쩐의 영상을 보여주었다. 아이들
은 꽤 긴 영상을 진지하게 지켜봤다. 맨손으로 물지게를 지어 나르며 사막에서 나무
를 돌보는 인위쩐의 모습에서 효율성과 실리적 사고를 뛰어넘는 인간의 숭고한 의지
를 만나게 되었기 때문이리라.

다음은 인위쩐의 이야기를 듣고 나서 아이들과 함께 생각해 본 이야기이다.

나무 심는 여자, 인위쩐

1. 숲이 우거진, 살기 좋은 곳으로 가서 살게 되었다면 좋았겠지요. 그러나 인위쩐이 가야했던 곳은 40일 동안 사람의 그림자도 구경할 수 없었던 사막이었습니다.
   인위쩐은 어떠한 의지를 가지고 있었나요?

   _____

   _____

   _____

2. 자극과 반응 사이에는 공간이 있다고 합니다. 그 공간에 인간이 가진 자유의지가 있다고도 했습니다. 인간의 자유의지는 세상을 어떻게 바꾼다고 생각하나요?

   _____

   _____

   _____

3. 인위쩐의 삶을 보고 인위쩐에게 한마디를 남긴다면 어떤 이야기를 하고 싶습니까?

   _____

   _____

   _____

5) 목숨을 걸고 문제 해결에 나선 사람들, 노벨평화상의 주인공들

인간의 굳은 신념은 어디에서 오는가?

드라마 같은 업적으로 역사의 한막을 장식하는 위인(偉人)은 말 그대로 위대하다. 그러나 세상의 허물에 눈 감지 않고 세상을 용서와 화해와 평화로 달래는 의인(義人)은 우리 주변에도 많이 있다.

노벨평화상 이야기를 시작하면서 먼저 이자벨 핀의 『나는 노벨상을 받을 거야』라는 그림책을 읽어 주었다.

전쟁놀이 중인 아이의 등에 천사의 날개가 달려있는 역설적인 표지 그림이 이 그림책의 내용을 암시해 준다.

이 책의 주인공은 자기가 가진 걸 가난한 사람에게 나누어 주고, 약한 사람들을 도와주고, 지구 환경을 보호하고, 괴롭힘 당하는 동물들을 구해 주고, 잘못한 일이 있으면 용감하게 나서서 용서를 빌고, 세상을 평화롭게 만들고 싶어한다. 다만 지금 당장 그러는 게 조금 어려워서 맘과는 달리 반대로 행동을 하고 만다. 말로만 하던 꼬마는 드디어 자신의 말을 행동으로 옮긴다. 먼저 침대 밑에 잡아 두었던 누나를 풀어주기 위해 발걸음을 뗀 것이다. 이것이 행동으로 옮기는 첫 시작이다.

(출처: 이자벨 핀 저, 김서정(아동문학가) 역, 『나는 노벨상을 받을 거야』, 문학과지성사, 2008.09.30)

우리도 이 책의 주인공처럼 옳다고 느낀 것에 대해서 말뿐이 아니라 행동에 옮기는 첫 발걸음을 떼자는 의미였지만 그걸 굳이 말로 표현하지는 않았다. 주인공의 말과 행동이 반대인 것을 보고 빙그레 웃음 짓던 아이들이 마지막 페이지에서 흐뭇한 표정이 되었던 것만으로도 충분했다.

노벨평화상은 1901년부터 시작하여 1,2차 세계대전 기간을 포함해 19년을 제외하고 지금까지 총 98회 수상자를 배출했다. 노벨평화상 수상 리스트를 나누어 주고 개인 수상자에는 노란색 형광펜을, 단체가 수상한 경우에는 분홍색 형광펜을 사용해서 표시를 했다. 그리고 노벨평화상을 수상한 단체들은 어떤 문제를 해결하기 위해 어떠한 일을 했던 단체인지 알아보았다. '국경없는 의사회'처럼 이름만 들어도 어떤 공로가 있는지 예상가능한 단체도 있지만 '튀니지 국민 4자대화기구'나 '그라민 은행'처럼 이름만 봐서는 어떤 문제를 해결한 단체인지 알 수 없는 경우가 많았다. 노벨평화상 수상단체에 대해 조사하다보니 세계에서 일어나고 있는 여러 문제들에 대해 더 많이 알게 되었다.

노벨평화상 수상자 중에서 개인 수상자에 대한 조사에서는 그 인물이 남긴 명언과 연설을 함께 찾아보게 했다. 사회 문제에 대한 연설이 첫 번째 수행과제인 만큼 국어 시간에 연설에 대해 배우고 사람의 마음을 움직인 명연설을 천천히 읽어보는 시간을 여러 번 가졌다. 노벨평화상 수상자들의 명언과 연설은 한마디로 감동 그 자체였다.

그 중에서도 참석자들에게 감동의 박수를 이끌어 내었던 김대중 대통령의 수상연설 중 한 대목을 들어보자.

"1980년 군사정권에 의해 사형 언도를 받고 감옥에서 6개월 동안 그 집행을 기다리고 있을 때 저는 죽음의 공포에 떨 때가 자주 있었습니다. 그러나 이를 극복하고 마음의 안정을 얻는 데는 정의필승이라는 역사적 사실에 대한 저의 확신이 크게 도움이 되었습니다. 모든 나라 모든 시대에 있어서 국민과 세상을 위해 정의롭게 살고 헌신한 사람은 비록 당대에는 성공하지 못하고 비참하게 최후를 맞이하더라도 역사 속에서 반드시 승자가 되어 다시 부활한다는 것을 저는 수없는 역사적 사실 속에서 보았습니다."

12분 40초의 연설을 듣는 동안 남북 관계에 대한 연설 부분에서는 알아듣기 힘든 용어가 자주 등장하는 관계로 집중력이 흐려졌던 아이들도 연설 후반부에서 김대중 대통령의 개인적인 경험에 대해 이야기하는 부분에서 눈빛이 반짝였다.

노벨평화상 수상자들에게서 느껴지는 감정은 뛰어난 능력을 가지고 위대한 일을 이루어낸 다른 위인들에게서 느껴지는 것과는 그 결이 다르다. 그들은 왜 자신의 목숨을 걸면서 까지 그 문제에 매달렸던 걸까? 그 의지는 어디에서 나오는 걸까? 그런 이야기를 아이들과 나누다보면 인간이기에 누구나 가지는 두려움을 그들도 느꼈을 테지만, 또한 인간이기에 그 두려움을 넘어서는 용기를 발휘할 수 있었을 것이라는 인간의 본성을 마주하게 되는 감동의 순간이 찾아왔다.

노벨평화상 수상자들이 내가 감히 가까이 다가설 수 없는 위대한 사람이라고 생각하지 않고 남들보다 조금 더 굳은 의지를 지닌 평범한 사람들로 여길 수 있도록 아이들에게 말랄라의 이야기를 소개했다.

미술 시간에는 자신이 조사한 인물의 얼굴을 점묘화로 표현하고 그가 남긴 명언을 함께 적은 작품을 만들었다.

인물의 사진을 포토스케이프 프로그램으로 조정 후 출력하여 나누어 줌.

손코팅지에 점묘화 기법으로 인물의 초상과 명언을 적고 뒤에 머메이드지를 대서 전시함.

그리고 작품 밑에 붙이는 아이들의 이름표를 아래와 같이 만들었다.

 6-3 선초록이 만난 사람

노벨상 수상자의 인물 사진을 작업했듯이 아이들의 얼굴 또한 포토스케이프 프로그램으로 작업해서 붙이고 '○○○이 만난 사람'이라고 부제를 달아 주었다. 아이들은 한 명의 노벨평화상 수상자를 그렇게 머리로, 가슴으로 만났다.

6학년 전체 작품 전시

음악 시간에는 '저항음악, 어디까지 들어봤니?'라는 질문으로 시작하여 밥 말리, 밥 딜런, 존 바에즈의 음악을 감상했다. 6학년이 함께 준비할 알뜰 장터에서 틀어줄 음악을 고르는 작업도 시작했다.

존 바에즈와 밥 딜런(Dylan with Joan Baez during the civil rights "March on Washington for Jobs and Freedom", August 28, 1963)

3. 세상을 바꾸는 사람, 세상을 바꾸는 연설 – 첫 번째 수행과제

지구촌에 어떤 일이 벌어지고 있는가? 그 일을 어떻게 해결할 수 있는가?

이번 통합단원의 첫 번째 수행과제는 연설문을 쓰고 실제로 연설을 하는 것이었다. 국어 교과서에도 소개된 바 있는 세번 스즈키의 명연설 '고칠 방법을 모른다면 지구를 그만 망가뜨리세요(If you don't know how to fix it, please stop breaking it)'라는 1992년 UN 환경 회의의 연설을 들었다. 세번 스즈키의 연설문을 영어 시간과 연계하여 읽어보는 것도 좋겠다 싶었지만 실행에 옮기지는 못했다. 대신 국어활동 책에 나와 있는 연설문을 보면서 세번 스즈키의 연설 동영상을 보았다. 그리고 세번 스즈키의 연설문을 보면서 지난 시간에 배웠던 연설문의 6가지 특징을 찾아서 표시하게 했다.

연설문을 작성하기 위해서는 먼저 지구촌의 문제에 대해 조사할 필요가 있었다.

아이들은 하나의 문제에 대해 조사해서 글로 써 본 후에 사진과 그래프를 곁들인 자료를 만들어 발표했다.

프리젠테이션 발표를 꼼꼼히 피드백하며 파악한 문제점은 도입 부분이 흥미롭지 않고 천편일률적으로 목차를 제시하고 있다는 점, 글씨 크기를 너무 작게 하는 것, 하나의 화면에 너무 많은 내용을 담는 점 등이었다.

그리고 발표 이후에 질의응답 시간을 갖도록 했는데 평소에 기자가 꿈이라던 몇몇의 맹활약으로 그 어느 때보다 뜨거운 토론의 시간이 벌어졌다.

자신이 준비한 주제에 대해 철저하게 조사해 오지 않으면 친구들의 질문에 대응하기가 어렵다는 것을 경험하게 되자 2차 발표에서는 훨씬 깊이 있는 발표가 이루어졌다.

2차에 걸쳐서 발표하고 질의응답을 받고 교사가 종합적으로 피드백하는 데 많은 시간이 소요되었다. 교사가 교육과정에 대한 우선순위를 정확히 계획한 상태가 아니라면 충분히 흔들릴 수 있는 상황이었다.

아이들의 발표에 많은 시간을 소요하면서도 불안하지 않았던 이유는 진도 빼기에 대한 부담감을 내려놓고 그만큼 이 과정이 중요하다고 생각했기 때문이었다.

사회	조사 과제		

〈 작성자 : 6학년 　반　 번 　이름　　　　〉

단원명	4. 변화하는 세계 속의 우리	조사일	20○○년　월　일
과제명	지구촌에서 발생하는 문제에 대해 조사하기		

조사 내용

1. 어떤 문제에 대해 조사하였나요? (다수가 겪고 있거나 시급하게 해결이 필요한 문제)

(　　　　　　　　　　　　　　　　　　　　　　　　　)

2. 왜 그 문제에 대해 관심을 가지게 되었나요?

(　　　　　　　　　　　　　　　　　　　　　　　　　)

3. 왜 기존 정부 또는 시민단체들은 이 문제를 해결하지 못했을까요?

(　　　　　　　　　　　　　　　　　　　　　　　　　)

4. 이 문제를 해결하려면 어떻게 해야 할까요?

(　　　　　　　　　　　　　　　　　　　　　　　　　)

5. 조사한 내용을 바탕으로 직접 손으로 쓰거나 컴퓨터로 작성해서 보고서를 제출합니다.
[이번에 조사한 내용을 PPT로 제작하여 10월 19일(목)에 발표합니다.]

지구촌 문제에 대해 조사하고 발표하는 과정을 충분히 연습하고 나자 오히려 연설문을 작성하고 연설하는 과정은 일사천리로 속도가 붙었다.

수행과제 1 연설 장면

4. 행동의 첫 걸음, 미니멀 게임과 아우 인형 제작 그리고 장터

'나'는 지금 이곳에서 무엇을 할 수 있나?

두 번째의 수행과제는 지구를 살리는 알뜰 장터를 계획·준비·실행하라는 것이었다. 알뜰 장터의 구성은 크게 두 부분으로 기획했다. 하나는 집에서 사용하지 않는 물건을 가져다가 판매하고 수익금을 모으는 것이고 다른 하나는 자신이 가진 재능을 이용하여 코너를 운영하는 것이다. 6학년 전체 다모임이 열렸다. 장터는 교사들이 행정적인 부분만 지원하고 나머지는 학생들 스스로가 계획하고 준비하고 실행하기로 했다.

장터 이름 공모, 아우 인형 입양 금액과 장터 수익금 사용 방법 결정

⇩

장터 준비팀 구성

⇩

전체 학생 다모임에서 홍보 활동 진행

⇩

각 반 후원단체 결정

⇩

물품 판매팀과 재능 기부팀 역할 배분

⇩

미니멀 게임 진행하여 물품 기증 받고 물품 분류

⇩

재능 기증 팀 코너 준비

⇩

장터 전시 및 코너 설치

장터 준비 과정

< 우리 반, 미니멀 게임 시작해요. >

* 미니멀 게임이란?

미니멀라이프 실천을 위한 게임으로, 조슈아 필즈 밀번과 라이언 니커디머스가 제안한 것으로 알려져 있어요.

일자에 해당하는 숫자만큼의 물건을 비워내면 되는 간단한 규칙을 갖고 있는 게임이죠.

1일에는 한 개, 2일에는 두 개... 10일에는 열 개, 20일에는 스무 개, 그리고 31일에는 서른한 개의 물건을 비우면 돼요.

이런 미니멀 게임을 하는 이유는 꼭 필요한 물건만 가지고 살아가는 것을 지향하는 것으로 쓸데없는 잡동사니를 주변에 쌓아두지 말고, 내 시간과 에너지와 돈과 공간을 사용할 가치가 있는 소중한 것들에 사용해서 더욱 더 의미 있는 삶을 살아가자는 의미에요.

미니멀 게임으로 비울 물건이 내 주변에는 없다고요? 과연 그럴까요? 여러분이 사용하고 있는 책상의 서랍부터 열어보세요. 학교 사물함은 어떤가요?

이 미니멀 게임은 오늘부터 시작해서 이번 주제가 끝나는 11월 3일에 끝낼 거예요.

오늘이 10월 12일이기 때문에 첫날부터 12개를 버리기엔 부담스럽죠?

그래서 아래와 같이 계획을 잡아봤어요.

장터가 열리는 11월 3일까지 우리는 모두 몇 개의 물건을 비우게 될까요?^^

10/12(목) 1개, 10/13(금) 2개, 10/14(토) 3개, 10/15(일) 4개, …

미니멀 게임을 통해 아이들은 생각보다 많은 물품을 기증하게 됐다. 그리고 우리 집에 쓰지 않는 물건이 많이 쌓여있음을 느끼게 됐다. 물건을 사면서 느끼는 만족감이 있는데 막상 우리 손에 그 물건이 들어왔을 때 욕구가 이미 충족되어 버려서 생각보다 그 물건을 열심히 사용하게 되지는 않는, 요상한 마음의 작동에 대해서 이야기를 나누었다.

돈이 최고다, 돈이 많으면 무조건 행복하다는 배금주의 사상은 우리에게 너무 많이 배어있다. 아이들에게 제일 바라는 것을 문자도 형태의 민화로 표현해보라는 과제를 주었을 때 많은 아이들이 '돈', '금' 이런 낱말을 썼던 것을 보면 그 마음을 알 수 있다.

미니멀 게임을 진행하면서 아이들에게 소비의 자유와 삶의 자유는 같은 것일까, 우리는 왜 돈을 벌며, 그 돈을 어떻게 쓸 것인가의 문제까지 이야기를 나누다 보니 우리의 교육과정 안에 노동과 소비에 대한 부분이 너무나 간과되고 있는 현실이 아쉽게만 느껴졌다.

- 처음에는 내방에서 하나도 버릴 게 없을 줄 알았는데 정리할 물건이 자꾸 나와서 당황스러웠다. (김*란)
- 책상 서랍에서 처음 보는 것 같은 물건도 많이 나왔다.ㅜ 이제는 다*소에 그만 가야겠다. (김*나)
- 뭔가 필요할 것 같아서 샀는데 한두 번밖에 안 쓴 물건이 많았다.(김*진)

미니멀 게임을 통해 모아진 물품들

    실과 시간과 미술 시간에는 아우 인형과 장터 전시 물품 준비로 바빠졌다. '내 동생'이란 뜻을 가진 아우 인형은 입양 수익금을 유니세프 단체에 보내 예방접종 백신을 선물할 수 있는 사업이다. 아이들의 투표로 입양 기금은 3천원으로 결정되었고 자신이 만든 인형을 스스로 입양하거나 장터에서 다른 사람의 입양을 기다렸다가 끝내 판매가 되지 않을 경우에 자신이 입양하는 것으로 정했다. 다행히 장터에 나갔던 인형까지 현장에서 모두 입양이 완료되었다.

- 만들 때는 어떤 인형이 나올지 기대됐는데 막상 다 만들고 나니까 나랑 닮은 것 같다.(기*선)
- 선생님이 안 입는 옷을 가져오라고 해서 목욕 가운을 가지고 왔는데 그걸로 옷을 만들어 입혔더니 내 인형은 매일 샤워하는 애가 됐다.(구*기)
- 털실로 머리 붙이는 게 제일 어려웠다. 장터 때 아무도 입양을 안 해가면 정말 슬플 거 같다. (김*훈)

아우인형 제작 과정

학생들이 만든 아우인형

출생증명서를 단 아우인형들

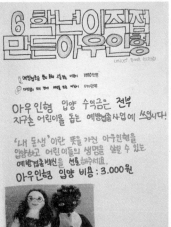

아우인형 홍보 포스터

〈각 반 후원단체〉

1반 – 국제엠네스티
2반 – 세이브 더 칠드런
3반 – 유엔 난민 기구
4반 – 월드비전

각 반이 후원할 국제기구와 비정부 기구가 정해졌다. 4개 반이 서로 겹치지 않게 후원 단체를 결정했다. 아이들은 단체에 전화를 걸어 장터에서 사람들에게 홍보할 수 있는 리플렛 같은 홍보물 등을 받을 수 있는지 물었다. 단체홍보용 스티커, 포스터 등이 도착했다. 아이들은 장터에 전시할 홍보 판넬을 제작했다.

국제 기구 홍보 판넬

아이들은 장터를 홍보하는 리플렛을 만들면서 왜 우리가 알뜰 장터를 열어야 하는지에 대해 생각하고 그 내용을 리플렛에 담았다.

- 나 혼자 잘 살아도 언젠가는 도움이 필요해져요. 그때 누가 나를 도와줄까요?(강*철)
- 우리들은 똑같은 사람인데 국적이 다르다고, 피부색이 다르다고 고통을 받고 있다면 외면해야 하는 걸까요?(이*정)
- 우리처럼 평범한 사람들이 죄 없이 고통 받고 있어요. 그러니 우리가 할 수 있는 일들을 찾아야지요.(김*원)
- 지구에 있는 우리 모두는 같은 공기를 마시지요. 함께 밥을 나누는 사람은 식구, 함께 공기를 나누는 우리는 지구촌 가족입니다.(조*현)
- 혼자만 잘 살면 외로워질 것이고 사람이 외로워지면 자신을 해치게 될 수도 있어요. 그러니 우리 함께 행복해집시다!(이*영)
- 지구에 사는 사람들이 고통 받을 때 도와주지 않으면 그 문제는 계속 해결이 안 될 것입니다. 그러면 그 문제는 나에게도 생길 수 있습니다.(안*훈)
- 다른 나라와 떨어져서 살고 싶어도 우리들이 먹는 음식도 다른 나라에서 온 것이고 우리가 쓰는 물건도 다른 나라에서 온 것입니다. 어차피 모든 나라들은 연결되어 있습니다.(석*나)
- 우리가 누군가를 도우면 그 사람도 다른 사람을 도울 거예요. 그러면 지구는 행복한 곳이 될 거예요.(송*현)

지금까지의 노력이 모두 모아지는 장터가 열렸다. 스스로 준비하고 계획한 장터인 만큼 아이들은 자기 자리에서 최선을 다했다. 예상을 뛰어넘은 결과를 얻고 나서 자신의 코너에서 어떤 일이 있었는지를 모두가 신이 나서 이야기했다. 힘들었지만 공동의 목표를 함께 성취했을 때의 흥분감이 교실을 꽉 채웠다.

- 우리 반 목표액이 20만원이었는데 그걸 달성해서 기쁘다.(김*현)
- 다트 코너에 손님이 많이 안 올 것 같아서 걱정했는데 장사가 잘 돼서 기쁘다.(구*기)
- 팔씨름 코너에 1,2학년 애들이 와서 이길 때까지 계속 돈을 내는 게 귀여웠다. 일부러 져주었다.(김*우)
- 상*이의 아우인형이 입양된 게 진짜 놀랍다.ㅎㅎ(주*지)

중고물품 판매 코너

재능 기부 - 팔씨름 코너

재능 기부 - 배지 제작 코너

지구를 살리는 6학년 알뜰 장터

아이들에게 6학년의 공부가 어떻게 다가오는지 물었다. 아이들은 공부하는 게 쉽지는 않은데 지겹지 않아서 좋다고 했다.

공부가 지겹지 않다고, 그래서 의미 있다고 하는 이유가 단지 활동이 많아서, 외우고 문제 풀어야 하는 부담이 적어서만은 아니었다. 아이들의 논술 답안을 보면 아이들은 이 수업을 각자의 방식으로 경험하고 각자에게 의미 있는 이야기로 정리하고 있음을 알 수 있다.

[논술 문제] '사람+문제, 사람-문제'라는 말은 어떤 뜻을 담은 말이라고 생각합니까?

[미니멀 게임이 인상 깊었던 아이의 답안] 사람은 너무 많은 것을 가지고 살다보면 문제가 생긴다는 걸 알았다. '무소유'를 읽을 때 봤던 것처럼 꼭 필요한 것만 가지고 살아야 문제가 적어진다는 의미인 것 같다.

[노벨평화상 수상자에 대한 공부가 기억에 남았던 아이의 답안] 어떤 사람은 문제를 만들기만 하면서 사는데 어떤 사람은 문제를 없애기 위해서 애쓰며 산다는 걸 알았다. 나는 문제를 만들기보다는 하나라도 없애는 데 도움을 주며 살고 싶다. 그렇게 살라는 뜻으로 쓰인 말인 것 같다.

자신의 삶과 연결되는 이야기들이 지겨울 리 없다. 아이들은 매일 매시간의 공부가 어디를 향해서 가고 있는지, 우리가 지금 왜 이것을 하고 있는 것인지 잘 안다. 그러니 힘들기는 해도 지겹거나 의미 없지는 않은 것이다.

아이들에게 미리 수행과제가 알려지고 어떤 과정을 통해서 이 과제를 해결하게 될지를 함께 공유한 상태에서 시작하는 공부는 교사와 학생 모두를 과정에 집중하게 한다. 각자의 능력에 맞게 다른 결과가 나오지만 어느 누구도 결과를 내놓지 않고 탈락하는 학생은 없다. 매일 매시간 우리의 지향점을 염두에 두고 수업을 진행하기 때문에 가능한 일이다.

아이들이 모두 하나의 결과치를 향해 골인할 필요는 없다. 다만 과정에서 누구도 버려지지 않고 성장할 수 있다면... 우리는 모두 각자의 개성에 맞는 길을 걸으면서 또 함께 걷고 있는 게 아닐까 생각한다.

무엇을, 왜 가르치는지를 놓치지 않고 있다는 느낌은 나에게 큰 버팀목이 되어준다. 그런 튼튼한 버팀목이 있기 때문에 오히려 조급해하지 않으면서 아이들 각자가 자신의 속도대로 성장할 수 있는 과정을 기다릴 수 있게 되었다. 백워드 설계 방식을 익숙하게 사용하게 되면, 표준에 부합하는 개인을 양산해 내는 것이 아니라 각자가 자기완성을 꾀할 수 있는 제반 조건을 만드는 길로 나아갈 수 있다는 확신이 생긴다.

개인의 운명, 나아가서는 인류 전체의 운명에 대한 사랑과 책임감을 지닌 내적으로 성숙한 인격을 키우기 위해 나는 오늘도 생각한다. 나의 교육과정을...

저자 소개

강민진
경인교육대학교 졸업
한국교원대학교 대학원(초등음악교육전공) 석사
현) 인천도림초등학교 교사

교사로서의 일상이 이론과 실천의 조화로 이루어지길 바란다. 나와 아이들의 만남이 지혜와 배움으로 채워지는 삶이 되도록 천천히, 하지만 멈추지 않고 나아가고 싶다.

김문희
경인교육대학교 졸업
현) 인천동수초등학교교사

혁신학교 교사 4년차로, 선생님들과 아이들이랑 함께 배우고 가르치는 게 즐겁습니다. 흰머리가 늘고 눈이 침침해지만 더 열심히 공부하려고 합니다.
박물관 교육, 초등 교육과정, 한글 교육과 온작품, 발도르프 교육 등 관심 분야가 점점 많아지고 있으니까요.

김호경
경인교육대학교 졸업
경인교육대학교 대학원(초등과학교육전공) 석사
현) 인천송일초등학교 교사

혼자였기에 힘들었다. 수업만 바라보았기에 늘 부족함이 있었다. 같은 고민을 하고 있는 교사들이 이 책을 통해, 함께 만들어가는 교육과정이라는 설렘과 나도 할 수 있다는 희망을 갖길 바란다.

김태선
청주교육대학교 졸업
인천대학교 대학원 교육학(상담심리 전공) 박사
현) 인천남동초등학교 교사
[주요 저서]
아하! 통합교육(공저, 학지사, 2014)

자신이 하는 일을 타인이 공감할 수 있도록 설명할 수 있는 사람을 전문가라고 생각한다. 내가 하는 일 '교육과정을 운영 하는 일'을 왜, 무엇을, 어떻게 하는지 설명하려고 앞으로도 노력하고자 한다.

박정애
경인교육대학교 졸업
현) 인천남동초등학교 교사

아이들과 함께 공부하고 살아가는 게 좋은, 선생 되기를 잘했다고 생각한다. 모두가 선생하길 잘 했다고 인정받는 날이 오도록 한 손에는 아이들 손을, 한손에는 교육과정을 잡고 열심히 살아가고자 한다.

백창범
한국교원대학교 졸업
현) 인천가원초등학교 교사

선생님들과 함께 배우고 싶고 나누고 싶습니다. 이 책이 어느 선생님께 용기와 힘이 되었으면 합니다.
